董博欣 / 著

企业资金管理

電子工業出版社
Publishing House of Electronics Industry
北京 • BEIJING

内 容 简 介

企业经营管理中，管理好企业资金是企业长期持续经营与发展的基础与保障。国内大多数企业的资金管理水平与IBM、华为等业界领先的管理实践还有非常大的差距。以这些业界顶尖管理实践为基础，结合中国政治经济环境现状，总结、提炼中国企业资金管理的规律，帮助数以万计的中国企业快速提升财务管理水平，便是本书的目的。

本书基于业界领先的管理实践，从理论到实操，从企业发展战略到日常现金管理，系统全面地介绍了企业资金管理的相关内容。这些内容包括企业发展战略层面的“企业财务战略、资本架构和资金成本”，代表企业经营效率的“营运资金管理”，规避现金实物风险，提升日常现金使用效率的“现金管理”，与现金流风险相关的“外汇风险、信用风险、交易对手风险管理”，以及有中国特色的“中小型企业资金管理、融资产品创新和股权融资”等。

图书在版编目（CIP）数据

企业资金管理/董博欣著. —北京：电子工业出版社，2015.1

ISBN 978-7-121-24824-5

Ⅰ. ①企…　Ⅱ. ①董…　Ⅲ. ①企业管理—资金管理　Ⅳ. ①F275.1

中国版本图书馆CIP数据核字（2014）第273439号

书　　名：企业资金管理
作　　者：董博欣

策划编辑：张　昭　马文哲
责任编辑：雷洪勤
印　　刷：三河市双峰印刷装订有限公司
装　　订：三河市双峰印刷装订有限公司
出版发行：电子工业出版社
　　　　　北京市海淀区万寿路 173 信箱　　邮编 100036
开　　本：720×1000　1/16　印张：20.5　　字数：360 千字
版　　次：2015 年 1 月第 1 版
印　　次：2021 年 7 月第 13 次印刷
定　　价：58.00 元

凡所购买电子工业出版社图书有缺损问题，请向购买书店调换。若书店售缺，请与本社发行部联系，联系及邮购电话：（010）88254888。

质量投诉请发邮件至zlts@phei.com.cn，盗版侵权举报请发邮件至dbqq@phei.com.cn。

服务热线：（010）88258888。

序

在31年的职业生涯里，我一直在摩托罗拉的企业资金管理领域工作，其中的21年担负集团高级副总裁和资金总监职务，负责包括中国在内的全球资金管理。2008年，我接受了IBM GBS的邀请，成为IBM与华为资金战略项目的顾问。在此后的6年里，我负责的领域逐渐扩展到资金战略以外。一进入项目组，我在华为的主要合作伙伴Jason（董博欣）就问我，有没有全面讲解企业资金管理的实战的，而不是学术性的书籍。我的答案是，自从1991年开始，我几乎每年都会到中国，经历了中国商业与金融环境的所有重大变化，但从未见过与中国企业资金管理相关的任何书籍。从那时起，Jason开始思考如何利用他所学习的内容、华为的经验、离开华为后的风险投资与融资管理的经验，撰写一部有关企业资金管理的书籍。

这本书几乎涵盖了资金管理的所有领域，对资金领域进行了全面的分析与回顾。这些分析主要是从中国国内的视角出发的，但同时也具有国际视野。这样做是正确的，因为很多国外的经济活动对中国商业活动会产生重大的影响，并为未来指引方向。这本书的内容包括资金与融资战略层面的管理，也讲述了日常现金管理流程与操作，既有理论讲述，又有企业实战总结，并使用一些企业实践案例来帮助理解如何解决企业管理中的关键问题。书中还讲述了，在企业进行资金管理时，一定要考虑到并深刻理解整体商业环境、经营风险和企业经营愿景，这样才能达成目标。本书还告诉我们大型跨国企业集团与中小型企业资金管理的差异。对于负责管理资金的企业人员来说，这本书从宏观到微观，很好地展现了几乎整个企业资金管理的全景。

在过去的30年中，全球经济经历了多次动荡，很多国家和企业的商业竞争力发生了巨大的变化，企业CFO、资金总监和企业策略制定者们面临的严峻挑战值得我们关注。在企业期望获得长期商业成功，而不是赚取短期项目收益的假设下，企业需要更加关注长期的业务风险与财务需求，然而，很多企业没有做到这一点。保证现金流和遵从法规是企业经营第一重要的，接下来是会计与税务，需要企业经常审视。资金流动性如果成为企业短期问题，则是致命的，会严重损害企业短期或长期的竞争力。对于小概率事件，如果没有给予足够的重视，没有做好规划，一旦发生，会对企业有重大的影响。有的企业有良好的市场资金流动性，却并没有使其在保持市场竞争力的同时降低企业流动性风险，反而过度使用财务杠杆，承担了较高经营风险。

由于中国和全球的金融市场、市场监管、外汇管理以及其他监管政策的变化，资金管理人员需要不断地学习，并与主要国家和金融市场的主要参与人员保持良好的沟通。然而，企业的业务风险和竞争力方面的任何最新的变化，都需要高度关注，来审视这些管理方案是否还是合适的。在评估这些变化时，一定要基于本土和国际化两个视角。这本书给了从业人员一个很好的基础，但由于中国和全世界都在变化，我们需要持续地学习。

——Garth Milne，前摩托罗拉高级副总裁、资金总监

Preface

After 31 years in Corporate Treasury including the last 21 years as Senior Vice President and Treasurer of Motorola with worldwide responsibility including significant operations in China, in late 2008 I agreed to work for IBM as a part time consultant（and later as a direct consultant） to Huawei on Treasury Strategy. In the six years since this continuing part time consulting has somewhat broadened to include other areas of Treasury and Finance. In my first several years working with Huawei my primary contact was with Jason who early on said what books are there that I can read that covers overall Treasury activities as well as Treasury strategy from a comprehensive practical standpoint not just an academic standpoint. I said I don't know of any such books particularly any that deal very much with China. Since I first came to China virtually every year starting in 1991，I had worked with and seen many major business and financial changes that impacted Treasury and Finance activities in China. Jason has taken upon the challenge to write such a book that incorporates his education, work at Huawei, and activity since leaving Huawei mainly in the venture capital and financing world in China.

This book gives a comprehensive review of the issues and challenges across almost all areas of Treasury and some of those of overall Finance mainly from a Chinese viewpoint but it also incorporates international activities and issues where appropriate as they impact or give guidance on the subject matter. There is both an overall look at some big issues in Treasury strategy and financing but also discussion of detailed day to day issues such as cash management. There is a balance of theory and practical use of such theory in many areas. There are several uses of case problem solving to help in understanding issues and achieving practical problem solving solutions. In any discussion of treasury or financial issues for a company it is imperative to understand and consider the overall business issues, business risks, and company goals in order to arrive at the best results and Jason addresses this as well. The issues of both large, multinational companies and small local companies can be very different but both are addressed in the book. This book provides a good comprehensive overview of almost all of the treasury and many overall finance issues both micro and macro faced by people with responsibility in the area.

In looking at the overall biggest issues faced by CFO's, Treasurers, and treasury strategy a few thoughts seem worth being pointed out after experiencing the issues of the last 30 years that has including so much financial turmoil and change in the world competitive positions of various companies and countries. Assuming the company or entity wants to be more than just a short term project or activity, it is necessary to look at the potential competitive issues and problems for the long term both from a business risk and financial needs standpoint which has too often been lacking in the world. Cash flow and legal and regulatory considerations should be the primary focus with accounting and tax considerations being reviewed secondarily. Liquidity has too often been the source of near term problems that become fatal or significantly harm the competitive position of the entity both in the short term and the long term. This lack of adequate consideration and planning for potential lower probability but extreme adverse events has shown to result too often in very undesirable results. The availability of good market liquidity has too often been the reason to incur excess financial leverage or increased business risks rather than to use it to improve liquidity while still maintaining good market competitiveness.

The many changes in financial markets, financial market regulations, FX regulations, and other government regulations both in China and around the world mean that continuing education and study and contact with the significant participants in the markets and countries is absolutely necessary. However, the latest changes or perceived changes should also be considered in the light of the longer term business risks and competitiveness of the company or entity as to whether they are always the appropriate solution. There must be a view that is both local and looks out across the world in evaluating the changes as they occur. This book gives a good starting point for the professional in the field but continual development is mandatory as China and the world changes.

—Garth Milne，Former Motorola Senior Vice President and Treasurer

[illegible] in the light of [illegible] [illegible] [illegible] [illegible] [illegible] [illegible] [illegible] [illegible] [illegible] [illegible] [illegible] [illegible] [illegible] [illegible] [illegible] [illegible] [illegible] that is both local and looks out across the world [illegible] [illegible] [illegible] [illegible] [illegible] [illegible] [illegible] a good starting point for [illegible] [illegible] [illegible] [illegible] [illegible] [illegible] development [illegible] [illegible] [illegible] [illegible] the world [illegible].

[illegible]

自序

2005年年底，我从澳大利亚归国加入华为资金管理部。那时的华为资金管理部精英荟萃，人才济济。有工作十余年的经验丰富的华为老员工，有来自英国、澳大利亚、新西兰、加拿大、马来西亚的国际精英。同事工作之余聊天时，常自吹华为的资金管理部是“中国最强”的资金管理团队。

2003年至2007年间，华为在海外市场高歌猛进，攻城略地，不断扩张海外版图。与此同时，华为财务管理面临巨大的挑战，海外垫资投标占用大量资金，不合理的预算制度让回款季节性波动明显，大规模的项目保证金隐含巨大的风险，重利润轻现金流的现象非常严重。华为在100多个国家设有子公司，数千家客户，数十种收款与付款币种，几百家合作银行，超过千亿元人民币的授信，这些困难与挑战对于中国企业而言，没有经验可循，只能摸索前行。

IBM是国际跨国公司中财务主导管理模式的典型代表。IBM通过对企业股东目标的层层分解，直至矩阵形企业组织的最小单元，通过强大的业务与财务数据支持和标准化的财务记录，使得整个集团的高效业务管理全部通过统一的财务语言得以实现。这是IBM作为大型跨国企业强大的管理竞争优势。华为在企业发展的二十多年中，选定了IBM这个老师，“削足适履，穿美国鞋”，在“先僵化、后固化、再优化”（任正非语）的变革哲学指导下，坚定不移地向IBM以及其他一切先进的公司学习。

2006年12月，华为启动了继IPD（Integrated Product Development，集成产品研发）、ISC（Integrated Supply Chain，集成供应链）之后的又一个大型管理变革项目——IFS（Integrated Financial Services，集成财经服务）。师从IBM的华为IPD研发管理流程盛名远扬，使华为在此后的十几年中，保持了持续领先的研发能力。然而，与IPD管理变革相比，规模更加宏大的、涉及整个公司业务流程的"集成财经服务"（IFS）变革项目，却不为人知。IFS变革项目历时七八年，十余个子项目覆盖了华为所有的主要管理流程，前后投入的海外顾问数百人，华为员工数千人，整个公司参与其中，这是中国企业管理变革史上前所未有的景象。相信10年、20年后，它的价值会逐渐被人发现，成为中国企业管理变革探索道路上的重要篇章。

自2006年年底，我作为第一批项目组成员，参与了华为财务变革项目全过程，主要负责华为资金管理、资本架构变革项目。项目变革大幅提升了华为的管理能力，快速缩短了与国际大公司的管理差距。华为的管理层认为，IFS变革项目的成功，为华为规模再上一个台阶、成为千亿级企业打下了坚实的基础，保证了华为下一个十年成长"不翻车"。此外，通过项目变革熔炉般的学习与锻炼，与国际顶级的管理专家的工作与生活，华为还培养了一大批能与国际接轨的管理人才。变革初见成效之时，任正非以其特有的幽默，评价华为的财经体系，从"非常差"变成了"比较差"。

2011年，我离开华为，创立了一家投资公司和一家咨询公司，从事风险投资、管理咨询与培训。在几年间，走访了数百家大大小小的国企、民企与外企，也了解到不同的财务管理模式与方法。总体说来，这些公司的资金管理水平与华为、IBM等领先的管理水平还有非常大的差距。以IBM等业界顶尖管理实践为基础，结合中国政治经济环境现状，总结、提炼中国企业资金管理的规律，帮助数以万计的中国企业快速提升财务管理水平，这便是我写这本书的初衷。

当我写这本书的时候，我经常想起与华为伙伴们、亲切无私的IBM顾问专家们在IFS项目组工作生活的日日夜夜。感谢你们的陪伴，感谢我们一起走过的那段快乐、艰苦又充满激情的岁月。

董博欣

2014年9月5日凌晨

Contents

目 录

引子

1998年，亚洲金融危机来临之时，新加坡一家拥有几亿新元资产的建筑公司，仅仅因为35万新元的债务无法偿还而被告上法院，没想到这成为“最后一根压死骆驼的稻草”，导致破产清算。一个暂时亏损的企业，只要保持经营状态就有扭亏为盈的机会，而一个没有现金偿还到期债务的企业，却很可能在顷刻间破产倒闭。

企业经营的根本目的，是为了获取利润。然而，越来越多的企业意识到，在经营过程中，尽管获得利润是企业长期存续的保证，但仅仅关注利润是不够的，还要关注企业现金流的状况。在现实社会中，我们经常会见到“有利润却见不到钱”或“借钱缴纳所得税”的企业，这就说明企业的现金流出现了问题，处于比较危险的境地。现金流状况决定了企业的生存和发展能力，只有充足、良性的现金流才能使企业健康成长。

如果把企业比作人体，那么现金流就可以看作人的血液。就算再强壮的运动员，也无法承受血液有一秒钟的断流。对企业来讲，现金流的大小反映了企业的现实支付的能力，也决定着企业未来的生存和发展能力。泡沫经济的崩溃和金融危机的发生，就足以说明现金流的重要性。它告诉我们，企业经营在注重效益的同时，更要注重收益质量。

因此，企业在实现其盈利目标的过程中，在实现销售、管控好成本与费用的同时，还需要高度关注并管理好现金流，力争保持最佳现金流量，保证企业运营和财务状况的正常化，并以此作为企业财务管理的基本目标之一。

企业现金流管理的内容，包括与生产经营直接相关的经营性现金流量（营运资金），与企业长期持续经营相关的投资性现金流，以及平衡企业资金的融资性现金流。同时，现金流动过程中蕴含着不同的风险，如现金收支金融与时点的不匹配会带来流动性风险，现金流币种的差异会带来外汇风险，计息负债与资产有时会产生较大的利率风险，客户回款不及时会引起客户信用风险，与金融机构的交易会出现交易对手风险，等等。作为企业的管理者，需要管理好企业的现金流，同时也要关注现金流衍生出来的风险。

所以，在经营管理过程中，企业除了需要设置会计、预算等财务人员管理好企业的销售、成本、费用外，还需要成立专门的组织，管理好企业的资金以及与资金相关的风险。

“居安思危，才能长治久安”。在外部环境不断变化的今天，企业经营不但要关注利润，更要关注利润背后的“质量”，努力提升企业的现金流管理水平，才能实现高质量的有效增长。

1

Chapter 1

资金管理概述

1.1 发展历史

在企业生产经营过程中，企业管理者利用各种管理工具与方法，实现对“人、财、物”的有效控制与管理。其中，“钱”即是企业生产所需的资源，也是企业的经营成果，贯穿于企业整个生产经营过程中，是企业管理活动的核心。简单地说，企业的财务管理可以分为管“钱”和管“账”这两大部分。常说的“钱账分离”，就是企业财务管理中为防范风险、明确职责而设立的基本原则。资金管理就是企业管理的“资金”，以及与“资金”相关的风险。

企业资金管理工作不是在企业成立第一天就存在的，它是为了满足企业发展带来的管理需求而产生和发展的。从企业存在的第一天起，企业的管理者就需要管理企业经营所必需的资金。随着企业经营活动范围的扩大，业务变得越来越复杂，对资金管理的要求也越来越高，企业资金管理的职能也在不断地发展变化。

如图1-1所示，传统的中小型企业在成立之初，就通过会计岗位与出纳岗位的设立，使与现金收支相关活动的执行与账务记录进行分离，保证与资金相关的活动能够得到真实、准确的记录，对容易出现风险的环节进行职责分离，有效控制资金风险。随着企业的发展、分公司的设立，与企业银行现金相关的银行账户的开立、变更和关闭，以及银行账户资金收付，内部各主体间资金调拨也逐渐频繁，需要企业设立相应岗位、明确相应职责来进行管理账户内资金存量和资金流动（出纳职能）。

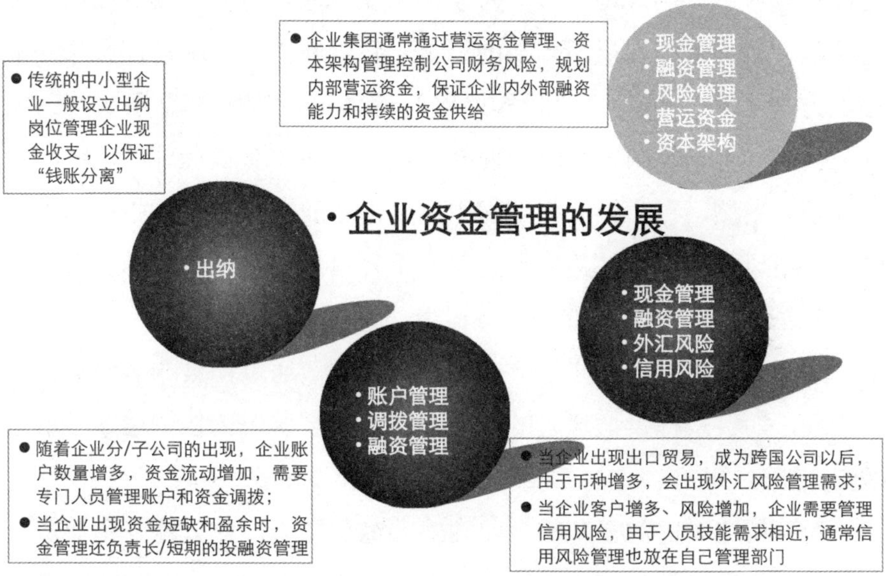

图1-1 企业资金管理的发展示意图

同时，随着规模扩大带来的长期资金需求，以及日常经营波动带来的短期融资需求，企业会出现长期与短期资金缺口，需要通过外部融资来解决。由于融资金额的大小与资金收支预测、内部资金调拨关系紧密，融资职责一般由企业资金管理人员负责。融资需求大，业务操作多，对融资依赖度大的企业会成立融资管理部，专门负责融资业务（投融资职能）。

随着企业业务量的增加和新客户的拓展，客户范围也会由单一国家逐步扩大到不同的区域与国家，客户种类和交易结构也会越来越复杂、多样。同时，客户所处国家不同，也会带来不同的交易币种。随着这些国家政治经济形势的变化，客户经营情况好坏、交易币种汇率的波动都会给企业带来客户信用风险和外汇风险，并直接影响企业应收账款的回收以及企业经营的财务结果。

通常情况下，企业外汇与信用风险管理，会放在资金管理部门去管理。一方面，由于企业资金管理活动通常会增加或减轻企业的外汇风险与客户信用风险，即通过后端的财务活动有能力去管控企业的外汇风险与客户信用风险。另一方面，风险管理人员所需要的技能与现金管理、融资管理人员所需技能基本一致。此外，风险管理金融产品提供方与融资、现金管理服务提供方均为银行等外部金融机构。所以，一般外汇、信用等风险管理部门也会放在资金管理部门，统一进行管理。当然，有些企业会把信用风险管理放在销售组织中去管理，由于信用风险管理与销售管理的对象都是客户，这样的安排也具有一定的合理性（风险管理职能）。

此外，业界领先企业还成立客户融资部，通过积极的客户销售融资管理，为客户提供低风险的资金解决方案，促进销售的达成（销售融资职能）。

为不断应对日益复杂的企业内外部经营环境，在管理好企业资金存量（现金）与外部资金来源（融资）的同时，一些领先的跨国企业集团开始关注企业营运资金管理，注重企业内部资金产生能力，从企业内部挖掘潜力，以降低对外融资需求。在外部融资方面，注重企业股权融资与债权融资的平衡，动态管理企业资本结构，设定与企业长期发展战略相匹配的财务策略，保障企业长期稳定发展（营运资金与资本架构管理）。

1.2 管理职能

如图1-2所示，在企业财务管理架构中，在企业统一的财务政策与会计准则的规范下，账务部门负责基础的会计记录与财务报告，预算部门、资金部门、税务部门作为专业管理部门，分别承担不同的职能。预算部门承担企业规划、预算与预测工作，资金部门负责资金管理与风险管理，税务部门进行税务遵从与筹划工作。

资金管理作为企业核心财务管理职能，具有非常重要的作用，并与其他职能进行频密的沟通与互动，形成互相影响、不可分割的财务管理整体。例如，资金管理者的资金管理活动依赖于账务人员提供的现金流动数据与报告；对公司进行融资规划需要从预算部门了解公司销售业务预算情况，以便于计算公司资金缺口。

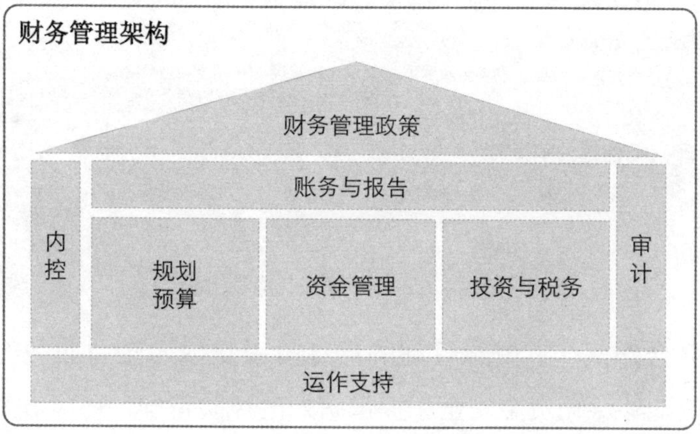

图1-2　企业财务管理架构图

随着现代企业管理制度、管理理论的发展变化，为适应企业越来越复杂的管理需求，企业资金管理的功能也从基础的“管钱”向着“管理风险”、“价值增值”等高级管理功能演进。

如图1-3所示，从功能上划分，企业资金管理可分为以下几个层次。

现金守护者：现金守护与收支管理职能是企业资金管理的最基本职能。通过保证公司现金和银行账户内资金安全，以及正常资金收支功能的实现，使企业能够维持正常的持续经营，这是企业资金管理者最基本，也是最重要的职责。这类资金管理基本职能包括银行账户管理、电子银行管理、收款对账、对外支付等。作为企业资金管理人员，有效履行现金守护与收支管理职能是对其最基本的要求。

风险监控者：除了保障资金安全与资金收付以外，资金管理者还需承担起与“钱”相关的风险的管理职责。根据企业业务性质和内外部环境的不同，通常大型企业集团资金管理部门需要管理企业流动性风险、信用风险、利率风险和外汇风险。好的风险管理不但能保障企业低成本下的正常经营，在特殊时期，还可能决定企业的生死存亡。

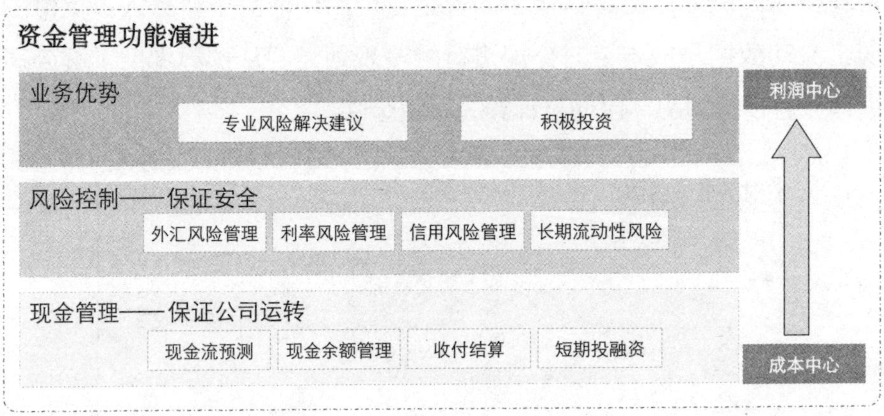

图1-3　企业资金管理功能演进图

业务合作伙伴：资金管理的最高阶段是成为企业业务的合作伙伴，不仅能够保障资金安全和提供有效的风险管理，还能够为业务提供专业服务与管理建议，如采取积极投资创造收益、管理公司营运资产提高资产效率、提供销售融资促进业务增长、建立适宜的资本架构为企业发展提供低成本的资金等。

自20世纪80年代出现企业资金管理专业职能以来，在长达数十年的企业资金管理演进过程中，形成了众多资金管理专业词汇。特别是在中国特有的多年计划经济和金融市场的影响下，企业资金管理形成了众多具有国内特色的专业词汇。为了高效沟通并避免歧义，对这些词汇的含义和管理内容界定如下。

- 资产负债表管理：指资产负债表结构及报表具体项目的管理。
- 资本架构管理：指在资产负债表中，对股权资本与债权资本及其结构的管理。
- 现金流管理：指企业所有现金流入流出管理，但通常聚焦在经营性现金流管理。

- 营运资金管理：指在资产负债表中，与经营相关的短期经营性资产与经营性负债的管理，通常是指应收资产、应付负债与存货的管理。如企业的其他短期资产与其他短期负债也与企业生产经营相关，则也需要纳入到营运资金管理当中。此外，在有些企业中，营运资金管理并不是直接管理资产负债表的资产与负债项目，而是通过管理现金流量表中经营性的回款和付款的方式来进行的。
- 现金流预算：通常指用直接现金流量表方法编制的年度现金流规划，其中包括经营性的收支预测以及融资性的资金安排。
- 现金管理：包括短期现金收支预测、资金平衡及短期投融资计划、资金调拨、现金余额管理、短期投融资操作、银行账户管理等。
- 资金计划：指短期现金收支预测和资金平衡及短期投融资计划，是现金管理的一部分。
- 短期收支预测：对短期经营性、投资性、融资性现金流动的预测。
- 资金管理：管理企业资金及其相关风险。传统的资金管理常指现金管理及融资管理，大型企业集团的资金管理还包括资本架构管理、营运资金管理和资产负债表管理。

1.3 资金管理的目标

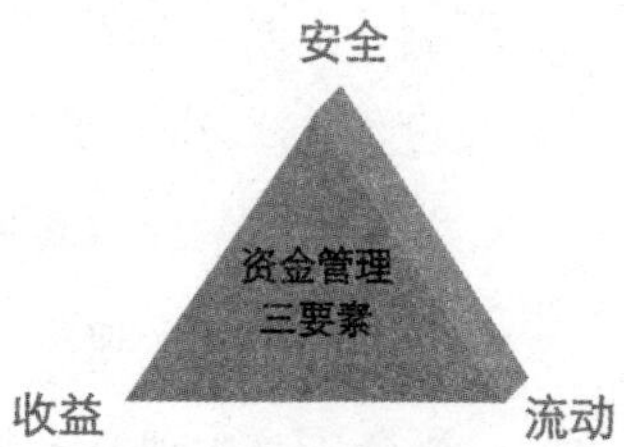

图1-4 资金管理三要素图

如图1-4所示，资金管理需要考虑三个方面的因素：资金的安全性、收益性和流动性。资金的安全性，是指资金到期能够安全回收的可能性。资金的收益性，是指资金使用后获得回报水平的高低。资金的流动性，是指非现金资产在市场能够变现的能力。资金的这三要素互相影响和制约，一个金融产品，不可能同时满足安全性高、收益高，同时流动性好的特点。例如：国债的流动性好、非常安全，但收益率低；股票流动性较好、安全性差，但预期收益率高；地产投资预期收益较好，但流动性差。

在企业集团进行资金管理之前，需要界定其资金管理目标的侧重点，是偏重安全性、收益性，还是流动性。企业的资金管理的重心一定是坐落在三者之间的三角形区域内，形成三者之间的平衡，差别是不同行业、不同管理风格，其侧重点是不一样的。

例如：进行股票自营业务的金融机构，其资金管理的侧重点一般会是收益性。银行的短期资产（投资）与负债（存款）管理，主要匹配其资产与负债的流动性。生产制造企业会关注其现金类资产的安全性，不会进行高风险的投资。

通常情况下，以业务经营为主的非金融机构企业集团，常常倾向于以资金安全为主，要求一定的资产的流动性，对收益水平要求较为宽松。例如：某企业集团设定其资金管理的目标为"支持公司业务发展，保障资金供应，有效控制风险，低成本、安全高效的资金运营"。当然，根据企业发展战略、企业业务性质和经营所处的内外部环境的变化，企业对其资金管理的愿景和目标经常也会进行调整，例如：在行业景气、经营状况较好时，企业会要求投资的高回报，企业在经营低谷时，会更加关注资产的安全性与流动性。

案例1：某企业集团资金管理目标

某跨国企业确定了如下集团资金管理目标。

- 资金安全：管理集团资金存量与资金收付，保障资金安全。
- 风险管理：管理公司信用、外汇、利率、养老金，保证风险可控。
- 现金流：管理公司经营性现金流，提高营运资金使用效率。
- 财务灵活性：优化资本结构，管理企业信用等级，拓展和管理公司融资资源，保障外部资金供给。
- 股东回报：管理短期投资，控制融资成本，合理规划新股增发、股权回购和股利分配，调节股东回报。

1.4 集团资金管理体系

形成有效的资金管理职能，需要建设一个完整的管理体系。管理体系是指一项业务能够长期持续规范运行所需要的管理要素的组合。例如，为了保证长期准确地把一个包裹从A点送到B点，需要明确：谁来做（组织），怎么做（流程），哪些物品不能送（政策），怎么评价投递员工作质量（绩效），用什么交通工具（方法与IT），完成后如何知会总部（报告），是否可让他人代送（授权），谁来检查投递员的工作质量（内控），是否遵守交通法规（外部遵从），等等。如果我们建设一个完整的工作管理体系，我们至少需要明确上面所述的要素。

资金管理体系需要包括：组织架构与组织职责，流程架构与子流程，管理政策，资金绩效考核，资金管理方法论与IT系统，资金报告，授权，内部控制，外部遵从等。

1.4.1 功能模块

根据国内外企业集团的领先资金管理实践，通常把资金管理功能分为以下几个部分：

- 资本架构与资产负债表管理：负责企业资产负债表和资本结构管理。确定公司长期资本市场财务目标，通过合理规划公司资本结构、资产负债结构、融资结构、股利政策、增资决策等，保障公司资金供应、财务灵活性与股东每股收益。
- 营运资金管理：负责公司营运资产与营运负债管理，通过对公司短期应收资产与短期应付负债的规划、预算和预测，提高公司资金使用效率与内部现金产生能力。
- 现金管理：负责短期现金收支预测、短期资金关联调拨、短期投资与融资管理、银行账户管理、货币即期兑换、对外支付等，保证公司短期资产流动性和现金类资产安全。

- 资金风险管理：负责企业资金相关的风险管理，包括外汇风险、利率风险等，减少外部金融市场波动对企业利润和现金流的影响。
- 银行关系管理：负责维护和管理与金融机构的关系，保证公司得到优质稳定的金融服务。
- 信用风险管理：管理客户信用风险，保证收到客户及时全额付款。
- 销售融资管理：利用企业或金融机构资金，为客户提供融资，促成销售的融资行为。

资金管理体系经过多年的发展，已经覆盖了企业所有的现金流和与现金流相关风险的管理。从企业“现金流”管理的角度来看，营运资金管理管理企业“内部现金流”，资本架构与融资管理关注企业股权和债权相关的“外部现金流”，现金管理管理企业“资金存量”与“短期现金流”，资金风险管理管理“现金流相关风险”。

如表1-1所示，功能完整的企业资金管理职能也覆盖了资产负债表中的各个项目。

表1-1　资产负债表管理分工表

	现金管理	营运资金	资本架构	外汇风险	利率风险	信用风险
资产						
货币资金	√		√	√	√	
应收账款		√		√		√
存货		√		√		
固定资产						
其他资产		√（分析）				
资产合计						
负债						
借款	√（短期）		√	√	√	
应付账款		√		√		

续表

	现金管理	营运资金	资本架构	外汇风险	利率风险	信用风险
其他负债		√（分析）				
权益						
实收资本			√			
资本公积			√			
未分配利润			√			
合计						

现金管理负责货币资金与短期融资的管理。

营运资金负责资金负债表经营性资产与负债的管理，包括应收账款、存货和应付账款。此外，还需分析、判断其他资产与其他负债是否属于经营性项目，如果属于经营性项目，也需要纳入营运资金范围进行管理。

资本架构负责管理企业现金策略、股权融资与债务融资，以及整体集团财务风险，需要关注货币资金、长期借款和股东资本。此外，对于所有影响集团整体财务风险的项目，都需要资本架构进行关注，并纳入管理。

外汇风险需要管理两大类内容：一是以不同币种存在的现金与债务；二是经营性资产负债，即未来将带来回款现金流的，以某种币种形式存在的应收账款和存货，以及将以某种币种进行支付的应付账款。由于上述资产与负债会受到币值波动的影响（交易风险），所以需要纳入外汇风险范围进行管理。此外，外汇风险部门还应战略性地关注报表以外的、尚未形成资产负债的业务（会计风险），这部分未来潜在的资产与负债由于币种不匹配，未来可能会带来的外汇风险，仍然需要管理。

利率风险管理是由于货币市场利率波动带来的利息收入与利息支出的波动，当企业的浮动计息的资产与浮动计息债务不匹配时，即会形成利率风险；所以企业应关注并管理浮动计息资产与浮动计息债务。

一般情况下，信用风险管理主要关注客户尚未偿付的应收账款。在业界领先的全流程信用风险管理中，还应关注整个销售与生产环节可能会产生的风险点。

由于资本架构关注整体财务风险，分析资金缺口，并提出融资策略和方案，通常会由这个组织来承担资产负债表整个统筹管理工作，并牵引集团资金管理整体管理方向与策略。

1.4.2 组织

如图1-5所示，在规范的财务管理体系下，资金管理组织部门通常按如下的类别进行划分，分为三类：第一类是前中后台的资金交易与结算组织；第二类是核心资金管理职能型组织，包括现金管理、风险管理、资本架构管理等；第三类是与业务相关性强的业务支撑型组织，包括信用风险管理与销售融资管理。

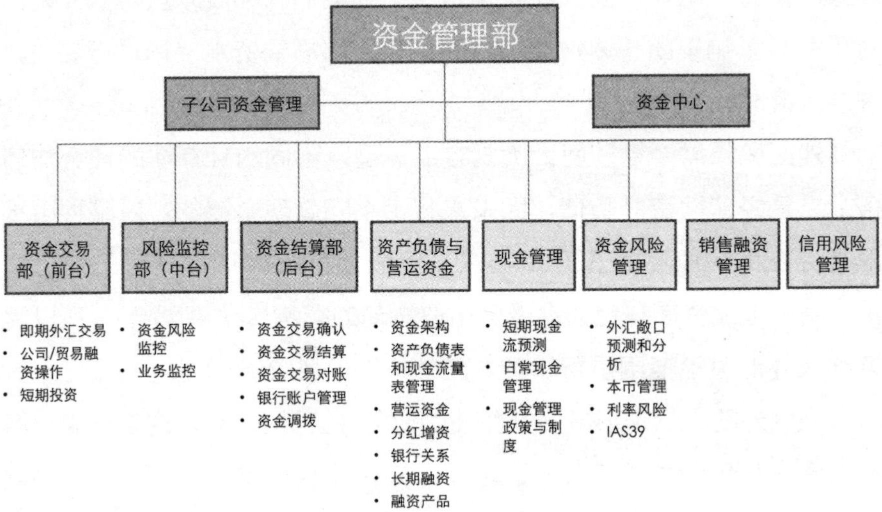

图1-5 企业资金管理组织图

资金管理组织部门及其主要职责如下：

- 资金交易部（前台）

  √ 即期外汇交易操作；

√ 公司/贸易融资操作；

√ 短期投资操作。

- 资金监控部（中台）

√ 资金操作风险、交易对手风险监控；

√ 业务流程遵从性监控。

- 资金结算部（后台）

√ 资金交易确认；

√ 资金交易结算；

√ 资金交易对账；

√ 银行账户管理；

√ 资金调拨。

- 资产负债管理部

√ 资金架构管理；

√ 资产负债表和现金流量表管理；

√ 营运资金管理；

√ 分红增资政策制定与执行；

√ 银行关系管理；

√ 长期融资执行；

√ 融资产品创新。

- 现金管理部

√ 短期现金流预测；

√ 银行账户管理；

√ 现金管理政策与制度。

- 资金风险部

√ 外汇敞口预测和分析；

√ 风险对冲策略制定；

√ 利率风险政策制定；

√ 对冲会计处理。

在区域资金管理工作中，由于现金结算和融资需要与所在地金融机构沟通，营运资金管理在流程上与当地的业务有连接，所以，通常会在区域或子公司设立现金管理与营运资金管理的组织，承担相应职能。

对于业务覆盖全球的企业集团，通常会在金融中心城市设立资金中心，承担企业资金交易、结算、融资等职能。

在国内企业财务管理职能的发展过程中，资金管理组织定位也一直在发展和变化。如：营运资金管理可以与损益表预算管理一起，由预算部负责管理。很多公司设立资金计划部门，管理短期现金收支预测与短期资金安排。还有较多企业通过资金预算来管理直接现金流动，而不去管理其资产负债表。此外，由于信用风险管理、销售融资管理与销售密切相关，很多企业也会把这两项职能置于销售部门。

1.4.3 流程

如图1-6所示，从流程视角来看资金管理，可分为3个主要流程。

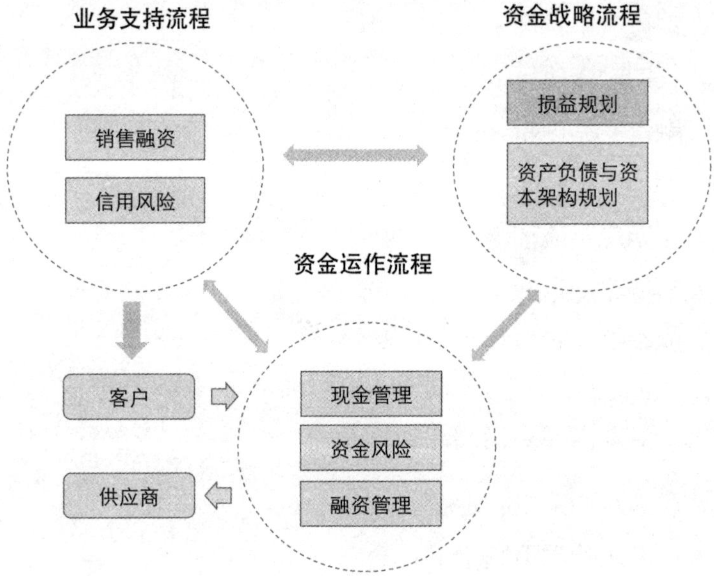

图1-6 企业资金管理流程框架图

其中，一个是财务报表计划、预算与预测的资金规划流程，一个是短期收支预测与资金安排的现金管理流程，一个是依托于销售业务流程的信用风险管理和销售融资的业务支持流程。三个流程相对独立，又相互关联，共同形成资金管理全业务流程。

（1）战略规划流程。损益表的规划一般由预算部门主导，资金部门基于损益的规划和年度预算，根据历史财务数据的指标基线和未来销售规划，预测当年以及未来三年（或更长）资产负债表和现金流量表，并对资金缺口确定股权融资与债务融资策略与规划。

（2）资金业务流程。这是资金管理的传统业务与核心流程，主要包括现金管理与风险管理。资金人员根据未来短期（一年以内）现金收支预测，计算资金缺口、外汇风险敞口和利率风险敞口，进行短期投资、融资、风险管理计划并执行，以保证日常业务过程中的资金供应及资金风险得到有效管控。

（3）业务支持流程。这是指配合支持销售业务的达成而存在的销售融资与信用风险管理流程。销售融资通过对第三方资源和企业自身资金，为客户提供资金，实现销售。信用管理通过对国家、客户和销售项目风险的分析，量化信用风险，提出风险规避建议，以支持销售的达成，并通过对生产销售全流程进行管控来保证企业资产安全。由于信用风险管理与销售融资业务与销售流程强相关，很多企业也把这两块业务放在销售管理部门管理。

三个流程相对独立，又紧密联系，形成企业现金流管理的整体。三者关系如下：首先，现金流规划流程制定企业现金流长期战略规划、制定管理策略和方向，指导企业短期资金业务流程和业务支持流程的运作；其次，长期战略需要通过现金管理等流程来落地和执行；再次，业务支持流程的运作结果和效率高低，反过来影响现金流战略规划和管理策略的制定。三个流程协同运作，才能有效地管理好企业现金流，保持企业财务安全。

1.4.4 绩效考核

与其他业务组织一样，资金管理组织与人员根据承担的职责，也需要进行绩效考核。资金的绩效考核指标可以分为外部驱动与内部驱动两类。外部驱动指标是指股票市场股东或银行等外部利益相关人关注的指标，如每股收益、财务杠杆、资产负债率等。内部驱动指标是指管理层对资金使用效率提出的要求，如经营性现金流、应收账款周转率等。

如表1-2所示为资金管理部门的职责与常用考核指标。

表1–2 企业资金管理职责与考核指标表

职　责	考核指标
管理资产负债表与资本架构	财务杠杆，资产负债率
营运资金	经营性现金流、DSO*、DIO*等
管理短期流动性风险	支付及时率
保证现金资产安全	资金损失事件、资金流程审计结果
维护银行关系	融资费用率，结算费用率

* DSO（Days of Sales Outstanding），应收账款周转天数；DIO（Days of Inventory Outstanding），存货周转天数。

2

Chapter 2

企业集团管控架构与资金管理

企业经营的基本目标是在保持持续经营的基础上，实现销售、获取利润。资金管理与资金战略作为企业经营管理的一部分，需要遵从、支持企业整体发展战略与计划。要制定一个合理的、适宜的、符合内外部情况的资金策略，也需要深入了解企业的业务经营规则与企业发展策略。脱离企业的经营本身去谈企业资本运作、资金运营是不切实际的。

不论是与经营密切相关的营运资金管理和信用风险管理，还是集团宏观的资产负债表管理和短期现金管理，都需要管理人员深入了解企业所处的行业特点、产品特性、销售区域特点、客户分布和生产销售流程，才能有针对性地设计合理的解决方案，有效管理。

与企业销售预算管理类似，营运资金管理的实质是企业应收资产、应付资产和存货的规划、预算与预测管理。既然是预算管理的一部分，也需要遵循预算管理的规律，根据企业的组织架构，选择合理的考核指标，制定目标，定期考核。所以，要做好营运资金管理，需要深度介入企业经营，了解企业管理架构。

如图2-1所示，在建立企业管理架构时，需要遵循一定的程序，解决如下问题：

- 企业长期发展的目标是什么（愿景与使命）；

- 如何来细分企业组织（管理维度）；
- 每个组织的职责是什么（责任中心定位）；
- 每个组织的具体考核指标是什么（考核矩阵）；
- 如何来设定目标并进行考核（预算流程）；
- 需要什么样的数据支撑（数据架构）。

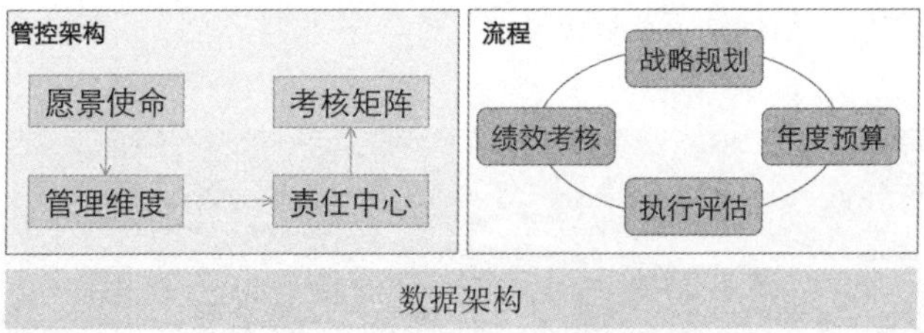

图2-1　集团管控架构图

1. 企业愿景

“企业愿景，即对未来的展望以及使命达成时的景象”，这是企业文化界普遍认同的企业愿景定义。从企业愿景的定义我们不难看出，企业愿景的意义在于，它不但为企业确立了努力方向、发展目标，更重要的是企业通过确立共同愿景并为之付诸行动，这种共同愿景便成为企业全体成员的执着追求和内心的强烈信念，成为企业凝聚力、动力和创造力的源泉。

企业愿景有两个特性：一是长期性，不易短期内实现，这样才能作为企业长期经营目标；二是普遍认同，这样才能激发企业员工的凝聚力与创造力。

2. 企业管理维度

在明确了企业发展目标后，管理者面临的问题是：怎么管理好业务，如何管理产品研发、生产和销售，根据什么样的管理维度，把一个大型的企业集团分割成一个个细分的业务单元，以便设置管理团队，实施管理。

实践中，企业集团可选择的管理维度包括：行业、产品、区域、客户、法律主体等，企业可根据管理策略与实际情况，选择合理的管理维度，划分不同的业务单元，实施业务管理。

如图2-2所示，某大型多行业跨国企业集团的企业管理维度，采用以下方式设置。以产业作为企业管理的主维度，设置全球事业部的总经理。在事业部下，划分为各个区域组织，设置所在事业部内的区域总经理。在区域内，根据客户群的差异，设置不同客户的责任主管。

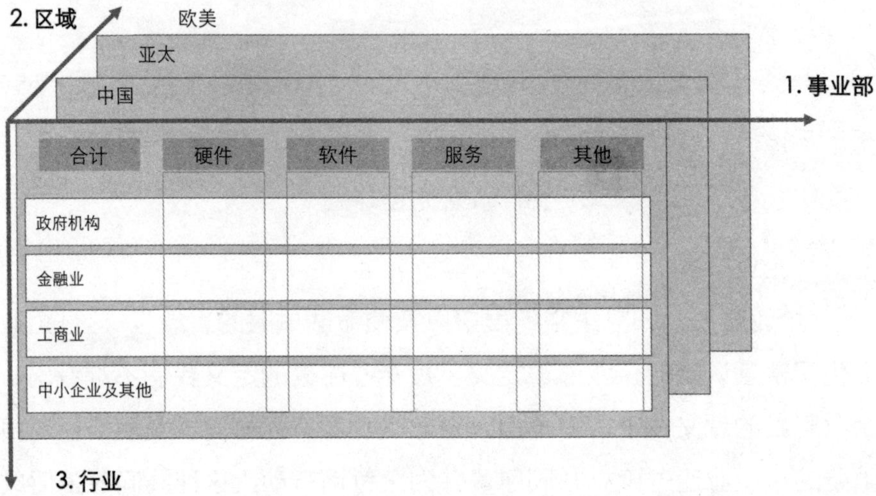

图2–2　企业管理维度图

3. 责任中心定位

对于企业矩阵中的每一个业务单元与组织，管理者需要界定它在企业中所应承担的责任，并根据组织所承担的责任，对其进行业绩要求与考核。责任中心定位是根据组织的决策力或影响力为原则，确定应承担的责任。如组织不能影响某项财务结果，就不应是该组织的责任。如企业销售人员不能影响企业产品的单位价格与单位利润时，销售部门定位于收入中心较为合适。如销售人员能够影响产品售价的高低，即在影响销售收入的同时，也影响单位利润，则可定位于利润中心。

如表2-1所示为企业集团常见的主要责任中心定位。

表2-1　责任中心定位表

	收入	成本	费用	投资收益	利润	典型组织
收入中心	*					固定售价的销售部门
成本中心		*				工厂
费用中心			*			财务部，人力资源部
投资中心				*		投资公司
利润中心	*	*	*	*	*	业务单元

4. 确定考核指标

根据各个业务单元和平台组织的责任定位，可以具体确定其应承担的考核指标。考核指标的选取可考虑以下三个原则：

（1）可控性。设定的考核指标一定要是组织职责范围内能够控制或影响的，否则不应作为其考核内容。例如，考核销售人员的企业生产成本，这显然是不合适的，因为生产成本是销售人员不能够影响的。

（2）综合性。对于组织，在可能的情况下，考核指标就尽可能采用综合性的。通常，越是高层管理者，对其的考核尽可能选择与最终结果挂钩的综合性指标。其好处，是能让组织尽可能地关注企业经营最终结果，而不是去关注具体过程和细节。例如，对集团销售总监的考核，就应该用集团销售收入作为考核指标，而不用考核具体每一种产品的销售业绩。

（3）不宜过多。在考核过程中，应尽可能使用较少的考核指标，从而使团队经营关注度更加聚焦，牵引其管理主要方向。过多的考核指标会让管理者无所适从，分散其注意力。

表2-2为某多元化企业集团使用的较为典型考核指标矩阵。在这个案例中，事业部与区域组织是企业的管理实体，承担了几乎所有的损益与资产负债指标。销售（客户群）组织主要承担销售收入与利润指标。供应链作为成本中心，承担成本与费用指标。人力资源与财务部门作为费用中心，只承担费用指标。事业部与区域作为经营主体组织，承担了营运资金管理的职责，将是现金流管理关注的重点。

表2-2　考核矩阵表

		集团	事业部	区域	客户群	供应链	人力	财务	其他
损益	收入	▲	▲	▲	▲				
	成本	▲	▲	▲	▲	▲			
	毛利	▲	▲	▲	▲				
	税前利润	▲	▲	▲	▲				
	费用	▲	▲	▲	▲	▲	▲	▲	▲
	平台费用	▲	▲	▲	▲	▲			
资产负债	DSO	▲	▲	▲					
	DIO	▲	▲	▲					
	现金流	▲	▲	▲					
	资本性支出	▲	▲			▲	▲	▲	
	债务	▲		▲					
	股东权益	▲		▲					
内部控制	审计通过率	▲	▲	▲	▲	▲	▲	▲	
	客户满意度	▲	▲	▲	▲	▲	▲	▲	

5. 建立数据架构

确定了企业管理维度、责任中心定位和业务单元考核指标之后，就需要建立相应的真实完整的数据体系，用于制定指标、衡量各组织绩效及满足其他管理需求。企业确定以什么样的“管理架构”、以什么样的“管理精细度”去管理它的业务，也就需要建立相应的数据体系，这样才能实现其管理意图。例如，如果企业想考核县级营销团队家电产品的营销费用，那么，在企业的财务系统中，一定要实现能够核算家电产品线在每一个县的销售费用。

如图2-3所示企业数据架构可分为如下几个层次：底层是来自于各个IT系统的数据源，包括财务系统、人力资源系统、供应链系统、客户关系管理系统等，这些分散的数据系统根据关联关系，整合在统一的数据仓库中；之后是应用层，即根据不同的业务需求，抓取相应数据，满足不同的管理需要，如年度预算和绩效考核等；最后是交互层，即提取的应用数据，以一定的展现形式（如网页、报表或邮件等）呈现给用户。例如，销售部门需要销售人员差旅费用数据，可以从HR系统抓取员工清单，再从财务系统提取员工费用进行匹配，形成销售人员差旅费用报表，通过邮件发送给销售主管。

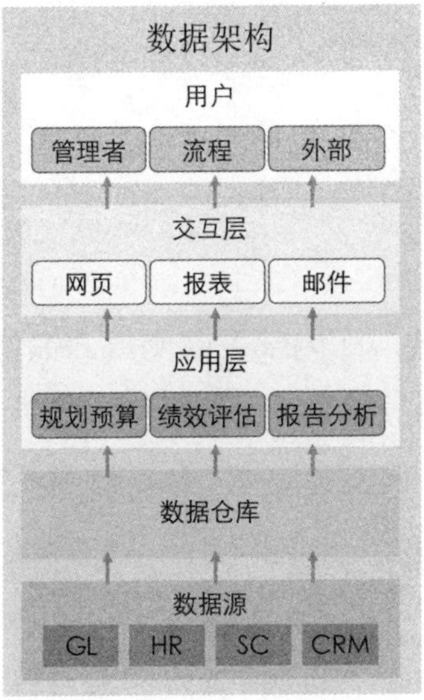

图2-3　数据架构

6. 规划预算流程

制定的考核指标，需要通过相应的流程，才能影响到企业的日常经营活动中，这就是企业的长期规划与年度预算流程。如图2-4所示，管理者通过长期（3年或以上）战略规划流程，明确企业的销售与利润目标，以及通过什么样的策略来实现长期目标，为企业长期发展树立战略方向，并每年对战略规划进行审视和刷新。在长期方向的基础上，根据设定的指标考核体系，为各业务单元和其他组织制定其年度预算目标，通过几轮的上下沟通，形成年度预算，由各部门执行。年度经营结束后，要对各组织的执行情况进行回顾分析，并把执行结果纳入到各组织和部门的绩效考核中，以及下一年度的规划和预算活动中。

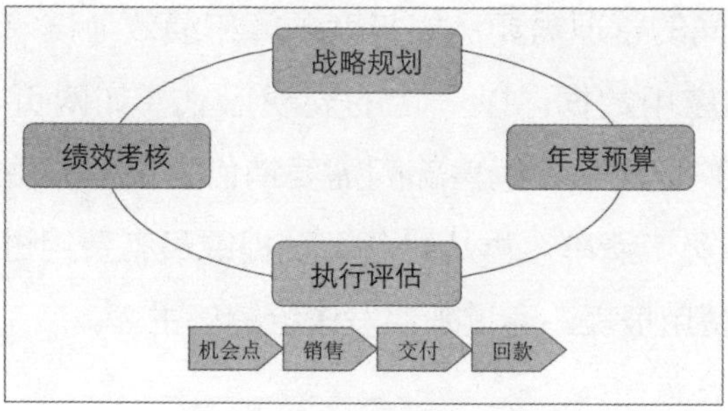

图2-4 企业规划预算流程

7. 主体架构与企业组织架构

企业集团法人主体架构与管理架构是基于不同的出发点来设立的。法人主体架构搭建时，要综合以下四个方面进行全盘考虑：

（1）集团商业模式，即内部关联交易，销售与采购流程如何在企业集团法人主体间交易的。

（2）税务因素，如何设置法人主体能够最大化节省税务成本。

（3）资金因素，考虑企业集团及子公司未来融资和资本运作的规划。

（4）多元化经营，如企业跨行业经营，且行业特性差异巨大，为有效管理，一般会考虑在一个行业设置一个子公司，在主体上对业务进行完全隔离。

在企业发展的不同阶段，企业集团可能会通过法人主体方式来帮助分割不同业务单元或不同区域业务的管理组织，便于进行管理。但从长期来看，由于过多的法人主体会极大地增加企业管理成本及税务成本，管理复杂度也大大增加，所以，大型企业集团一般会根据业务需求设立事业部，进行管理区隔，实施管理。

总而言之，管理架构与主体架构有时会有一定的映射关系，但在本质上搭建这两个架构的考虑因素与目的不尽相同，两个架构之间有较大的差异。作为资金管理人员，需要思考并建议如何合理设置企业主体架构与管理架构，以实现有效管理。

8. 营运资金管理与现金管理的差异

企业资金管理职能中，营运资金管理、现金管理和融资管理等基础性的资金管理职能在本质属性上有很大的差异。营运资金管理本质上是企业经营性现金流的预算管理，以业务组织为管理单位，决定了企业内部现金流产生能力的高低，与企业的管控架构、组织架构、责任中心定位紧密相关。

现金管理、融资管理与资金风险管理是传统的、基础的资金管理职能，以法人主体为单位，管理企业现金存量与外部融资，保持短期与长期资金平衡。二者在管理组织、管理流程、人员技能、考核指标上存在本质的差异，在企业现金流管理体系建设中需要特别关注。

3

Chapter 3

现金流管理

3.1 现金流类别

在企业经营过程中，现金流是企业持续不断运转必要的血液。企业经营以现金开始，过程中转化为不同形态的资产，并最终以现金结束一个完整的经营周期。企业内外部资金循环图如图3-1所示。

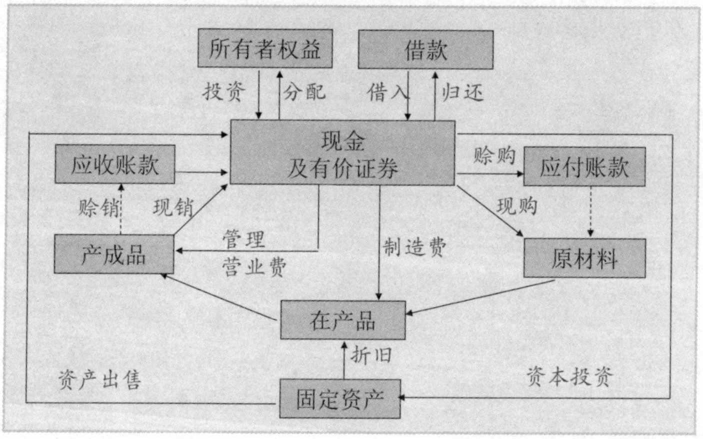

图3-1 企业内外部资金循环图

企业内资金流动如下：

（1）股东出资形成现金。

（2）如现金不足，可从银行借款，企业现金增加。

（3）企业使用现金采购机器设备等固定资产。

（4）企业使用现金采购原材料，如赊购则形成应付账款。

（5）企业支付工人工资进行生产，原材料转化为在产品和产成品。

（6）产成品用于销售，回笼现金，如赊销则形成应收账款。

（7）企业支付借款本息，如有盈余，可用于支付股息。

（8）如果企业回笼的现金大于支付的现金，不断滚动，则企业形成盈利。

现金流是指企业在一定会计期间按照现金收付实现制，通过一定经济活动而产生的现金流入、现金流出及其差量的总称。

由图3-1可见，全面的现金流管理，不仅仅是管理企业的库存现金，还包括企业经营过程中不同性质的现金流动。如与经营相关的采购、货款回收等，与资产采购相当的现金流，与筹资相关的现金流。由此，现金流也分为经营活动现金流量、投资活动现金流量、筹资活动现金流量。

经营活动现金流量主要包括销售商品、提供劳务收到的现金，税收返还，其他与经营活动有关的现金，购买商品、接受劳务支付的现金，支付给职工以及为职工支付的现金，支付的各项税费，及其他与经营活动有关的现金。

投资活动现金流量包括：收回投资收到的现金，取得投资收益收到的现金，处置固定资产、无形资产和其他长期资产收回的现金净额，处置子公司及其他营业单位收到的现金净额，收到其他与投资活动有关的现金，购建固定资产、无形资产和其他长期资产支付的现金，投资支付的现金，取得子公司及其他营业单位支付的现金净额，支付其他与投资活动有关的现金。

筹资活动的现金流量包括吸收投资收到的现金，取得借款收到的现金，收到其他与筹资活动有关的现金，偿还债务支付的现金，分配股利、利润或偿付利息支付的现金，支付其他与筹资活动有关的现金。

现金流管理是指以现金流量作为管理的重心，兼顾收益，围绕企业经营活动、投资活动和筹资活动而构筑的管理体系，是对当前或未来一定时期内的现金流动在数量和时间安排方面所做的预测与计划、执行与控制。

健康的现金流动是企业持续发展的前提，是衡量企业经济效益和发展能力的重要指标。企业现金流转的顺畅与否对企业的生存与发展有着重大的影响。任何环节的不畅，都会给企业带来严重的经营后果，轻则造成企业生产经营活动陷入困境，重则引发企业财务危机，造成企业陷入破产清算，威胁到企业的生存。因此，现金流量管理对于企业的生存和发展具有极其重要的意义。

第一，对现金流量的反映可以增强企业决策的实效性。利润是按权责发生制原则计量的，反映了企业的盈利状况，但并非所有的利润都是可供企业支配的实际资金流入。现金流量则是按收付实现制原则计量的，与实际资金运动相一致，反映了企业的实际支付能力、偿债能力、资金周转情况，反映了企业实际拥有的可支配资金，企业据此做出的经营决策更具实效性和可行性。

第二，现金流管理有利于加强企业的经营管理。企业的经营活动过程，实质是从现金到资产，又由资产回到现金的过程，现金流贯穿于企业经营活动的全过程，是企业的“血液循环”系统。对现金流量进行管理，使企业的现金流动置于监控之下，掌握企业现金的流入与流出，保证企业现金流的顺畅、可控。另一方面，通过对贯穿于经营活动的全过程的现金流的管理，帮助企业实现对所有经营活动的监督与控制，有利于加强企业的经营管理。

第三，现金流量状况更能体现企业持续经营的能力。企业能够长期生存的基础是能够获得利润，但企业出现经营困难或破产的直接原因来自于不能偿还到期债务。良好的现金流管理能够增强企业抵御风险的能力，同时也能为未来发展提供资金保证。现金净流量的大小反映了企业自我积累能力的高低，决定了企业的发展潜力。加强现金流量管理，保证企业现金流的顺畅，更有利于企业的可持续发展。

从企业全面现金流管理的角度看，企业现金流管理包括以下几部分：

（1）现金存量管理。这部分属于企业资金管理中“现金管理”部分。

（2）短期现金流管理。这部分属于现金管理中的“资金计划管理”部分。

（3）中长期现金流管理。这分部属于“现金流预算”（经营性现金流）和“资本架构”（融资性现金流）部分。本章节后续主要涉及“现金流预算”部分。

现金流管理其他部分的内容请参见相关章节。

3.2 现金流管理流程

企业预算管理是指在企业战略目标的指引下，为合理利用企业资源，提高企业经济效益，对企业采购、生产、销售和财务等各个环节进行的统筹安排。预算管理包括预算编制、预算执行、预算分析、预算控制、预算考核等一系列管理活动。企业规模越来越大，面临的内外部环境变化多样，没有一个完善的预算体系，企业很难实现长期稳定的经营与发展。

企业管理是在战略目标指导下，企业计划、组织、控制一体化的综合协调管理。企业全面预算管理就是帮助管理者进行计划、组织、协调、控制和考评的重要管理工具。

企业预算管理就其本质特征而言，是以企业对未来的以价值形式为主的定量描述为依据，以提高企业经济效益为根本出发点，以市场为导向，以企业全员参与为保障，借助企业财务管理工作推行的，全面落实企业战略目标，控制企业生存的经营活动，使之有序运行的一种企业管理机制*。

---

* 王晓姝. 企业预算管理与全面预算的编制与实施. 北京：对外经济贸易大学，2006年

全面预算管理有两个含义，一是从预算的内容上要全面，二是从预算的期间上要全面。预算的内容应包括企业经营预算和财务预算两大部分。其中财务预算又包括损益预算、营运资金预算、资本架构预算三部分内容。

经营预算。经营预算是指与企业的产品生产和销售相关的预算。一般情况下，首先计划企业未来一年的销售量，包括各区域、各产品线的销售计划。之后，对企业的生产成本、制造费用进行计划。这些销售与成本指标将会分配给销售部门和生产部门，作为年度部门考核目标。

企业损益表预算。企业损益表预算是指在经营预算的基础上，预测未来一年公司的管理费用、销售费用、财务费用、折旧、税等各项费用，并预测下一年度公司的净利润。这里面的费用目标将会层层分解至各个责任部门，作为下一年度的预算目标。

营运资金预算。营运资金预算是在当年销售、成本预算的基础上，利用历史数据基础，推算未来的营运资金情况。由于营运资金受销售规模和运营效率两方面影响，运营效率是企业管理层关注的重点，所以通常使用营运资金周转天数等效率指标作为业务部门的考核指标。具体内容参见“营运资金管理”章节。

资本架构规划。资本架构规划是在企业损益表与营运资金预算的基础上，推算企业资金缺口或盈余，制定中长期的债务融资与股权融资方案并负责执行。具体内容参见“资本架构管理”章节。

如表3-1所示，从工作内容角度、业务规划、损益规划、营运资金规划、资本架构规划分析覆盖不同的项目。

表3–1 企业各阶段规划与预算内容表

	中长期规划 ⇨	年度预算 ⇨	月度预测
业务	• 收入 • 成本	• 收入 • 成本	• 收入 • 成本
⇩ 损益表	• 费用 • 利润	• 费用 • 利润	• 费用 • 利润

续表

	中长期规划	年度预算	月度预测
营运资金	• 应收（DSO） • 存货（DIO） • 应付（DPO）	• 应收（DSO） • 存货（DIO） • 应付（DPO）	• 应收（DSO） • 存货（DIO） • 应付（DPO）
资本架构	• 长期债务 • 增资策略 • 分红策略	• 长期债务 • 增资方案 • 分红方案	• 财务指标
中长期融资	• 融资方案	• 融资操作	

二是从预算的期间上要全面。

现金流管理的核心就是管理两张表：一张是短期资金计划表，由现金管理部门负责。一张是长期财务报表，由预算部门或资金部来负责。做好这两张表，企业的现金流就不会出问题，或能及早发现问题，及时采取应对措施。

短期的资金计划，一般覆盖未来的1 ～ 3个月。企业发展到了一定阶段，希望看到更远的前方是否有风险，所以，仅仅预测未来3个月的资金状况是不够的。这时，需要通过未来一年或三年集团整体的财务报表预测和规划，以提早发现企业的现金流是否充足，财务状况是否健康，是否存在潜在危机。企业应对未来3 ～ 5年的中长期业务与财务进行规划，对最近一个年度进行全面销售、成本、费用预算，并形成年度经营的目标，按月度对实际执行情况进行考评，并对年度完成情况进行预测，如有问题，应及早发现和解决。这样，通过短期资金计划表来合理安排短期的现金流，通过财务报表预测与规划来保障企业长期现金流的安全与稳定，从而保障企业财务健康。

企业在进行中长期业务规划时，主要是确定未来长期的业务发展趋势，制定业务发展策略，财务部门根据业务发展需求，确定中长期的财务战略，包括中长期融资策略、股利政策、增资策略，财务风险策略等。长期规划的最近一年，需要与年度预算衔接，与下一年度的预算目标保持一致，避免脱节。在月度执行时，一方面对实际完成结果进行考评，同时，根据实际完成情况，对年度预测进行调整。

从流程角度，如图3-2所示，现金流预算是企业全面长期战略规划、年度经营预算、年度资金筹划、月度执行与预测的一部分。

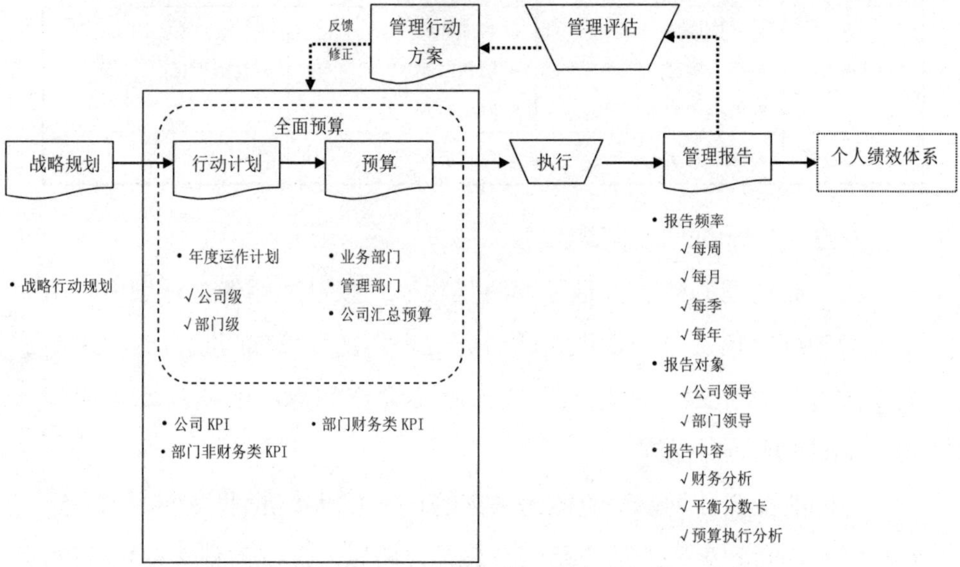

图3-2 企业规划与预算流程图

业务预算和损益表预算是在预算部门的统筹下，协调各责任部门完成的。营运资金预算在不同的公司有不同的做法，有些公司放在预算部门，有的公司放在资金部门完成。营运资金预算归于预算部门的理由是，本质上二者都是预算工作，流程、方法、参与人员相近，营运资金预算可以与损益预算一起完成，相对简单高效。有的公司把营运资金放在资金部门进行管理，这么做的理由是，资金管理部门对最终的资金状况的结果负责，营运资金是企业最重要的内部资金来源，资金管理部门会更加重视营运资金管理。相反，预算部门的管理重心通常是利润表，营运资金管理相比于利润表的管理不受重视，管理效果不一定好。营运资金管理放置于哪个部门都有一定的合理性，企业可以根据自身情况选择确定。

3.3 现金流管理方法

现金流管理的目标，通俗地讲，就是让企业有钱用，资金不断流。企业通过做好短期的资金收支预测，做好企业的外部投融资安排、内部不同主体间的资金调动，从而保障集团内每一个主体有足够的资金使用。要做好这项工作，就要对企业的现金流做到预测准确、安排合理。

为管理好企业的现金流，通常财务部门会采用现金流预算，来规划公司长期、年度的现金流。规划方法最主要有两种。一种是现金收支法，一种是报表预测法。现金收支法除了用于年度现金流预算，同时也应用在短期现金收支预测中。

1. 现金收支法

现金收支法是目前最流行也是应用最广泛的现金流预算编制方法。它的特点是直观、简便、容易控制。编制内容主要包括预算期内的现金收入、现金支出和现金出现盈缺之后的安排三个方面。

1）现金收入

现金收入主要是指通过销售获得的客户回款。如企业不存在赊销情况，则所有的销售收入都可计入回款。然而，在多数情况下企业都会存在一定的回款账期，则销售收入与现金回款不相等。这些时候，需要根据企业应收账款的周转期，来预测能够得到的现金回款。二者之间的关系为：当期现金回款=期初应收账款+当期销售收入（1+平均增值税税率）-期末应收账款。在使用这个公式时，需要注意，企业现金回款里包括代收的增值税。

2）现金支出

企业的现金支出包括经营性现金支出和其他现金支出。经营性现金支出包括原材料采购、固定资产采购、支付工资和其他费用。原材料采购预测在基于企业销售预测的基础上，考虑两个因素，一是企业历史采购基线和规律，二是采购政策是否与上年相比保持稳定。固定资产支出根据公司固定资产替换计划预测。工资等员工性费用可根据历史费用收入比来计算。在资本性支出方面，所得税根据税前利润和税率来预测。股利根据股利政策确定。

3）现金盈余与缺口

企业期初现金加上当期现金收入，再减去现金支出，则可以得到融资前全年的资金盈余或缺口。如预测数据分解至未来4个季度或未来12个月，则可以得到每个季度和月度的现金流动数据与每个季度或月的资金盈余或缺口。企业经营需要设定一定的铺底资金存量，这个盈余或缺口并不一定就是企业经营真正的盈余或缺口。所以，计算出企业各季或各月的资金余额，再减去企业最低资金存量要求，才是企业经营真实的资金盈余或缺口。如5月底预测企业资金余额为2000万元，为保持企业经营安全，企业资金管理政策要求企业最低资金存量为5000万元，则资金缺口为3000万元。

4）投资与融资方案

根据企业的资金盈余或资金缺口，资金预算人员需预先制定相应的投资与融资方案，以保证企业资金存量水平在合理的范围内，并据此与银行等金融机构进行预沟通，确定在此期间有足够的融资额度可以使用。另外，由于资金的盈缺的调整需要一定的成本，所以，企业的资金存量不会精确地设置一个目标值，一般设置在一定的区间内，允许现金余额在区间内波动而不做调整，以减少调整成本。

5）期末现金

资金预算表的最终结果是期末现金。为保证业务持续进行，企业需要保持合理的现金存量。对于中小型企业来说，一般用保证多长期间的未来支付安全的方式，来计算合适的资金存量。对于大中型企业来说，用现金收入比的方式，即确定需要多少现金支持多大规模销售的方式，来确定现金存量。具体现金存量设定方法，请参见“流动性风险管理”部分。

表3-2所示为一个企业分季度现金流预算表的样例。

表3–2 年度现金流预算表 单位：元

	现金预算（2010年度）				
	1季度	2季度	3季度	4季度	全年
期初现金金额	4250	4000	4000	4050	
加：现金流入					
应收账款回收	23000	48000	74000	52000	197000
现金流入合计	27250	52000	78000	56050	197000
减：现金流出					
直接材料	4950	7230	10005	7935	30120
直接人工	8400	19200	21600	11400	60600
制造费用	6800	9680	10320	7600	34400
销售管理	9300	13090	18475	12915	53780
所得税款	1800	1800	1800	1800	7200
设备采购	3000	2000			5000
股利支付	1000	1000	1000	1000	4000
现金流出合计	35250	54000	63200	42650	195100
现金余缺	-8000	-2000	14800	13400	1900
融资安排					
借款	12000	6000			18000
还本			10000	8000	18000
利息			750	650	1400
期末余额	4000	4000	4050	4750	4750

国内很多企业采用这种现金收支法来编制年度现金流预算，进行经营性的收支预测以及融资性的资金安排。这种方法的好处是直观、

易于理解、易于获得历史现金流数据、便于基于历史预测未来。缺点主要有以下几点：

（1）只考虑了直接现金流量的大小，没有考虑现金流与业务的匹配关系。当未来业务量出现较大波动时，未来现金流预算误差会增大。

（2）由于没有考虑与收入的匹配关系，现金流预测无法与损益及资产负债计划相匹配。

（3）由于现金流数据庞杂，很难区分，不利于制定各部门合理预算指标，以及衡量部门绩效。

此外，企业短期资金计划通常使用现金收支法。短期资金计划主要关注资金存量，使用现金收支法，简单易懂。

2. 报表预测法

报表预测法是指，对于企业的中长期财务规划与年度预算，根据损益预测，用编制未来的资产负债表与现金流量表（通常为间接法）的方式，来测算未来的资金状况、财务风险，并据此制定财务策略，包括长期债务融资、分红策略、融资额度安排等。

与现金收支法相比，通过管理企业不同形态的资产，做好资产负债的规划、预算与预测，是管理现金流更为有效的方式。原因主要有以下几点：

（1）可以获得企业完整财务情况的全面预测。

（2）企业不同形态的资产易于核查，其形成均可通过财务记录追溯获取。

（3）资产可根据其形成，归属不同组织管理，便于设定目标和考核。

（4）资产负债表可以与损益表钩稽，生成间接法现金流量表。直接法现金流量表（即现金收支法）无法与损益表和现金流量表关联，形成“两张皮”的财务报表。而间接法现金流量表则无此缺点。

如表3-3所示，本书所涉及的不同的资金预测所使用的预测方法不同，预测周期、频度、预测难度也是不一样的。

表3-3　企业现金流预测对比表

项目	方法	预测单位	预测期	预测频度	难度	问题	实践应用
短期现金流预测	现金收支法	天	未来1周或2周	天	小	需要系统	少
		周	未来滚动四周	周	中	系统	多
		月	未来滚动三月	月	大	不确定性	中
年度现金流预算	现金收支法	月	财务年度	年	较大	与报表匹配	多
	报表法（年度）	月	财务年度	年	较大	复杂、钩稽	中
	报表法（中长期）	年	3年/5年	年	大	复杂、钩稽、不确定性	少

4

Chapter 4

营运资金管理

4.1 营运资金定义

通常而言，会计学上界定的运营资金，是指流动资产减去流动负债。营运资金管理，是指对流动资产和流动负债的管理。然而，从实质意义上讲，营运资金管理负责管理企业经营性现金流，那么与经营性不相关的项目，需要排除在营运资金管理范围以外。

在企业资产与负债的期限管理中，长期资金来源可长期使用，但成本高，短期资金来源成本低，但很快需要偿还，企业通常需要准备好现金或短期可变现的资产，以应对短期债务的偿付义务。如图4-1所示，理想的情况下是实现长期资产与长期负债匹配，短期资产与短期负债匹配，这样可能在规避流动性风险的情况下，实现收益最大化。

实践中，如图4-2所示，为保障流动性安全，通常使用部分长期资金来源以短期资金占用的形式存在。例如，使用股东投资来购买原材料，以降低企业临时性资金波动产生偿债危机的可能性。流动资产大于流动负债的部分，应等于长期资金来源与长期资金占用的差额。

流动资产可以细分为现金和经营性流动资产。流动负债，可分为短期借款和经营性流动负债，以便进一步匹配其流动性。现金、银行存款、短期投资、应收银行票据等流动资产，并不属于企业经营循环内的资产；短期借款和应付票据，通常由企业总部财务部门直接管控，需要剔除在外。

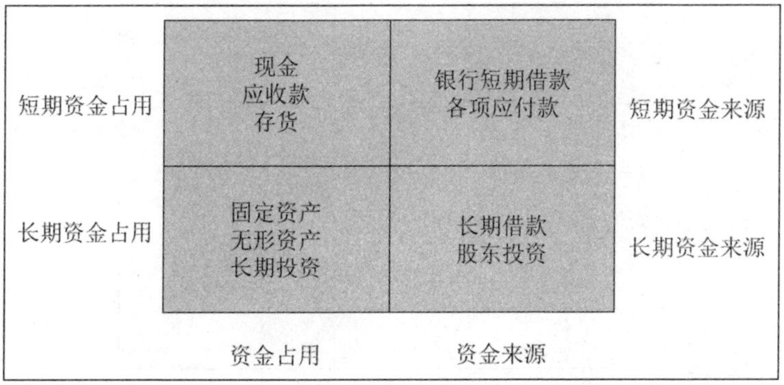

图4-1　资产与负债的期限匹配图1

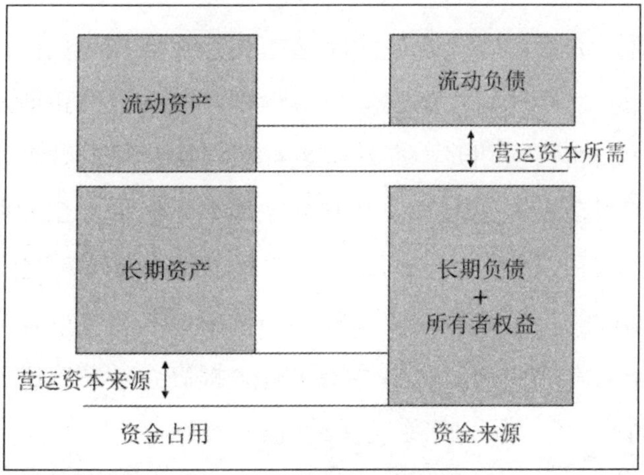

图4-2　资产与负债的期限匹配图2

所以，企业营运资金应包括资产负债表里经营性资产负债，即应收账款、存货、应付账款、应付工资、应付税金、应收商业票据以及其他与经营相关的其他资产与负债。这些项目增减变化从现金流角度来看，全部属于现金流量表中的经营性现金流动。现金、银行存款、短期投资、应收银行票据、短期借款和应付票据，是属于资本架构管理（长期策略）和现金管理（短期流动性）的管理范畴。为保障流动性安全，如图4-3所示，通常会希望现金大于短期借款，经营性流动资产大于流动性负债。

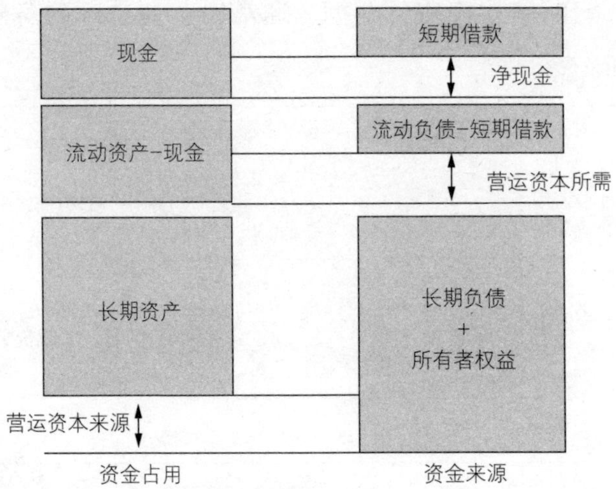

图4-3　资产与负债的期限匹配图3

企业营运资金管理，就是管理这些经营性资产与负债、管理企业经营性现金流。通过有效的营运资金管理，能够提升企业资产效率，减少坏账，加速资金回笼，提升闲置存货，优化付款赎期，减少企业营运资金占用期，提高内部现金流产生能力。另外，企业单位产品利润率或项目的利润率，体现的是企业产品和服务的盈利能力，营运资金的效率体现的是企业投入资本的利用效率，二者共同作用决定了企业的盈利能力。加快营运资金周转可有效提高企业资产的回报率，企业投入相同的资金，可以带来更多的回报。

在生产制造型企业中，企业经营性资产与负债通常体现为应收账款、存货与应付账款。如图4-4所示，企业生产销售过程中，从原料到货至销售产品，是企业形成存货周期；销售产品至收回货款是应收账款周期；原料到货至支付原料款是应付账款周期。存货周期加上应收账款周期是企业生产、销售、回款的整个周期，为经营周期。经营周期减去应付账款周期，是企业为完成一个经营循环真正需要付出现金的周期，即现金周期。用公式来表示为，

经营周期（营业周期）=存货周转天数+应收账款周转天数；

现金周期=经营周期-应付账款周转天数=存货周转天数+应收账款周转天数-应付账款周转天数

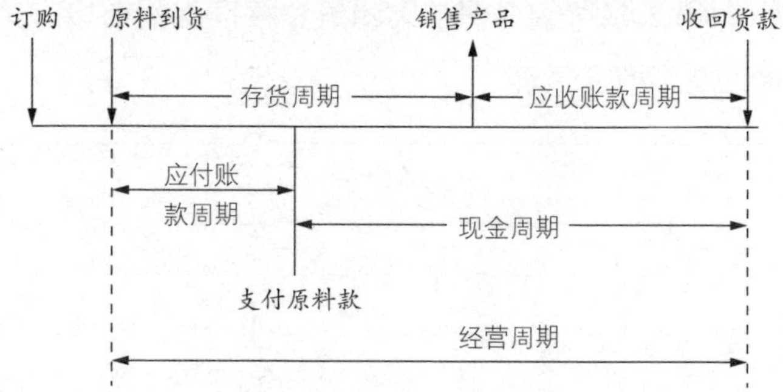

图4-4 经营周期与现金周期图

由于企业生产经营是个多批次、叠加的过程，营运资产与负债的周期越长，产生余额的期间越长，多批次叠加之后的金额就越大。所以，管理营运资金的实质是管理企业整体的存货周期、应收账款周转周期与应付账款周期。

4.2 管理组织

通常情况下，总部营运资金管理的职能通常由预算管理部门或资金管理部门承担。从管理本质上来说，营运资金管理是企业预算管理的范畴，营运资金管理工作内容上是营运资金的长期规划、年度考核指标确定和下达、日常指标的预测与监控。这些都与收入、成本、费用预算管理流程、方法是一致的，同时，收入和成本与应收账款和应付账款有相应匹配关系。所以，有些公司选择由预算管理部门来管理营运资金。

另一种情况是，预算管理部门以收入、成本、费用预算等工作为重点，容易忽视营运资金管理的重要性。资金管理部门对集团现金结果负责，必然关注企业内部现金流产生情况，关注经营性资产与负债的效率。所以，很多公司会选择由资金管理部门负责营运资金管理。

如图4-5所示，在多事业部或多区域经营的企业集团中，通常是事业部财务组织和区域财务组织与集团资金管理部门衔接，负责所在事业部或区域的营运资金管理。

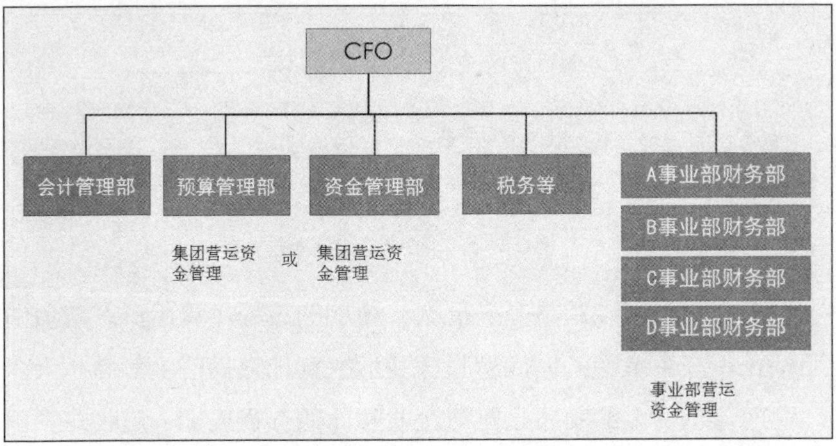

图4-5　营运资金管理组织图

4.3　管理流程

营运资金管理的本质是预算管理，所以，营运资金的长期规划、年度预算与月度预测的管理流程，是企业整体规划、预算与预测流程的一部分，应融资到企业整体流程中。企业根据自己的管理维度、管理能力、行业特点和发展阶段，采取不同的预算流程。例如，高速发展阶段、业务独立性较强的企业通常以下层组织为起点，制定年度预算；增长平稳、集团财务牵引能力强的企业通常以上层为起点，下达预算目标。如图4-6所示，多元化企业集团年度预算（包括营运资金预算）大致可分为如下几步：

（1）总部根据长期规划，制定集团年度财务目标，包括销售收入、利润、现金流等。

（2）总部根据事业部的特点、未来业务战略、历史业绩，分解上述目标至各事业部。

（3）各事业部对目标进一步分解至产品、区域，确定能否完成预算，如出现差异，需与总部进行多轮讨论，直至确定当年各事业部应承担的销售收入、利润和现金流等总体指标。

（4）各事业部根据各自业务特点与组织职责，分解总体指标至各业务部门，如销售收入、成本、费用、利润、现金流、应收账款、存货和应付账款等。

（5）总部汇总各事业财务预算，进行集团财务报表测算与平衡。

（6）总部通过评审，确定年度预算。

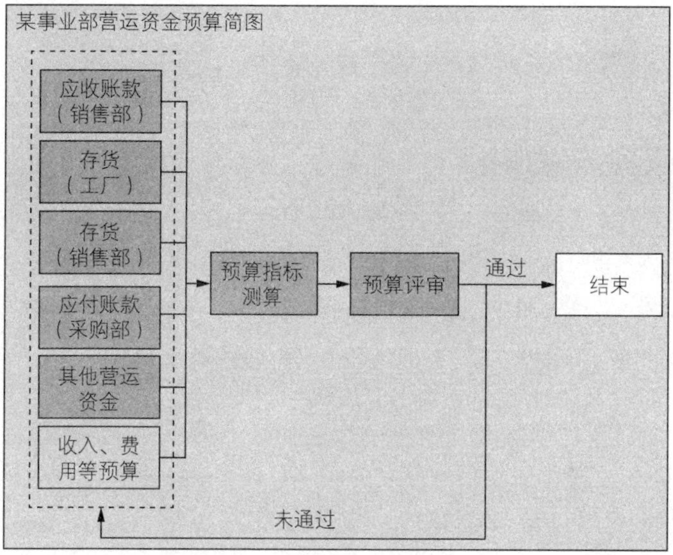

图4-6　营运资金预算编制流程图

当年初确定目标以后，通常每月或每个季度应根据前期业绩完成情况，考虑外部市场和企业内部生产经营能力的变化，来预测年底时企业销售收入、利润、现金流等主要财务指标。

4.4　管理指标

营运资金管理是通过对企业生产经营的应收资产、应付资产和存货等经营性资产与负债计量、分析和管理，来提高营运资金的利用效率。对营运资金的周转效率，通常会用如下的一些指标进行计量。

现金流量指标：回款流入、采购与费用支出、经营性净现金流。

周转次数类指标：应收账款周转次数、应付周转次数、存货周转次数。

周转天数类指标：应收账款周转天数（Day of Sales Outstanding，DSO），应付账款周转天数（Day of Payable Outstanding，DSO），存货周转天数（Inventory Turnover，ITO），经营周期，现金周期（Cash Cycle）。

其他：销售回款天数，回款率。

4.4.1 现金流量指标

近似于企业现金流量表中的数据，企业管理者可以使用“回款流入”、“采购与费用支出”、“经营性净现金流”等直接的现金流量指标，来管理企业的营运资金。这类指标的好处是简单直接、易于理解，并且与企业现金流量表数据基本一致。

使用这类指标时，需要注意，财务报表的现金流量栏目是根据会计准则的要求统计形成的数据，而在企业营运资金管理中，需要根据业务性质差异和管理组织的不同，来设定企业的营运资金管理指标的定义，这个指标很可能与财务报表科目定义有所不同。

案例2：票据回款考核

财务部门收到客户支付的银行票据，由于收到的不是现金，应计入资产负债表中的“应收票据”科目，而不会计入现金流量表中的“收到客户支付的现金”。然而，大多数情况下，收到银行承兑的汇票一定会在票据到期时收到现金。所以，在衡量销售回款管理时，需要把收到的票据视同现金回款，才能真实反映销售人员的业绩。

这类指标的缺点是：

（1）由于没有考虑企业经营规模的变化，数据流量大小并不能真实反映营运资金管理的效率。

（2）企业现金流动次数多，统计难度大，难以对应计入企业各管理考核单位中。

（3）直接法现金流量表中的回款与付款科目很难与损益表和资产负债表中的科目钩稽，无法形成完整全面的财务报表。

所以，直接现金流量指标由于其简单、直接、便于理解的特点，通常较多用于基层组织或个人业务结果的考核和管理。

4.4.2 周转次数指标

案例 3：回款额与营运资金效率

企业A财务经理说，“今年我们实现了900万元的回款，比去年600万元的回款增长了50%，我们的营运资金管理的效率大幅提高。”财务经理的说法准确吗?

上述判断是不准确的。极端情况下，如果企业去年和今年的销售收入分别是600万元和1200万元，则去年没有应收账款，全部实现回款，今年出现300万元的应收账款，毫无疑问，营运资金的效率是下降的。

在计量营运资金效率时，应当考虑企业销售收入与成本以及资产余额两方面的因素。以下是营运资金周转次数的公式：

应收账款周转次数=企业当年销售收入/当年平均应收账款余额

应付周转次数=企业当年销售成本/当年平均应付账款余额

存货周转次数=企业当年销售成本 /当年平均存货余额

上述公式反映的是，当年的应收账款（应付账款或存货）在当年销售过程中周转的次数，次数越高，说明资产的利用效率高，资金占用得少，管理效率高。

公式使用过程中，需注意以下几点：

（1）应收账款与销售收入具有相关性（有增值税的差异）。在应收账款周转次数计算中，需要使用销售收入除以应收账款。而应付账款与存货是以采购成本计量的，所以在应付账款周转次数和存货周转次数计算中，使用采购成本进行计算。

（2）可以根据需要，选择使用经营期内平均营运资金余额，也可使用期初或期末营运资金余额。由于收入（或成本）是期间数据，资产是时点数据，多数情况下，使用平均余额更合理。但在某些情况下，如企业增长率波动较大，平均余额难以反映真实情况，也可使用期初或期末资产余额数据。

（3）如选择平均资产余额，则可根据需要，选择使用年末平均、季末平均或月末平均。季度或月度平均方法的好处是，更能反映企业真实的资产余额水平，特别是在企业各月生产经营波动较大的情况下。

表4-1所示为某企业的营运资金周转次数计算演示案例。

表4–1　营运资金周转次数计算表

	年末（万元）	年初（万元）	平均余额（万元）	周转次数
销售收入	1000			
销售成本	600			
应收账款	220	180	200	5.0
存货	143	127	135	4.4
应付账款	75	65	70	8.6

4.4.3 周转天数指标

营运资金周转天数指标包括：应收账款周转天数、应付账款周转天数、存货周转天数、经营周期、现金周期。其中，存货周转天数还可进一步分解为原材料周转天数、半成品周转天数和产成品周转天数，其计算公式与存货计算公式相同。它们的公式为：

应收账款周转天数 =360/应收账款周转次数=360/（企业当年销售

收入/当年平均应收账款余额）

应付账款周转天数 = 360 / 应付账款周转次数 = 360 /（企业当年销售成本/当年平均应付账款余额）

存货周转天数 = 360 / 存货周转次数 = 360 /（企业当年销售成本/当年平均存货余额）

经营周期 = 应收账款周转天数 + 存货周转天数

现金周期 =经营周期 － 应付账款周转天数 = 应收账款周转天数 + 存货周转天数 － 应付账款周转天数

表4-2所示为某企业的经营周期与现金周期计算演示案例。

表4-2 经营周期与现金周期计算表

	年末（万元）	年初（万元）	平均余额（万元）	周转天数
销售收入	1000			
销售成本	600			
应收账款	220	180	200	72
存货	143	127	135	81
应付账款	75	65	70	42
经营周期				153
现金周期				111

与营运资金周转次数相似，营运资金周转天数能够较好反映企业真实的营运资金效率，同时，它们还有明显的经济含义。

存货周转天数，等于企业生产经营过程中从原料到货至产品销售完成的时间长度，也就是企业生产一件产品及销售过程所需的平均时间。存货周转天数可进一步分解为原材料周转天数、半成品周转天数和产成品周转天数，分别代表产品生产过程中，原材料形态存在的平均天数、生产过程所需的天数和销售过程需要的天数。这样的分解有利于分析生产销售过程的效率，以及分清组织的责任。

应收账款周转天数是企业产品销售完成后至收到货款的时间长

度。理想情况下，这个时段长度等于在销售合同中给予客户的“收款赎期”或“销售账期”。

应付账款周转天数，是企业收到原材料至付给供应商原料款的时间长度。同“销售账期”一样，应付账款周转天数通常接近于企业在采购合同中明确的供应商给企业的“付款赎期”，是企业商业信用的体现。

经营周期，等于存货周转天数与应收账款周转天数之和，是企业生产经营全过程所需的时间。现金周期是经营周期减去应付账款周转天数，是企业生产经营过程中，真正需要现金来完成一个完整的生产经营周期所需的时间。

4.4.4 其他指标

回款率 = 当期回款 /（当期销售收入+销项税额）。回款率指标体现当期确认的销售收入中，有多少在当期实现了回款。回款率指标的优点是简单易用，缺点是企业回款有滞后期，即当期形成的销售收入可以跨期形成回款，当企业收入增长率出现较大波动时，回款率指标会出现异常，不能真实反映应收账款的周转效率。

案例 4：综合回款率

企业A当年实现了1200万元的销售收入，900万元的回款，当年综合回款率为900万/1200万，等于75%。

回款天数：某个时点的应收账款回收完成所需要的天数。回款天数的好处是简单易懂，缺点是对企业数据质量、信息系统要求高，难以实现。

案例 5：回款天数

1月1日企业的应收账款为500万元，1月8日回收100万元，1月12日回收50万元，1月28日回收200万元，2月8日回收100万元，2月19日回收100万元，至此500万元应收账款全部回收完成，花费的时间是50天。则企业的应收账款周转天数为50天。

4.5 营运资金分析

作为企业预算管理的一部分，营运资金管理涉及应收账款、应付账款、存货的目标制定、跟踪预测与分析。在这个过程中，需要采用合理的分析方法，尽可能保障目标设定合理、预测准确，并实现过程有效监控。

营运资金指标的计算结果本身无法说明企业营运资金管理效率的高低，需要通过一定方法进行分析和比较才能得出结论。分析方法一般有以下几种。

横向比较分析：一般通过与行业平均指标，或行业内领先企业的指标，作为参照物进行比较，以此判断企业与行业平均或业内领先企业的差距，得出比较结论。在比较时，注意所参照企业需有与被比较企业相似的产品与服务，如必要时，可将企业业务单元进行虚拟分拆或重新组合，以便得出有价值的比较结果。

纵向比较分析：企业可以通过历史营运资金效率情况进行纵向对比，判断企业营运资金效率的变化。

分解分析：如企业为多区域、多产品企业集团，对营运资金指标可以分产品、分区域、分资产类型、分期间、分账龄，进行细分比较，以反映企业各经营组织的管理质量的变化。

例如，对于多产品、多区域的电子制造企业集团，可进行如下分解。（产品线）计算手机与笔记本电脑的DSO；（分区域）计算美国与东南亚的DSO；（资产类型）存货分为原材料、半成品、工厂成品、区域仓库成品、客户仓库成品存货等；（期间）应收账款周转天数分解为到货单传递占用天数、财务开票占用天数、发票寄送在途天数、客户付款赎期、客户付款在途天数等；（账龄）对应收账款余额进行账龄分析。

对营运资金的进一步细分，不但有助于明确各组织的营运资金管理职责，还能够发现管理"损耗盲点"，为下一步提升管理打下基础。

案例 6：企业营运资金效率分析

请根据表4-3、表4-3中的财务数据分析公司营运资金利用效率，并发现其中存在的问题。

表4-3 收入、成本与毛利率

	2009年	2010年
营业收入	60,070,089元	69,852,300元
中国	30,304,313元	31,850,760元
亚洲（不包括中国）	13,147,385元	12,638,428元
非洲	6,841,317元	10,617,068元
欧美及大洋洲	9,777,074元	14,746,044元
营业收入	60,070,089元	69,852,300元
电信设备	39,982,316元	41,990,133元
手机	13,071,519元	17,927,439元
其他	7,016,254元	9,934,728元
成本	40,623,339元	47,335,026元
电信设备	23,561,537元	25,087,564元
手机	11,780,768元	16,093,909元
其他	5,281,034元	6,153,553元
毛利率	32.4%	32.2%
电信设备	41.1%	40.3%
手机	9.9%	10.2%
其他	24.7%	38.1%

表4-4 营运资金 单位：元

	2009年	2010年
应收账款年末余额	15,319,215	17,563,925
电信设备	12,255,372	14,402,419
手机	2,297,882	2,283,310
其他	765,961	878,196
存货期末余额	9,324,800	12,103,670
电信设备	7,086,848	7,988,422
手机	1,864,960	3,631,101
其他	372,992	484,147
应付账款年末余额	13,046,804	15,441,206

参考答案：根据已知企业财务数据，经过计算可以发现企业营运资金出现如表4-5所示变化。其中，电信设备的DSO上升13天，手机的DIO上升了22天，说明电信设备的应收资产、手机的存货周转效率在下降，需要警觉并进一步分析原因。

表4-5 营运资金效率分析

	2009年/天	2010年/天	变动/天	变动
DSO	92	91	-1	-1%
电信设备	110	123	13	12%
手机	63	46	-17	-28%
其他	39	32	-7	-19%
DIO	56	62	6	12%
电信设备	64	68	5	7%
手机	51	73	22	42%
其他	19	18	-2	-8%
DPO	116	117	2	2%

案例 7：营运资金问题分析

请对企业应收账款周转效率进行分析，发现问题并逐级分解。

第一步：公司财务人员分析公司各区域和各产品线应收账款周转效率，并发现亚洲区的DSO异常，如表4-6、表4-7所示。

表4-6 2009年-应收账款-全球 单位：元

	中国	亚洲	非洲	欧美及大洋洲	合计
电信设备	25,853,387	10,761,702	7,156,969	10,063,619	53,835,678
终端产品	9,679,337	4,029,110	2,679,522	3,767,752	20,155,721
其他	5,286,636	2,200,609	1,463,495	2,057,861	11,008,601
合计	40,819,360	16,991,421	11,299,986	15,889,233	85,000,000

表4-7 2009年-DSO-全球 单位：天

	中国	亚洲	非洲	欧美及大洋洲	合计
电信设备	86	145	54	57	65
终端产品	64	34	64	34	34
其他	23	32	54	38	54
合计	45	23	53	23	78

第二步：财务人员对亚洲区的应收账款进行进一步分析，计算每个国家的应收账款状况，发现泰国的DSO为320天，出现异常，应收账款余额过高，如表4-8、表4-9所示。

表4-8 2009年-应收账款-全球-亚洲

	日本	印度	泰国	越南	其他
电信设备	–	–	6,543,456元	–	–
终端产品	–	–	–	–	–
其他	–	–	–	–	–
合计	–	–	–	–	–

表4-9 2009年-DSO-全球-亚洲

	日本	印度	泰国	越南	其他
电信设备	–	–	320天	–	–
终端产品	–	–	–	–	–
其他	–	–	–	–	–
合计	–	–	–	–	–

第三步：财务人员对泰国的应收账款进行明细账龄分析，发现有逾期一年以上的高额应收账款，如表4-10所示。

表4-10　2009年-应收账款-全球-亚洲-泰国

	泰国
应收账款	**6,543,456元**
已发货未开票	209,527元
已开票	2,586,911元
未发货	923,455元
已发货	1,663,456元
已到期	**3,747,018元**
一个月内	123,455元
三个月内	263,456元
六个月内	126,785元
一年以内	878,755元
一年以上	2,354,567元

第四步：财务人员对泰国未关闭项目进行清理，发现长期逾期欠款为项目X，因为其设备安装延迟导致，经讨论确定解决方案、完成时间与责任人，如表4-11所示。

表4-11　问题分析与解决方案

项目	应收余额/元	逾期金额/元	问题分析	解决方案	完成时间	责任人
泰国电信项目X	3,223,984.00	2,901,585.60	东南亚洪水，交通不便，建设进度延迟	采用包机空运；从其他区域调配技术人员支持	3.31	区域总经理

4.6　营运资金目标制定

企业营运资金管理并非纯粹的财务管理。企业营运资金目标的设定，是企业业务策略和财务要求的体现与平衡。设定目标时，不可只从财务管理的要求出发，简单要求现金流越高越好，而需要考虑所定的目标是否符合企业市场现实情况与企业未来发展策略，以及公司整体财务资源的状况。

例如：某洗发水生产企业设定较短的“应收账款周转天数”目标，这有利于改善公司经营性现金流，但在竞争激烈的市场中，客户因此而流失，影响销售拓展。某服务企业为控制存货积压，而减少库存，导致某畅销品备货不足，错失市场机会。某玩具企业为降低自身融资成本，挤压代工厂资金，设定苛刻的长期付款账期，而使供应商不愿与其合作，从而影响供应链的稳定。

由此可见，在营运资金管理中，特别是目标设定过程中，应分为“对内”和“对外”两部分。对内，就是内部管理能力提升，效率提升，从管理流程、工作方法上入手，设定合理的目标，挤出水分。例如，改变生产工艺流程，缩短生产周期。对外，就是要适应企业的业务发展策略，设定合理可行的管理目标，以引导业务人员在工作中去争取对公司更为有利的商务结果，同时，避免目标过紧或过松而对企业造成伤害。例如，制定对供应商标准付款条款，同时，当供应商现金紧张时，可以进行例外审批，提前付款，以支持供应商渡过难关。

具体来说，目标制定时需要考虑以下几方面的因素：

（1）企业以及各区域、各事业部的业务发展策略，以及所处的业务发展阶段

与企业的成本费用预算管理一样，企业的营运资金管理，实质上是企业的资源管理，是企业把其资源投入到哪个产品、哪个区域的经营决策，是企业资源的战略分配。通常企业会对其战略性产品、重点市场或新市场、新客户，给予产品价格和付款期限的优惠，以保证公司长期战略目标的达成。

（2）历史业绩与行业水平

企业或部门的历史业绩是设定下一年度目标的基准线，行业平均或行业最佳指标是企业管理发展的方向，这两方面的数值可以用作下

一年度指标设定的参考。

（3）企业整体资金需求状况，资金短缺还是资金充裕

如果企业资金状况紧张，需要从营运资金中挤出更多的现金，则通常会设定相对较高的目标；如果企业资金充裕，则可以设定较为宽松的目标，给予一定的资金支付客户和供应商，换取销售的增长和更加稳固的供应链合作关系。

同时，营运资金设定的目标应作为企业财务预算的一部分，纳入到企业整体财务规划中。如果企业整体资金紧张，则通过企业报表规划，来测算是否需要调整企业营运资金目标，以及确定调整幅度的大小。

（4）其他战略性或特殊性要求

企业出于战略性考虑，或出于某种特定目标设定的特殊市场策略。例如：某企业出于其国际化战略考虑，给予其海外的新客户低价、长期分期付款等商务条件，以换取进入某国市场的机会。

案例 8：不同区域营运资金目标设定

某微波炉生产企业产品销至全球多个国家，销售总监考虑如何确定日本与越南的DSO目标。日本为成熟市场，基本饱和，未来5年预计销售每年增长5%，上年度DSO为45天。越南为发展中市场，处于快速成长期，未来5年确定的销售目标为每年增长35%，上年度DSO为80天。销售总监认为，日本DSO过低，而越南DSO过高，均不利于业务发展，所以，最后确定下一年度DSO目标分别为50天和70天。您认为这样的目标合理吗？

参考答案：日本为成熟市场，历史的DSO有其合理性，且未来销售增长空间有限，不需要特别支持来刺激销售，需要通过持续管理来争取效益，所以，日本的DSO应逐年小幅下降，如下年度DSO目标可设定在40 ~ 43天。越南市场高速增长，需要给予资源支持，以促进销售，快速占领市场，尽管其DSO较高，但目前不是提高效率的最佳时机，较为合理的目标是允许维持较高的DSO，甚至确定更为宽松的目标，如80 ~ 90天，以保证首要目标销售业绩的完成。

5

Chapter 5

资本架构与投融资策略

5.1 业务风险与财务风险

企业的风险可分为两类：一类是业务风险，一类是财务风险。业务风险是由企业所处的行业、所经营的产品和服务、销售区域、客户类别等基本的业务属性决定的。一旦企业开始运营，其业务风险水平就已基本确定，只要企业业务、产品、经营区域不发生变化，业务风险也很难发生变化，并且管理层也较难通过单纯的管理手段进行改变和调整。企业业务风险因素通常包括：盈利性，产品单一性，成长性，需求稳定性，竞争程度，货币稳定性，法律环境，政府稳定性，税务环境，等等。每一个企业所面临的业务风险因素不同，其业务风险水平也不相同。

如表5-1所示，中兴通讯与麦当劳所处行业不同，产品不同，客户不同，它们的业务风险也是不一样的。很明显，综合来看，由于中兴通讯的产品技术更新快、前期研发投入高、经营所在的国家多且情况复杂、产品交付周期长、客户付款赎期长，导致中兴通讯的企业业务风险明显高于麦当劳。

表5-1　中兴通讯与麦当劳财务风险比较表

	中兴通讯	麦当劳
经营风险		
盈利性	中等	好
产品集中度	高	高
成长性风险	高	中等
需求稳定性	低	高
回款及时性风险	高	无
技术风险	高	无
产品生命周期	低	长
国家风险		
货币风险	高	低
法规	有问题	好
贸易限制	中等	低
政府稳定性	好	好
税务环境	好	中等
行业风险		
行业盈利性	中等	中等
技术风险	高	无
行业周期性	高	无
竞争地位		
成本结构	好	好
市场占有率	中等	高
市场覆盖度-行业/地理	中等	很高

财务风险主要指企业管理层所采取的财务策略和财务措施的不同对企业经营结果带来的波动性。例如两个业务相近的企业，一个积极使用银行债务来扩张业务，一个仅使用留存收益滚动发展，这两者的财务风险是不一样的。财务风险主要由企业股权架构、治理结构、会计规则、管理层风险偏好等决定。企业采取不同的财务策略，最终体

现为企业现金存量水平、短期与长期流动性状况、负债率、债务结构、资本结构、分红政策等。

财务风险水平的高低，可以通过量化方式进行测量和分析。常用的财务风险测量指标包括资产负债率、杠杆系数、现金流债务比值、利息保障倍数、净现金余额（现金减去计息债务）等。

如图5-1所示，把业务风险和财务风险由低到高分为五个等级，1为最低，5为最高。不同的业务风险与财务风险共同作用，形成企业总体风险反映指标，即信用等级，AAA为最低风险，B为高风险。图中显示2010年IBM等业界领先的企业的风险状况与信用等级。

英特尔、IBM等高科技企业，由于行业的技术更新快、研发周期长、前期投入大，业务风险较高，所以选择较高的现金存量、进行长期融资、较高的利润留存率等较为保守的财务策略来平衡其业务风险，以保持合理的总体风险水平，使得最终信用风险等级为A，处于较为合理的区间。比较而言，麦当劳等相对传统的行业，由于需求稳定、产品变化小等原因，其业务风险较低，所以即便采用低现金存量、较高的外部融资和高分红比率等较为激进的财务策略，其总体风险仍然处于类似的水平，信用等级仍为A。

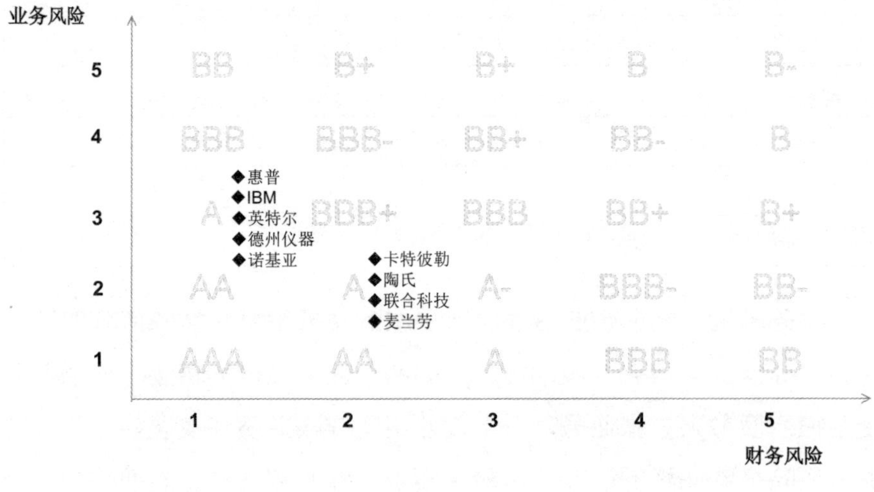

图5-1 高科技行业与传统行业财务风险与业务风险分析图

无论是直接融资的股票市场与债券市场，还是间接融资的银行信贷市场，借款人通常都是采用穆迪、标普、惠誉等信用评级机构的风险评估方法，对企业整体风险进行评估，确定企业信用等级，作为融资决策的最重要的参考因素。出资人根据企业信用等级来决定是否出资给企业，以及要求多高的利息或股息。

如表5-2所示，根据不同时期美国债券市场发行情况的统计，信用等级较高的企业，大多数情况下能够发行债券成功，而信用较低的企业，并不总是能够成功获得融资。特别是在市场低迷和金融危机时期，很多信用等级较低的企业可能无法成功获得融资。

表5–2　信用等级与融资可获得性表

	正常时期	市场低迷	金融危机
AA	总能	总能	可能
A	总能	经常	可能
BBB	总能	可能	不能
BB	经常	不一定	不能

表5-3所示是2010年美国债券市场平均收益率情况的统计。信用等级较高的企业，能够获得较低的融资成本。

表5–3　信用等级与融资成本表

信用等级	YTM
美国国债	0.32%
AAA	0.5%
AA	3.5%
A	3.54%
BBB	5.12%
BB	7.87%
B	9.33%

企业的融资能力对于企业的生存和发展至关重要。如图5-2所示，

由于企业业务风险相对确定，难以改变，所以管理层会通过调整财务策略，控制财务风险，来保证企业总体风险水平在合理的范围内。企业总体风险水平通过不同的财务指标反映，如信用等级、资产负债率等。一个健康、合理的财务状况，有利于企业获得外部较低成本的融资，保持经营与发展稳定。

图5-2　资本架构管理理念图

5.2　管理体系

企业财务风险（可变）与业务风险（不易改变）形成企业的总体风险，企业总体风险水平决定了融资能力与融资成本。企业通常通过财务策略（财务风险）的调整，平衡企业总体风险，以保证企业外部融资能力。资本架构部门通过建立企业财务风险预测和管控体系，预测、监控、管理公司财务风险以及任何可能影响公司整体财务状况的其他重大风险，选择适宜的资本结构，提高公司财务健康度，为业务的长期持续发展提供资金保障。

资本架构的管理范围包括：

- 股权融资与债权融资结构；
- 企业财务风险和信用等级；
- 债务融资策略与结构；
- 分红与增资政策；
- 现金管理策略；

- 风险管理策略；
- 其他可能会影响集团整体财务风险的事项，诸如：大型收购兼并、销售融资、商业模式调整、新业务拓展等。

资本架构人员日常工作（工作职责）包括：

- 每年进行长期财务规划、年度预算、资金规划工作；
- 月度财务报表、资金状况和财务指标预测；
- 长期融资规划与执行；
- 金融机构沟通与融资产品开发；
- 投资者关系管理。

资本架构的管理人员，通常是具有金融、财务分析、规划预算技能，熟悉金融市场运作，同时又深刻理解行业、产品和销售的复合型人员，对人员的规划、预测、分析工作经验和逻辑思维具有很高的要求。一般大型企业集团需要2～5名管理人员，在很多大中型企业，由资金管理负责人亲自承担这部分的工作，直接向财务总监、CEO甚至董事会汇报。

作为企业财务风险和资金策略的管理组织，资本架构人员需要在CFO、CEO甚至董事会设定的方向与要求内进行资本架构的规划和管理工作，需要企业管理层在如下方向给予输入和指导，包括：（1）确定公司财务风险、流动性风险管理目标与原则；（2）确定公司融资管理的原则；（3）确定公司是否管理外汇风险和利率风险以及管理原则；（4）确定集团现金存量要求以及管理原则；（5）确定分红与增资的策略要求。

根据预测期限的不同，资本架构管理流程分为长期战略规划、下年度预算和月度滚动预测三个流程。如图5-3所示，管理人员会从各个部门收集财务报表预测信息，根据历史趋势和经验对数据进行核实、判断和调整，预测企业损益表、资产负债表和现金流量表。之后计算分析资金缺口，并根据公司未来财务状况，提出融资解决方案。

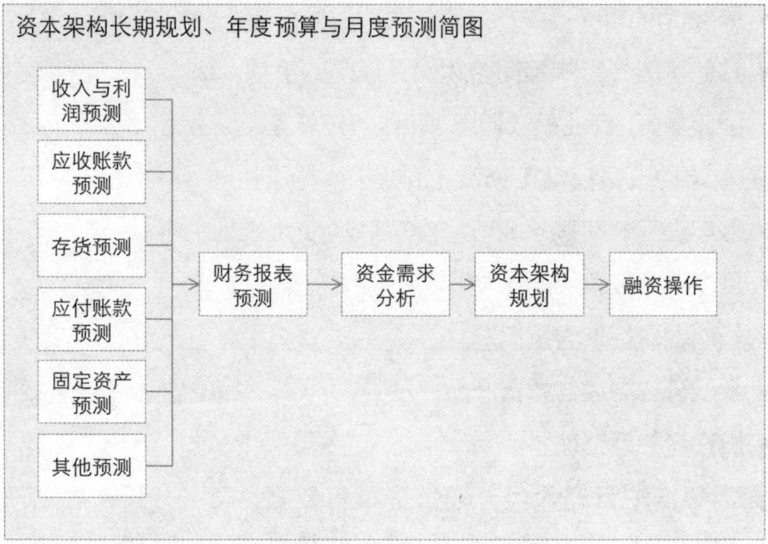

图5-3　资本架构管理流程图

在收集预测信息时还要注意，资本架构流程与公司预算流程在目的上有很大差异。资本架构预测的目标，是为公司确定资金缺口与融资计划。预算的目标，是确定组织的工作目标与绩效考核。所以，在收集预测信息时，各部门人员需要明确资本架构预测与预算的差别，预测结果可以与预算不一致，且不影响预算目标的设定。资本架构预测要求业务部门人员给出真实的预测，以及实现预测结果的概率的预测。

表5-4所示为企业常用的反映财务风险的综合性财务风险指标。一方面，企业管理者可以通过发布财务政策的形式，对公司的财务风险底线或期望的目标提出要求；另一方面，外部银行、信用评级机构等金融机构也会对这些指标提出要求。所以，作为资本架构管理人员，要时刻关注这些财务指标，揭示可能存在的财务风险，并进行定期监控，一旦出现指标异常，需要分析原因，提出解决建议，并向管理层汇报。

表5-4　财务风险指标表

名　　称	指标公式	含　　义
现金流债务比值	经营性现金流/计息债务	当期经营性现金流偿还债务的能力
杠杆系数	股东权益/（股东权益+计息债务）	总资本中使用债务融资的比例
利息保障倍数	EBITDA/利息支出	使用息税前利润对利息的偿还能力
资产负债率	总负债/总资产	公司所有外部债务占公司总资产的比例

5.3　规划模型与方法

资本架构规划基本方法，如图5-4所示，可分为以下几个步骤：

（1）建立规划模型，输入预测数据。

（2）整理形成财务报表。

（3）计算财务指标，并进行风险评估。

（4）提出融资策略与规划。

（5）如果财务状况不符合内部管理层和外部权益人的要求，则调整报表规划，提出内部运营改进要求。

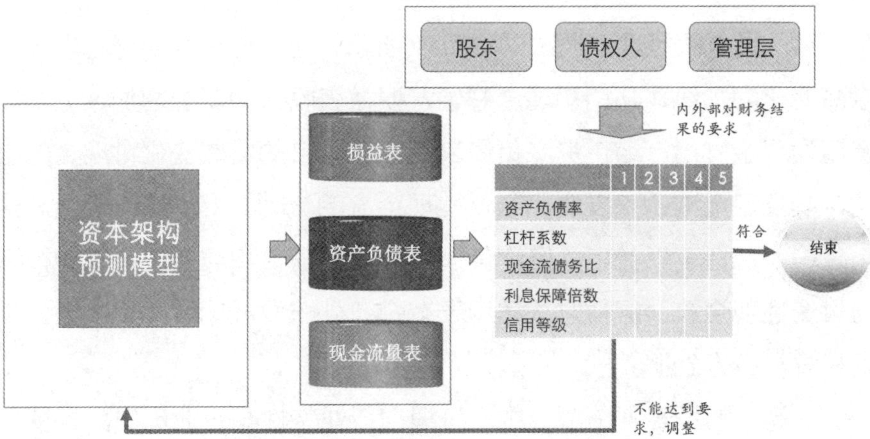

图5-4　资本架构规划方法示意图

财务报表规划模型有多种方法，有直接报表法和现金流法。

直接报表法是直接预测损益表和资产负债表，并把二者关联起来。如图5-5所示，主要的关联项目包括：净利润、股东权益、计息债务（资金缺口）和财务费用。由于关联关系互相影响，会形成循环，需要多重迭代计算，才能形成平衡的损益表与资产负债表。之后可通过损益表与资产负债表关联，链接形成间接的现金流量表。这种方法适用于有资产负债报表相对稳定、有较好的历史基线与预测基础的企业。

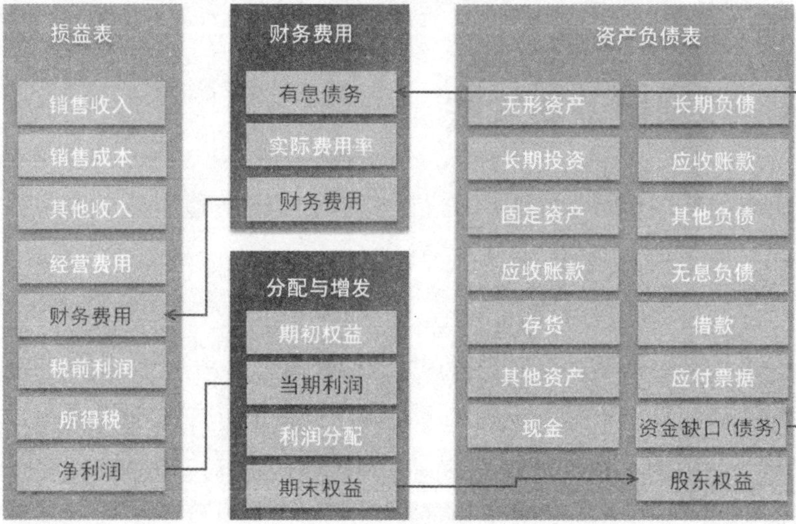

图5-5　财务报表预测–报表法示意图

另一种方法是现金流法，如图5-6所示，这种方法主要通过现金的增减变化为主线，从期初现金开始，损益表收入为现金增加，成本与费用为现金支出，结合资产负债表经营性项目的增减变化对现金的影响，以及现金流量表投资和融资性现金流的流动，得出期末现金。这个过程，包括了损益表、资产负债表经营性项目和现金流量表的投资与融资性现金流。这种方法适用于有企业处于发展期，大额投融资规划相对明确的企业。

在具体的报表各个项目中，可根据行业特性与企业历史数据情况采用适宜的预测方法，表5-5列出了部分较为常用的预测代理指标与注意事项。

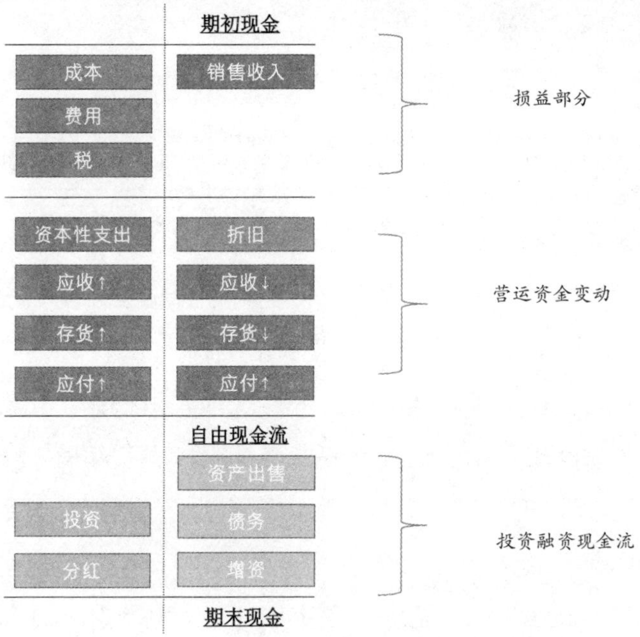

图5-6　财务报表预测–现金流法示意图

表5-5　财务报表主要项目预测方法表

项　　目	预测指标	公　　式	预测注意事项
收入	收入增长率	（当年收入/上年收入）-1	从预算部门或业务部门处获得，并经过分析调整
毛利润	毛利率	毛利/收入	根据历史基线，并考虑未来管理要求方向
经营性费用	费用率	费用/收入	根据历史基线，并考虑未来管理要求方向
融资费用	利息率	融资费用/平均有息债务	根据资金需求预测及未来市场利率走势
税费	税率	税费/税前利润	
折旧	折旧率	折旧/固定资产原值	
基础设施建设	投资计划		从建设部门获取计划
固定资产支出	固定资产投资率	固定资产投资/收入	
应收账款	应收账款效率指标	DSO	考虑不同产品与不同区域的销售策略

续表

项　目	预测指标	公　式	预测注意事项
存货	应收账款效率指标	DIO	考虑不同产品与不同区域的供货策略
其他资产负债	无		根据具体情况而定

三张财务报表预测完成以后，分析人员可以计算财务风险指标，并与财务风险管理政策或外部金融机构对指标的要求进行比对，判断公司未来的财务风险是否处于可接受的范围内。

如财务风险处于可接受的范围内，规划人员根据集团资本架构管理政策的要求，制定相应管理策略，包括股权融资策略、债权融资管理策略、风险管理策略，以及具体融资规划，包括融资产品、币种、主体、期限等。

此外，由于预测本身是一个概率事件，财务规划工作基于财务预测假设。失之毫厘谬以千里，关键假设或预测数据的微小变化，都可能引起分析结果和结论的重大变化。小心驶得万年船，由于资本架构工作对公司风险管理和长期战略制定至关重要，资本架构规划必须基于保守和审慎的原则。所以，根据内外部环境，通过情景测试的方法，选取多个场景来进行多场景预测和敏感性分析，以加强规划本身的合理性与可执行性，是必要的。

分析完成后，特别是当财务风险接近或超过限制水平时，需要向公司管理团队预警，并提出改进行动建议。分析人员可以提出多种可选方案，包括降低成本与费用、消减投资、提高运营效率等业务改进方案，以及贸易融资、公司融资等财务手段，改善公司财务状况。

案例 9：财务报表预测

表5-6～表5-12为公司A过去三年的历史财务报表和未来五年的销售预测，请根据表中的预测假设，使用报表预测法，预测：（1）未来五年的财务报表和资金缺口；（2）未来五年公司财务风险状况。

表5-6　损益表　　单位：元

	2010年	2011年	2012年
收入	6,750,000	7,762,500	9,159,750
成本	2,362,500	2,724,638	3,251,711
毛利	4,387,500	5,037,863	5,908,039
费用	2,025,000	2,352,038	2,793,724
折旧	395,000	450,000	540,000
经营利润	1,967,500	2,235,825	2,574,315
财务费用	231,406	265,075	318,316
营业外收支			
税前利润	1,736,094	1,970,750	2,255,999
税	260,414	295,612	338,400
税后利润	1,475,680	1,675,137	1,917,599

表5-7　资产负债表　　单位：元

	2010年	2011年	2012年
固定资产	2,250,000	2,700,000	3,240,000
其他长期资产	750,000	817,500	897,500
应收账款	2,250,000	2,723,684	3,392,500
存货	393,750	473,850	582,744
其他流动资产	375,000	420,000	455,000
现金	1,350,000	1,552,500	1,831,950
总资产	7,368,750	8,687,534	10,399,694
应付账款	393,750	454,106	541,952
银行借款	2,892,580	3,313,440	3,978,954
总负债	3,286,330	3,767,546	4,520,906
股东权益	4,082,420	4,919,988	5,878,788
总负债及股东权益	7,368,750	8,687,534	10,399,694

表5-8 现金流量表 单位：元

	2010年	2011年	2012年
利润	1,475,680	1,675,137	1,917,599
折旧	395,000	450,000	540,000
营运资金变动		-538,428	-724,864
经营性现金流		1,586,709	1,732,735
项目资本性支出	-350,000	-967,500	-1,160,000
投资性现金流		-967,500	-1,160,000
增资			
分红	-737,840	-837,569	-958,799
借款		420,859	665,515
融资性现金流		-416,709	-293,285
现金变动		202,500	279,450
期初现金		1,350,000	1,552,500
期末现金		1,552,500	1,831,950
资产负债表现金		1,552,500	1,831,950

表5-9 股东权益 单位：元

	2010年	2011年	2012年
期初股东权益		4,082,420	4,919,988
利润	1,475,680	1,675,137	1,917,599
增资			
分红	737,840	837,569	958,799
期末股东权益	4,082,420	4,919,988	5,878,788

表5-10 固定资产 单位：元

	2010年	2011年	2012年
期初固定资产		2,250,000	2,700,000
购置固定资产	350,000	900,000	1,080,000
当年折旧	395,000	450,000	540,000
期末固定资产	2,250,000	2,700,000	3,240,000

表5-11 财务费用

	2010年	2011年	2012年
贷款余额	2,892,580元	3,313,440元	3,978,954元
利率	8%	8%	8%
利息	231,406元	265,075元	318,316元

表5-12 收入

单位：元

	2013年	2014年	2015年	2016年	2017年
收入	10,991,700	13,409,874	16,091,849	18,988,382	22,406,290

预测假设：

（1）毛利：为保持未来持续销售增长，公司会在部分产品与部分区域采取降低产品价格的方式来增强产品竞争力，扩大市场占有率，产品毛利将会受到影响。

（2）费用：由于规模快速增长，销售团队与管理团队扩张，使整体费用稍有提升。

（3）固定资产：近几年固定资产投资规模保持平均20%的年增长率。平均折旧期限为5年。

（4）其他资产：与企业正常经营无关的其他类资产水平保持不变。

（5）应收账款：目前收款赎期为120天左右。未来由于抢占市场，将给予部分客户较长赎期。

（6）存货：目前存货周期为60天左右。未来为提升客户交付及时率，区域存货规模将有所增加。

（7）应付账款：目前付款赎期为60天左右。为保持供应链的安全，公司未来将保持稳定的付款赎期政策。

（8）现金：公司资本架构政策要求，公司应保持20%当年收入的资金余额。

（9）分红政策：公司将保持50%当年利润的分红率。

参考答案报表预测及附表预测如表5-13 ~表5-19所示。

表5-13　损益表　　单位：元

	2010年	2011年	2012年	2013年	2014年	2015年	2016年	2017年
收入	6,750,000	7,762,500	9,159,750	10,991,700	13,409,874	16,091,849	18,988,382	22,406,290
成本	2,362,500	2,724,638	3,251,711	3,957,012	4,894,604	5,953,984	7,120,643	8,514,390
毛利	4,387,500	5,037,863	5,908,039	7,034,688	8,515,270	10,137,865	11,867,738	13,891,900
费用	2,025,000	2,352,038	2,793,724	3,385,444	4,170,471	5,052,841	6,019,317	7,170,013
折旧	395,000	450,000	540,000	648,000	777,600	933,120	1,119,744	1,343,693
经营利润	1,967,500	2,235,825	2,574,315	3,001,244	3,567,199	4,151,904	4,728,678	5,378,194
财务费用	231,406	265,075	318,316	379,280	467,561	571,339	692,501	849,734
营业外收支								
税前利润	1,736,094	1,970,750	2,255,999	2,621,964	3,099,638	3,580,565	4,036,176	4,528,460
税	260,414	295,612	338,400	393,295	464,946	537,085	605,426	679,269
税后利润	1,475,680	1,675,137	1,917,599	2,228,670	2,634,693	3,043,480	3,430,750	3,849,191

表5-14　资产负债表　　单位：元

	2010年	2011年	2012年	2013年	2014年	2015年	2016年	2017年
固定资产	2,250,000	2,700,000	3,240,000	3,888,000	4,665,600	5,598,720	6,718,464	8,062,157
其他长期资产	750,000	817,500	897,500	897,500	897,500	897,500	897,500	897,500
应收账款	2,250,000	2,723,684	3,392,500	4,223,663	5,339,117	6,630,438	8,087,644	9,854,618
存货	393,750	473,850	582,744	731,125	931,554	1,166,255	1,434,337	1,762,387
其他流动资产	375,000	420,000	455,000	455,000	455,000	455,000	455,000	455,000

续表

	2010年	2011年	2012年	2013年	2014年	2015年	2016年	2017年
现金	1,350,000	1,552,500	1,831,950	2,198,340	2,681,975	3,218,370	3,797,676	4,481,258
总资产	7,368,750	8,687,534	10,399,694	12,393,628	14,970,745	17,966,283	21,390,622	25,512,920
应付账款	393,750	454,106	541,952	659,502	815,767	992,331	1,186,774	1,419,065
银行借款	2,892,580	3,313,440	3,978,954	4,741,003	5,844,509	7,141,743	8,656,264	10,621,676
总负债	3,286,330	3,767,546	4,520,906	5,400,505	6,660,276	8,134,074	9,843,038	12,040,741
股东权益	4,082,420	4,919,988	5,878,788	6,993,123	8,310,469	9,832,209	11,547,584	13,472,180
总负债及股东权益	7,368,750	8,687,534	10,399,694	12,393,628	14,970,745	17,966,283	21,390,622	25,512,920

表5-15 现金流量表 单位：元

	2010年	2011年	2012年	2013年	2014年	2015年	2016年	2017年
利润	1,475,680	1,675,137	1,917,599	2,228,670	2,634,693	3,043,480	3,430,750	3,849,191
折旧	395,000	450,000	540,000	648,000	777,600	933,120	1,119,744	1,343,693
营运资金变动		−538,428	−724,864	−861,994	−1,159,617	−1,349,459	−1,530,845	−1,862,733
经营性现金流		1,586,709	1,732,735	2,014,676	2,252,676	2,627,141	3,019,649	3,330,151
项目资本性支出	−350,000	−967,500	−1,160,000	−1,296,000	−1,555,200	−1,866,240	−2,239,488	−2,687,386
投资性现金流		−967,500	−1,160,000	−1,296,000	−1,555,200	−1,866,240	−2,239,488	−2,687,386
增资				–	–	–	–	–
分红	−737,840	−837,569	−958,799	−1,114,335	−1,317,346	−1,521,740	−1,715,375	−1,924,596

续表

	2010年	2011年	2012年	2013年	2014年	2015年	2016年	2017年
借款		420,859	665,515	762,049	1,103,505	1,297,234	1,514,521	1,965,412
融资性现金流		-416,709	-293,285	-352,286	-213,841	-224,506	-200,854	40,816
现金变动		202,500	279,450	366,390	483,635	536,395	579,307	683,582
期初现金		1,350,000	1,552,500	1,831,950	2,198,340	2,681,975	3,218,370	3,797,676
期末现金		1,552,500	1,831,950	2,198,340	2,681,975	3,218,370	3,797,676	4,481,258
资产负债表现金		1,552,500	1,831,950	2,198,340	2,681,975	3,218,370	3,797,676	4,481,258

表5-16　股东权益预测　　单位：元

	2010年	2011年	2012年	2013年	2014年	2015年	2016年	2017年
期初股东权益	3,344,580	4,082,420	4,919,988	5,878,788	6,993,123	8,310,469	9,832,209	11,547,584
利润	1,475,680	1,675,137	1,917,599	2,228,670	2,634,693	3,043,480	3,430,750	3,849,191
增资								
分红	737,840	837,569	958,799	1,114,335	1,317,346	1,521,740	1,715,375	1,924,596
期末股东权益	4,082,420	4,919,988	5,878,788	6,993,123	8,310,469	9,832,209	11,547,584	13,472,180

表5-17　固定资产预测　　单位：元

	2010年	2011年	2012年	2013年	2014年	2015年	2016年	2017年
期初固定资产		2,250,000	2,700,000	3,240,000	3,888,000	4,665,600	5,598,720	6,718,464
购置固定资产	350,000	900,000	1,080,000	1,296,000	1,555,200	1,866,240	2,239,488	2,687,386
当年折旧	395,000	450,000	540,000	648,000	777,600	933,120	1,119,744	1,343,693
期末固定资产	2,250,000	2,700,000	3,240,000	3,888,000	4,665,600	5,598,720	6,718,464	8,062,157

表5-18 财务费用预测

	2010年	2011年	2012年	2013年	2014年	2015年	2016年	2017年
贷款余额/元	2,892,580	3,313,440	3,978,954	4,741,003	5,844,509	7,141,743	8,656,264	10,621,676
利率	8%	8%	8%	8%	8%	8%	8%	8%
利息/元	231,406	265,075	318,316	379,280	467,561	571,339	692,501	849,734

表5-19 财务风险分析

	2010年	2011年	2012年	2013年	2014年	2015年	2016年	2017年
现金流债务比值	–	0.48	0.44	0.42	0.39	0.37	0.35	0.31
杠杆系数	0.72	0.72	0.72	0.72	0.72	0.72	0.71	0.71
利息保障倍数	10.21	10.13	9.78	9.62	9.29	8.90	8.45	7.91
资产负债率	44.6%	43.4%	43.5%	43.6%	44.5%	45.3%	46.0%	47.2%

案例 10：财务规划对业务策略的要求

公司B未来5年，销售增长将保持在20% ~ 30%之间，净利润率保持在8%左右，资产周转效率与历史持平，分红政策不变。同时财务政策要求资产负债率不得高于70%。经过测算，未来5年，公司B资产负债率如表5-20所示。

表5-20 资产负债率

	第1年	第2年	第3年	第4年	第5年
销售增长率	30%	30%	25%	25%	20%
资产负债率	70%	72%	73%	74%	74%

由于资产负债率超过了财务政策要求的70%，且其他融资调整手段并不能有效降低财务风险，所以财务规划部门向公司CEO建议：如

果要保持公司高速增长，同时，财务风险低于公司政策底线，需要：（1）提高资产周转率5%；（2）提高利润率1%。如能达到此要求，公司的资产负债率将可低于70%，调整后的资产负债率如表5-21所示。

表5-21　调整后的资产负债率

	第1年	第2年	第3年	第4年	第5年
资产负债率（调整后）	65%	67%	67%	68%	69%

公司CEO经过沟通，认为方案具有可行性，并把对公司业务规划进行了调整，要求加强应收管理与费用控制，来提高资产周转效率与利润率。

5.4　资本架构管理策略

根据公司未来的财务状况与资金缺口，资金管理人员需要考虑选择什么样的资金解决方案，选择何种股权融资与债权融资策略、流动性风险管理策略、外汇与利率风险管理策略，才能使公司风险可控、成本最优，同时满足公司业务发展的资金需要，并留有一定的内外部环境波动的容忍空间。

5.4.1　资本架构设定

资本架构可以理解为企业所使用的长期资本来源的结构，即多少为债权融资，多少来自于股东投资。对于企业的资本结构水平的设定，不同的利益相关者有不同的考虑和要求。从债权人的立场来看，资本结构中，债权比例越低，对其已存在的债权的保障程度越高。外部投资者或借款人为保证投资收益和本金安全，对其投入企业的资本具有一定的回报期望与安全性要求。从股东的角度来看，在风险可接受的情况下，倾向使用一定的财务杠杆，当资产回报率高于借款利率时，能够增加股东的收益。从经营者的立场来看，需要选择合适的资本结构水平，来保持财务杠杆过高的破产风险成本与股东收益要求之间的平衡。特别是要充分考虑银行等外部利益相关方对企业风险水平的相关要求，以保持企业融资能力。

直接衡量资本结构的指标，通常有杠杆比率、资产负债率等。此外还有一些资本结构相关指标，如：债务保障倍数、利息保障倍数、有形净资产与债务比等。企业需要遵从金融市场投资者对企业的资本结构指标要求，以保证对现有融资合约的遵从和未来的融资能力。

不同的金融体系，对风险有不同的理解和要求。在国内银行体系内，资产负债率是较为常用的指标。在国际金融环境下，银行和债券市场更加关注杠杆比率、债务保障倍数、利息保障倍数等指标。

资产负债率与杠杆比率相比，杠杆比率通常更能反映企业真实的资本结构，而资产负债率则容易出现误差。由于资产负债率中，包括了短期借款、基于商业信用对供应商的应付款和对员工的应付款，这部分负债的变化更多地受公司的商业模式、业务规模、供应链政策的影响，并不是公司融资策略一部分，也不能反映公司的真实财务风险。

案例 11：应付账款对资产负债率的影响

2012年公司E总资产为10亿元，总负债为5亿元，其中对供应商应付账款为2亿元，资产负债率为50%。2013年，在其他情况不变的情况下，公司延长了付款赎期，对供应商应付款增至3亿元，总负债为6亿元，同时增加了1亿元的现金，总资产为11亿元，资产负债率为54.54%（6亿/11亿）。公司A的风险升高了还是降低了？

答案：从资产负债率结果看，风险是升高了（杠杆比率不变）。但由于资产负债率的升高是由于占用了供应商的资金，并用这部分资金作为企业备用现金存放于企业，企业A实质风险是降低了，资产负债率在这种情况下，并不能真实反映企业的财务风险。

企业在设定资本结构目标时，根据外部环境与经营需要来选择合适的指标，设定适宜的指标区间和警戒区间来进行管理。在设定资本结构目标时，需要考虑以下几点：

- 现有债务融资对资本结构指标的要求；
- 金融机构、投资者对高风险企业财务指标的认定；
- 管理层内部的风险偏好与对指标的要求。

例如，某企业采用资产负债率作为资本结构指标，设定45%～55%为最佳资产负债率区间，60%～70%为警戒区间，70%为风险底线。当指标处于适宜区间时，企业可根据业务策略进行经营，不需要考虑企业财务风险，当指标处于警戒区间时，业务规划需要考虑财务风险的制约，并需要财务部门参与业务策略的制定与重大项目的审批，以保证财务风险处于可控区间。同时，采取合适的融资策略，来降低企业的财务风险。

当企业确定了资本结构的目标区间，或计算得出最佳资本结构后，综合考虑业务发展的资金需求、金融市场环境和资本结构调节成本，动态保持合理的资本结构。

5.4.2 股息分配政策

对于企业集团、特别是上市公司来说，分红、增资、股票回购等股权融资策略，由于涉及面广、影响大，且不可逆，所以一般会在一定时期内保持稳定，避免由于财务策略的频繁调整而影响外部投资者对企业经营的信心。资本架构规划是在企业长期全面业务规划的基础上进行的整体资金解决方案，所以在股权融资策略和政策上更应该保持一致和稳定。

对于公司的分红政策，一般公司会倾向于设定相对稳定的股息分配政策，比如会设定固定金额或基于当年利润的固定分配比率。由于股东，特别是普通公众股东因为信息不对称，对企业经营情况不了解，会对股息变化特别是股息大幅下降尤其敏感，所以，保持分红政策的稳定性对于保持股票市场投资者对企业的信心至关重要。

在分红策略上，有些公司设定较低的、稳定的年末股息分配比率，当企业经营状况较好时，发放年中特别分红；当企业经营状况不好时，减少或不进行年中分红。由于市场投资者对特别分红的波动相对不是那么敏感，所以这种方式能够为企业财务策略提供一定的灵活性。

与分红类似，股票回购是通过缩股提升股价来为投资者提供回报的一种方式。股票回购给市场传递了非常丰富的信息。一是表明企业有较好的经营结果，能够为投资者带来回报；二是表明公司现金流充足，有大量的现金支付回购；三是给资本市场暗示，目前公司股价是低估的。

在资本市场的实证研究中，股票回购也为投资者提供了超额回报。表5-22为2000年以来，美国市场股票回购案例为投资提供的超额回报统计。下面的数据显示，在公司公布股票回购的消息的250天以内，股票的平均回报率为22.35%。

表5–22　美国股票市场股票回购信息公布后的回报分析表

期　　间	2000—2005年
超额回报中位数（t−2,t+2）	1.80%
超额回报中位数（t−2,t+90）	6.25%
超额回报中位数（t−2,t+250）	22.35%

此外，不同的行业股权融资策略差异很大。高科技行业中的领先企业，如思科、IBM、英特尔、德州仪器、诺基亚、惠普等企业，由于业务风险高，为保持较好的财务灵活性，在过去十几年间，长期使用低分红、高股票回购比率、高净现金存量的策略。在2004—2008年间，这类公司平均每年使用30亿～50亿美元进行股票回购，平均股息分配率在20%左右。

传统行业，如麦当劳、波音、卡特彼勒、联合科技、陶氏化学等企业，采用高分红、低股票回购，较低净现金存量等财务策略，在风险可控的情况，加大财务杠杆，获得更高的回报。在2004—2008年间，这类公司平均每年使用12亿至18亿美元进行股票回购，平均股息分配率在35%以上。

5.4.3 债权融资管理策略

在融资策略制定中，首先要设定基本的融资管理总体策略，是激进型还是保守型。之后，再考虑融资期限、币种、主体、产品等具体的融资策略。

1. 总体策略

激进型的融资策略意味着企业要承担较大的融资风险，但融资成本低。例如下例行为属于激进型的融资政策。

（1）选择操作大量的、单一的、低成本的融资产品。

（2）实际融资金额刚刚能够满足资金需求。

（3）主要选择容易获取的、低成本的短期融资。

（4）融资主体总是由财务能力最强的单一主体承担。

（5）融资额度规模等于或略大于资金需求等。

保守型的融资策略与激进型刚好相反，企业选择多种融资品种，融资额可以出现一定冗余，要求一定比例的长期融资等。

业务风险与财务风险，就像是跷跷板的两端，一个高时一个低。一般来说，利润率低、业务稳定、经营性现金流波动小、资产变现能力强的企业，例如公用事业、食品企业等，可以选择相对激进型的融资策略，即便出现再融资风险，企业也有能力应对。业务波动性大、周期性强的企业，通常会选择保守型的融资策略，付出一定的成本，如经营出现波动或外部金融环境发生变化，也能保证公司融资具有一定的抗风险能力，保证企业日常经营与发展。

在融资产品选择上，也存在着单一化与多元化的差别。单一化融资产品融资策略上，企业可以选择成本最低、操作便利的融资品种，有利于降低企业管理成本与融资费用。但当融资环境发生变化时，所选定的融资产品无法操作或利率上涨时，企业融资存在风险。鸡蛋不要放在同一个篮子里，相对应地，多元化融资策略下，尽管有些融资品种融资额小，操作复杂，但仍然维持每年进行一定的融资操作，使融资渠道和产品多样化，维持内部有效的操作流程，维护外部良好的银行合作关系，锻炼团队业务能力，一旦部分品种受限，其他融资产品能够及时给予有效补充，规避集团融资风险。

2. 期限策略

企业融资期限策略是融资成本与再融资风险的平衡。融资成本是由资金的时间成本、流动性风险补偿与信用风险补偿组成的。融资期越长，对于债权人来说，付出的流动性成本越高，相应地，需要的补偿也就越高。所以，一般来说，长期融资的利率高于短期融资。尽管短期融资成本低，但由于融资到期后政治经济环境和金融市场可能发生变化，成功获得再次融资的风险变大。所以，长期融资成本高，但再融资风险低；短期融资成本低，但再融资风险高。

不管是企业自身经营原因还是宏观环境影响，当企业经营出现困难时，在归还银行短期到期债务后，可能还要承受来自银行的“第二次打击”，无法获得再融资支持。如果不能及时归还银行债务，可能会马上面临诉讼和破产。所以，在可能的情况下，企业要尽可能争取获得一定规模和比例的长期融资，提高企业在内部经营波动和外部政经环境变化时抵抗风险的能力，这至关重要。无论企业出现什么样的经营情况变化，在长期融资的融资期内，都不会有偿还债务的再融资压力，这能够为企业经营调整赢得喘息之机。

企业的融资期限受到外部的金融市场的影响，在美国、欧洲等直接债券融资市场发达的国家，企业能够较容易地获得长期直接债权融资，使其长期融资比例提高，特别是一些大型企业集团，一般长期债权融资比例为80%以上。

在亚洲国家，银行提供的间接债权融资是企业获得融资的主要方式。银行等金融机构的资本来源以中短期的公众存款为主，为了管理好自身的资产负债表，匹配其资产与债务的期限，控制银行自身的流动性风险，一般以提供中短期融资为主，最长一般不超过3年或5年。在中国、东南亚等国家，尽管银行提供的是短期融资，只要企业经营不出现重大的负向变化，一般情况下，银行为维护与企业的长期合作关系，以及银行自身的资产投资需求，还是会滚动持续提供融资给企业。所以，很多分析人员认为，银行实质是在为企业提供长期融资。

由于受国内金融市场与银行经营策略的限制，中国的企业获得银行长期融资的渠道和产品是有限的。期限一年以上的融资产品通常包括大型基础设施建设项目贷款、固定资产贷款、长期流动资金贷款、土地开发贷款等。对于在海外设有实质经营性主体的国内企业集团来说，根据境外主体的财务能力与资金进出渠道，进行3 ～ 5年期限的外币银团贷款是有效平衡企业融资期限的一个较好选择。

除了长期融资比例外，债务到期的期限结构也是管理企业长期资金流动性的重要方面。债务到期的期限结构显示在某一特定时点企业债务在未来几年到期的金额。图5-7 ～图5-9是三种不同的债务到期的期限结构。

图5-7所示的“梯形”图表明企业每年到期债务的金额相近；图5-8所示的“正三角”图形说明最近几年到期债务金额较大，长期到期债务金额较小；图5-9所示的“倒三角”图形显示短期到期债务金额较小，长期到期债务金额较大。

对于企业来讲，很显然，第三个图表的期限结构对企业是最有利的，企业每年需要面对的短期再融资压力较小，有更充足的时间去准备未来的还款安排。这也是大部分企业在管理融资时，期望达到的理想期限结构。

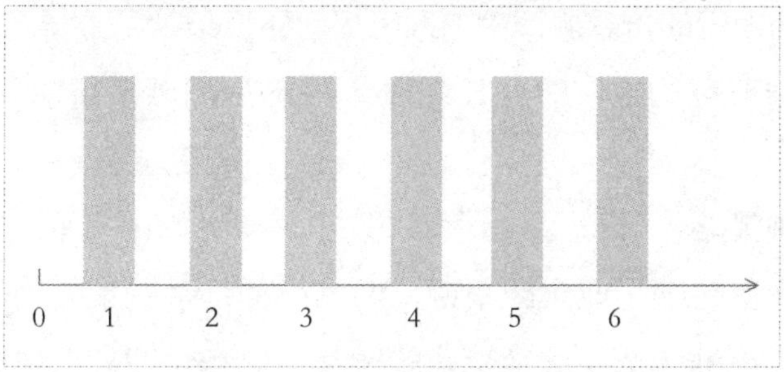

图5-7　债务到期结构-梯形示意图

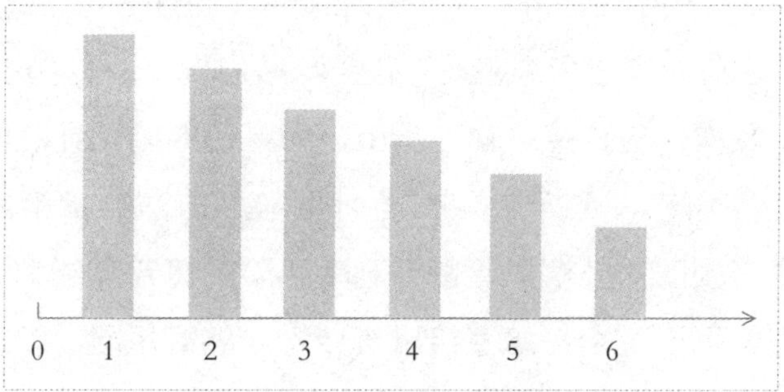

图5-8　债务到期结构-正三角示意图

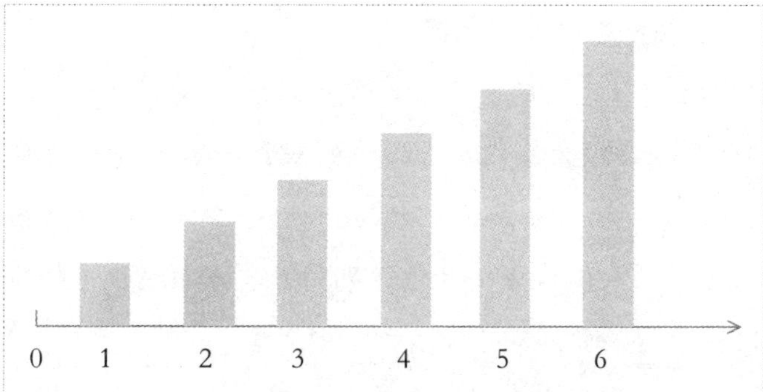

图5-9　债务到期结构-倒三角示意图

随着时间的推移，长期债务最终会变为短期债务，要想在每一年都能够实现“倒三角”的期限结构，企业需要做一些特殊的融资安排，例如：

（1）多进行期限长的长期融资。

（2）发行债券时，附加可提前赎回条款，后续发新债提前还旧债。

（3）与银行的贷款协议中加入可提前还贷条款。

（4）与银行约定，对其长期债务在还有1年到期时，可提前续贷等。

2. 币种策略

对于大型跨国企业集团来说，融资币种是融资策略中的重要考虑因素。融资币种的选择涉及企业的融资成本和企业外汇风险。原则上来说，单独考虑成本因素，企业应首选低成本的融资币种。从外汇风险角度来看，取决于企业外汇风险管理策略，会有不同选择。

首先，企业应先选择未来有“正外汇敞口”，即有盈余的货币，来进行融资。其次，应选择“软”货币，即融资期内预计贬值的货币，来进行融资。再次，选择金融市场衍生工具丰富的货币，来进行融资，以提高必要时对外汇风险甚至利率风险的可管理能力。总之，融资币种的选择需要综合考虑直接融资成本、外汇风险，以及即期对换的成本（当融资币种与支付使用币种不一致时）。

案例 12：融资币种策略选择

公司A同时拥有充足的美元与人民币融资额度，根据预测，未来需要期限为3个月、金额为20亿元人民币的短期融资。美元利率为2%，人民币利率为6%，美元与人民币汇率为6.5，美元与人民币兑换的费率为兑换金额的0.2%，人民币全年升值预期为3%。公司A应选择哪一个融资币种？相比较获得的收益是多少？

人民币与美元融资成本对比表如表5–23所示。

表5–23　人民币与美元融资成本对比表　　单位：千元

	人民币	美元	备注
融资金额	2,000,000	307,692	汇率为6.5
融资利息	30,000	1,538	
货币兑换费用		1,234	美元借款和还款时，需兑换两次
人民币升值收益		–2,308	按人民币年内平均升值计算

续表

	人民币	美元	备注
综合成本（原币种）	30,000	465	
综合成本（人民币）	30,000	3,020	

根据预测，美元借款将少付约2700万元的融资利息，应选择美元借款。

3. 利率策略

在满足资金需求的情况下，应根据市场波动，选择有利的市场时机，在低利率时期进行大量融资。例如，2009年金融危机时，国内中期票利率曾低至2%～3%。在利息计算模式选择上，低利率时期，适合选择固定利率融资模式。高利率时期，适合选择浮动利率模式。此外，利率模式选择还要匹配公司利率风险敞口。利率风险敞口是指浮动计息资产与浮动计息负债的差额。当企业存在浮动计息资产时，可选择浮动利率负债，直至浮动计息资产与浮动计算负债水平相当。如企业浮动计息负债大于企业浮动计息资产，则可选择固定利率融资，或投资固定收益资产，以减少利率风险敞口。

4. 主体策略

融资是企业法人与金融机构缔结的融资合约的行为，与企业法律主体不可分割。企业的业务经营状况与财务健康程度是金融机构决定融资的关键。同时，企业特别是多元化的企业集团，经营的产品类别不同，商业模式多样，通常不同的业务由不同的法人主体承担运作，这些主体融资模式与适合的融资产品也不同。所以，企业需要根据其各个主体的业务特点及其财务能力，规划集团融资主体地图，落实集团整体融资策略与各个主体所需承担的融资职能。

在确定集团内各主体承担的融资职能后，集团需要前瞻性地规划各个主体的业务定位、关联交易以及财务报表，使其财务状况能够达到集团融资定位以及银行等金融机构对企业业务与财务的要求。例如，某集团通过香港子公司负责销售内地工厂生产的产品至海外客户，同时，期望香港子公司承担香港的银团贷款职能，为实现此目的，需要在关联交易定价时，考虑融资主体对其财务能力的要求，留存适当的利润至香港主体，做强做大香港公司的财务报表。

对于多元化企业集团来说，由于各个业务领域的行业差别较大，商业模式不同，之间的关联交易较少，可能会使得这些主体间的资金流动能力受限，造成某一个主体融得的资金不能被其他主体所使用。此外，如果是上市公司，资本市场监管政策要求企业资金保持独立性，关联借贷受到限制。这些限制都要求企业集团内每一个主体能够保持一定的自我独立资金循环与融资能力。对这些主体需要类似集团管理要求一样，管理、规划其资本架构与融资。（这里强调的是长期资金平衡与循环。在短期资金流动性上，可考虑使用财务公司、资金池等方面进行资金管理。）

此外，对于含有高风险业务主体的企业集团来说，让高风险主体保持业务经营和融资的独立性，能够起到风险隔离的作用。当高风险主体经营出现问题时，母体以其出资额承担损失，可减少对集团整体的影响。

案例 13：某轨道交通集团融资主体规划

某城市轨道交通集团主体清单及业务范围如下。

- 集团公司：集团的投融资控股平台。是集团各个业务主体的母公司，是所有主体财务能力的合集，具有最强的信用等级。
- 地产公司：土地资源开发与经营主体，承担一级、二级土地开发职能。
- 开发公司：商业资源开发与经营主体，负责地铁沿线、站点、地下空间的物业开发与经营。
- 地铁运营公司：地铁交通运营主体，负责交通营运。
- 地铁建设公司：地铁基础设施建设主体，负责地铁洞体与轨道建设。

根据轨道交通特点与未来业务发展规划，考虑各项融资品种对主体业务与财务的要求，建议集团各主体的融资定位如下。

- 集团公司：应作为集团主要融资主体，或为其他借款人进行担保。主要负责项目银团贷款、集团流动资金贷款及为其他信用不足的融资主体进行担保。
- 地产公司：作为集团主要融资主体，以信用贷款、抵押贷款等融资形式，保障自身土地开发的外部融资需求。
- 开发公司：作为集团的辅助融资主体。由于有定期稳定的现金流与利润，是理想的进行市场化融资的主体。可进行流动资金贷款、短期票据融资与供应链融资。
- 地铁运营公司：作为集团的辅助融资主体。由于有境内外固定资产采购与稳定票务收入，可考虑固定资产贷款、出口信贷、外国政府贷款、资产售后回租和资产证券化等。
- 地铁建设公司：作为集团建设的融资主体，负责基建项目贷款。但由于基建公司本身没有收入与还款能力，需要集团或其他有资产或收入的主体为其进行担保。

5.4.4 风险管理策略

企业具体业务出现问题，一般影响企业局部，带来一定利润与现金的损失。然而，如果集团资本架构管理不善或出现决策失误，会给企业经营带来重大影响，甚至决定企业生死存亡。所以，集团资本架构管理要遵循谨慎性的原则，财务规划上要留有一定的余地，保留一定的备用财务能力，防范可能出现的风险。

集团资本架构管理，需考虑所有对公司财务结果具有重大影响的潜在风险。人员应与企业风险（ERM）、信用风险、外汇风险、利率风险、现金管理等部门人员一起，识别高风险因素，分析各类风险对企业的影响，共同制定管理目标、管理策略与财务规划，并把这些策略和规划体现在集团财务报表规划和资本架构规划工作中。

资本架构管理集团整体财务风险，保证企业长期财务健康。从这个意义上，任何可能会影响企业整体财务状况的重大项目，都应从财务报表规划、从本架构的角度去进行分析与判断。这些高风险业务与重大项目通常包括：有潜在坏账可能性的高风险客户销售，为客户提供长期融资的销售，汇率波动对集团利润和现金流和影响，利率波动对集团利润和现金流的影响，重大的基础设施建设项目，集团全新业务领域的拓展，重大收购兼并项目，等等。

对于这类项目，应纳入到集团资本架构的管理范围，从业务流程上，保证财务规划人员，能够参与到这些项目决策评审流程中，对于重大项目对企业财务带来的冲击，需要财务规划人员分析冲击带来影响，判断决定集团财务状况能否承受这类高风险业务，并给出财务解决方案建议。

5.4.5 资本架构策略差异

不同行业、不同增长速度、不同财务状况的企业，资本架构管理策略会有很大的差异，企业需要根据自身所处的行业、发展阶段与财务状况，选择合适的资本架构策略。

1. 高风险行业与传统行业

处于高业务风险行业内的企业倾向选择保守的财务策略，以平衡集团整体风险，低业务风险行业的企业倾向采取激进的财务策略，提高企业的盈利能力，促进企业成长。高风险行业，如高科技行业，采用低分红、高股票回购比率、高净现金存量的财务策略。传统行业，如食品、机械、化工等行业，采用高分红，低股票回购，较低净现金存量、较高债务等财务策略，在风险可控的情况下，加大财务杠杆，获得更高的回报。

2. 资金充裕企业与资金短缺企业

对于资金充裕的企业，由于现金余额高，通常对企业中短期现金流关注度较低，更多的管理注意力聚焦于企业分红政策、股票回购政策、债务结构、资金盈余管理等。对于资金短缺的企业，由于资金紧张，需要做好中短期的现金流预测与规划，同时，控制好企业债务杠杆与到期结构。

3. 高速成长企业与低速增长企业

高速成长的企业，通常销售和利润的波动性较大。同时，高速增长通常意味着大量的资金需求，资金压力大。在资本架构管理上，高速成长企业需关注如下要点。

- 分析方法：由于企业经营波动性，所以进行不同场景下的敏感性分析变得更加重要，确保大概率的场景都在预先考虑与计划之中。
- 股权融资：需要更多的、不需偿还的股权融资，保持低分红率，甚至不分红。由于企业高速成长，通常能够承担成本较高的股权融资。
- 债务融资：尽可能操作长期融资。理想的情况是能够使长期融资的期限超过预计的企业高速成长期，使得企业在成长期内不需要进行再融资。
- 内部效率：如果企业较难获得长期融资，则需要考虑提高资产周转效率，提高企业内部现金流产生能力，但通常在高速成长期内提升资产效率难度较大。

低速成长企业需关注如下要点。

- 分析方法：由于企业自身增长乏力，如需保持一定增长速度，通常会考虑收购兼并等方式，需要资本架构人员关注这类项目对企业的影响。
- 内部效率：由于业务平稳，会更加关注企业营运资金效率与利润率。
- 融资：如杠杆率较高，仍需做好长期规划，并尽可能用长期融资。

5.4.6 子公司资本架构策略

企业集团的子公司，作为独立的法人主体，仍然涉及股权融资、债权融资、增加资本金、分红等财务管理，仍需要进行资本架构管理。一般来说，子公司资本架构管理有如下基本规则：

（1）控股母公司为公司的管理承担责任，并以其出资额为限，对可能发生的风险负责。

（2）母公司为子公司制定资本架构策略，而不是子公司董事会负责。子公司董事会更多是在合规层面，做最终形式批准。子公司资本架构管理由母公司统一管理。

（3）在不违反法规的情况下，子公司一般尽可能保持最低的股本投入。由于股本金承担企业最终的经营风险，保持较低的投入有利于降低公司风险。如决定给子公司增加资本金，尽可能以利润转股本的形式，避免直接增加投资。

（4）子公司需要资金时，首先通过关联借款或关联交易结算的方式进行，如果这两种方式受限，则可以考虑增资方式。

（5）子公司经母公司批准，才可以考虑进行本地融资。

（6）子公司股利政策由母公司制定，并考虑税务、资金需求等因素。如是境外子公司，还需考虑外汇管制与资金往来的要求。

对于中国跨国企业集团来说，海外子公司的资本架构管理面临更加严峻的挑战。

（1）外汇管制严。有些海外国家会有较为严格的外汇管制，即便子公司所在国家外汇管制较松，中国的外汇管制体系仍让跨境资金流动有很多的限制。

（2）子公司财务实力弱。中国国际化企业的生产加工基地通常在国内，需要通过关联贸易或直接出口贸易销售至国外客户，海外子公司多是本地销售与售后服务主体。多数企业集团希望能够通过关联定价，留置更多的利润在母公司，造成海外子公司利润少、财务状况不佳。

（3）本地融资支持少。对所在国来说，海外子公司属于境外投资的本地法人主体，对本地情况不了解，获得融资资源支持的能力差。这些情况，都造成了海外子公司的资金管理面临极大的挑战。

案例 14：海外子公司资本架构规划

Gordon是某大型工程机械公司在巴西子公司的CFO，负责子公司的全面财务管理工作。7月中旬，忙完上半年财务报表的发布，Gordon终于有了一点时间，可以坐下来考虑一下公司未来的财务规划。根据市场情报，未来几年，本地市场会有大发展，市场竞争也会变得越来越激烈，需要更多的资金的支持，同时，合同条款与客户信用却不容乐观，这些都给子公司带来很大的资金压力。

资金来源方面，公司一直在利用关联结算、母公司担保贷款、增资等外部输血的方式来支持前线的短期资金需求。由此带来的高成本、法规遵从等问题也让Gordon焦虑不安。更为严重的是，这种救火式的资金解决方案被动满足前线需求，缺乏长期规划，一旦出现紧急重大资金需求，子公司资金链将面临严峻的考验。

Gordon一边用力地按着自己的太阳穴，一边对刚走进来的Ben说道："上周你参加的中长期业务规划会议结果怎么样？"

Ben是子公司资金经理，负责融资工作。Ben从文件夹里拿出一份表格放在桌子上，说："这是子公司未来5年的业务规划，这是由子公司签约的收入、利润和回款预测。"Ben指着厚厚的文件夹接着说："这些都有销售部的详细销售计划支持，实现还是比较有把握的。"Ben上前一步，大声地说："最重要的还是资金缺口。我们现在有了回款预测，再预测本地支付与关联结算，我们就可以预测资金需求，我保证能做出未来资金规划。"

Gordon用力地敲了敲Ben的脑袋："问题就在这里，我们以前只知道去预测资金缺口，被动去满足资金缺口，没有形成基于财务预测的长期的、全面的资金规划策略，没有对业务规划、财务规划提出反馈要求，这是我们资金工作陷入被动的最根本原因。"

"这种情况一定要改变。今年我们要和预算部门一起，在业务规划完成后，进行财务规划和资金规划。要预测未来三年完整的三张财务报表，有了未来完整的财务全景图，才能去给出未来包括关联结算、关联借款、注资、本地银行融资，甚至本地发股、发债等全面的资金规划方案。”Gordon坚定地说。

Ben一边挠头一边说：“这样的话还要了解很多其他信息，如本地外汇管制法规、税务规定、本地融资资质要求等。这要求税务部、法务部等多部门协同配合。”

Gordon点了点头：“你说得完全正确。你先按照我们讨论的，整理出一个端到端的工作活动逻辑图来，梳理一下，有哪些工作要做？需要哪些信息？需要哪些部门的参与？之后我们再讨论具体的工作计划。”

一个月后，Ben按照讨论出来的工作流程，完成了子公司的中长期财务预测与资金规划，如表5-24所示。

表5-24 子公司中长期财务预测与资金规划

	2007年	2008年	2009年	2010年	2011年	2012年	2013年	2014年
收入	$38	$261	$884	$985	$1,264	$1,501	$1,678	$1,772
利润	（$2）	$5	$8	$36	$52	$62	$75	$74
净利润率	-5.50%	2.00%	0.90%	3.60%	4.10%	4.10%	4.50%	4.20%
总资产	$37	$270	$829	$1,117	$1,478	$1,755	$1,928	$2,001
资金缺口	$0	$54	$179	$244	$327	$351	$307	$229
关联借款	$6	$0	$0	$0	$0	$0	$0	$0
新增本地银行借款-母公司担保	$0	$30	$131	$33	$50	（$30）	（$10）	（$10）
新增本地银行借款-借用借款	$0	$0	$0	$44	$34	$54	（$34）	（$73）
增加资本金	$0	$17	$12	$15	$20	$25	$30	$35
分红	$0	$0	$0	（$14）	（$21）	（$25）	（$30）	（$30）
本地银行借款余额	$6	$37	$167	$244	$328	$351	$307	$224
-母公司担保	$6	$37	$167	$200	$250	$220	$210	$200
-信用借款	$0	$0	$0	$44	$78	$131	$97	$24

“我预测了子公司的财务状况，情况很严峻。这是子公司未来五年的财务状况和资金缺口解决方案。”Ben说，“关联借款由于法规限制，无法操作。母公司担保的本地融资，由于母公司境外担保有额度限制，最多只能提供2亿美元。另外，采用不分红或增加资本金的方式来解决资金缺口不是长久之计，而且日后退出成本很高。从长期来看，我们需要一定的本地融资来满足我们的资金需求。”

Gordon挥了挥手说：“能不能本地融资，要看我们的财务状况和财务指标。”

“考虑到税务风险，我们的净利润率不能超过4%，自有资金积累缓慢。另外，由于客户付款条款恶劣，占用了大量资金，经营产生的资金很难支撑销售快速增长带来的营运资金压力，大量采用借款，使我们的资产负债率和其他财务风险指标居高不下。”Ben说。

“我想我们需要重新评估一下，目前这份资金规划是否可行？有什么样的问题？未来的财务状况能否完全支持你的资金规划？我希望有明确的数据或文档能够支撑你的结论。”Gordon挥了挥手说。

又过了一个星期，Gordon和Ben重新回顾了经过调整的中长期的财务预测与资金规划。Gordon站在窗前，望着远处的大海，总结道：“这个规划是我们目前可选的最优方案了，但还有几个挑战需要我们面对。一、本地融资是必须要做的，但目前和未来的财务风险水平无法支持。二、子公司的资金和利润规模太小，无法达到近期几个大项目的资质要求，以及未来销售规模的支撑。三、由于本币签约量增加，未来几年本地收入远高于本地支出，外汇风险逐年加大。”

Gordon转回头，对着Ben说：“资金工作是为了支持业务发展，当业务的发展超过了财务、资金支持能力时，我们需要从子公司定位、业务模式和业务规划上面着手，来考虑是否需要对业务的发展提出建议。”

Gordon接着说：“下周，借着半年总结的机会，我们牵头，请联合市场、销售、服务、供应链、账务、预算、税务，我们开个务虚会，敞开讨论一下，财务如何与业务携手来应对公司面临的要求与挑战，以使我们能够更好地支持业务发展。”

问题一：Ben拟定的资金规划是否有错误，请指出来。

问题二：请按照Gordon的要求，拟出中长期资金规划主要工作步骤，以及规划过程中需要考虑的问题。

问题三：跨国企业海外子公司的现金流动有哪些？管理时，需要关注哪些因素？

【参考答案】

问题一答案：

母公司在担保本地融资有额度限制，不能超过2亿美元。2011年至2013年超过了2亿美元。

2010年至2014年，长期持续增加资本金，风险高，未来退出难，不符合子公司资本架构管理原则。

问题二答案如图5-10所示。

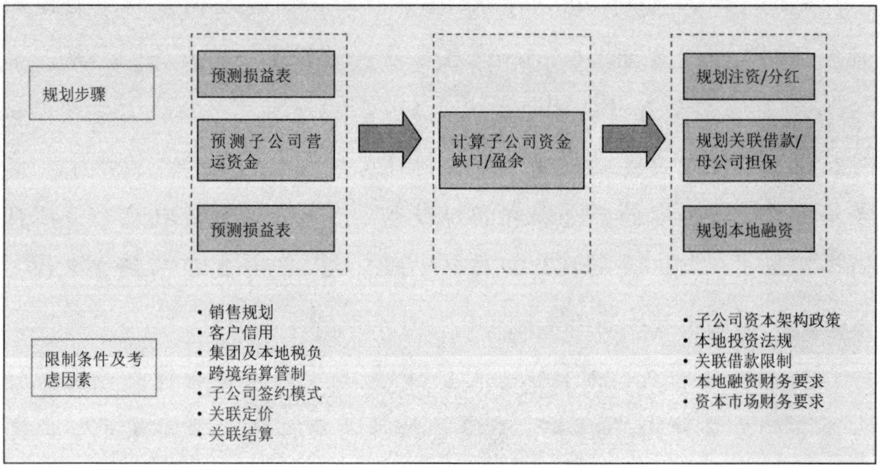

图5-10　子公司财务报表预测流程

问题三答案如图5-11所示。

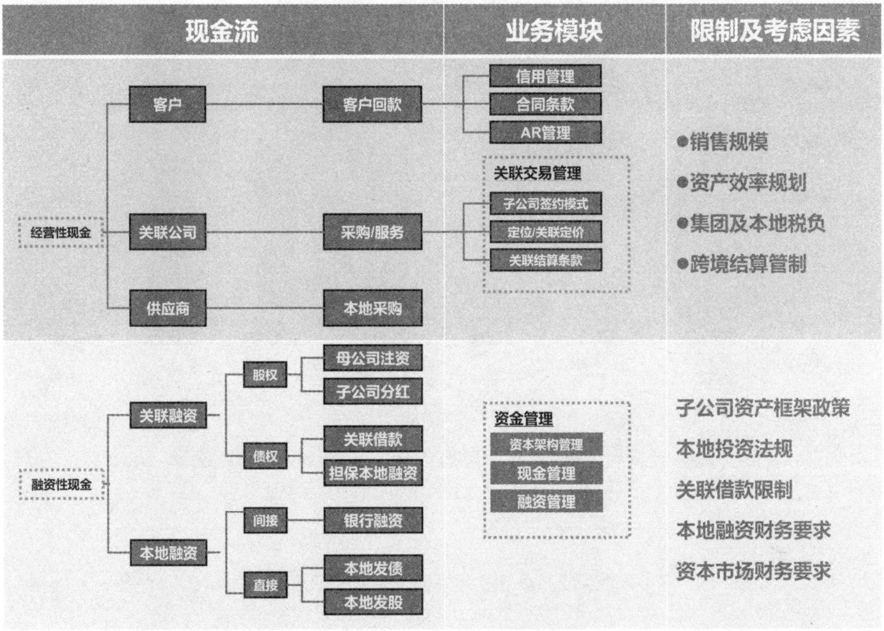

图5-11　子公司现金流类别与关注要点

5.4.7 业界资本架构实践案例

资本架构负责管理企业财务风险与长期财务安全，对企业意义重大，管理不善，可能会给企业造成重大损失，甚至使企业破产倒闭。如果管理有效，则能够保障企业在经营不善或行业波动中赢得更多机会，转危为安。2002年IT行业泡沫的破裂，给业内企业带来了巨大的冲击，爱立信为了避免破产付出了一半股权的代价；摩托罗拉有惊无险，安然度过；北电为日后留下了隐患，最终倒闭。这几个公司的资本架构管理案例如下。

案例 15：高科技行业资本架构管理实例——爱立信

图5-12展示了2002年IT行业泡沫前后，爱立信经营性现金流、经营利润率、股票价格以及纳斯达克股票指数。

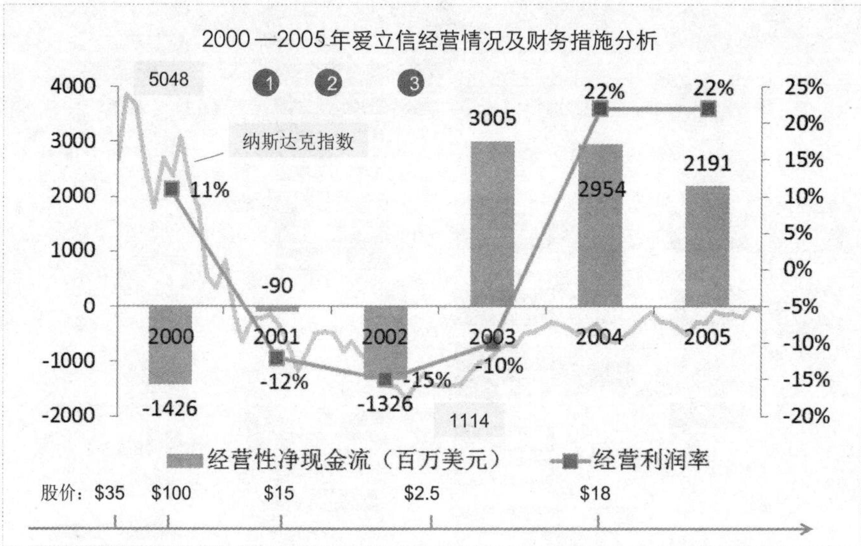

图5-12　爱立信经营情况与财务措施图

由于IT行业危机，使得包括爱立信在内的企业经营情况极度恶化，自2000年开始，经营性现金流与利润率均转为负数。为缓解行业波动对企业的影响，获得企业生存所需要的资金，爱立信采取了如下措施：

（1）2001年中：发行44亿美元长债。

（2）2001—2002年：削减资本性支出。

（3）2002年9月：增发100%、共41亿美元股票。

由于爱立信对纳斯达克股指下滑、行业危机反应迟缓，错过了资金市场最佳融资期。2002年下半年，由于现金极度匮乏，为避免破产，公司被迫以极低的每股低于1美元的价格，出售了50%的股权，换取了41亿美元。由于公司资本架构管理、融资策略的失误，给公司带来了重大损失。

值得庆幸的是，企业最终度过了危机，回到了正常的经营轨道。而爱立信也从损失中吸取了教训，之后的数年中，财务策略转而变得保守。

案例16：高科技行业资本架构管理实例——摩托罗拉

图5-13展示了2002年IT行业泡沫前后摩托罗拉经营性现金流、经

营利润率、股票价格以及纳斯达克股票指数。

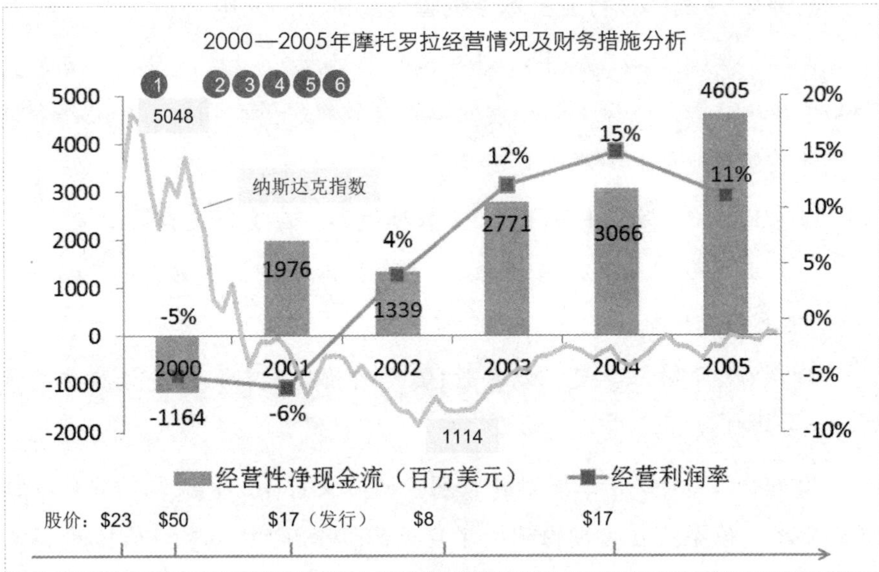

图5-13 摩托罗拉经营情况与财务措施图

在2000—2002年，摩托罗拉行业波动性采取了如下措施：

（1）2000年4月：发行10亿美元10年长债。

（2）2001年1月：发行22亿美元5年长债。

（3）2001年：削减半导体投资。

（4）2001年9月：以32亿美元出售产品线。

（5）2001年10月：发行6亿美元10年期长债。

（6）2001年10月：增发3%、12亿美元股票。

由于摩托罗拉建立了完善的资本架构管理体系和适宜的资本架构管理策略，在IT行业顶峰时，即开始通过长债储备资金，保持较高的现金存量。行业开始下滑时，反应迅速，消减资本密集型业务，并在行业形势较好时，出售产品线。2001年行业继续下探时，发行长债和股票，积累了足够的资金，以极低的代价，顺利度过行业低谷期。

由于业务与财务策略得当，从2002年开始，行业还处于低谷期时，摩托罗拉即已取得正的经营利润率与现金流，回到正常的经营轨迹。

案例 17：高科技行业资本架构管理实例——北电

在2002年IT行业危机中，加拿大北电也受到冲击，为筹集资金，2000年和2001年，选择了长期债权融资与股权融资。同时，2002年会计欺诈诉讼也让北电的声誉受到影响。

（1）2001年，发行15亿美元5年长期债券（应发行更长期限）。

（2）2001年，在公司股价较好时，发行了18亿美元5年期可转债（应直接进行股权融资）。

（3）2002年第三季度，以每股1美元的价格发行13亿美元股票，稀释了35%的股权。

2006年至2007年，上述融资到期，同时支付了25亿美元的会计欺诈诉讼罚款，使企业在短期内承受了巨大的资金压力，被迫以11%的高利率发行20亿美元长债和11亿美元新的可转债来替换到期债务。巨大的资金压力以及业务上的失败，2009年，北电被迫宣布破产保护。

2000年至2002年期间，融资策略的失误使企业承担了本可避免的资金压力。如果企业能在2001年采取合适的融资策略，进行更长期限的债务融资并进行直接股权融资，企业在2006—2009年间会有更大的灵活性，为进行业务与财务调整赢得时间和空间，不至于在短期内出现破产危机。

案例 18：某大型基础设施公司融资规划

项目背景：国内某省会城市拟投资建设地铁，投资规模达1800亿元，投资期为8年，需对轨道交通建设与运行进行融资规划工作。

1）资金平衡整体思路与原则

如图5-14所示，集团长期整体资金平衡过程由以下三个步骤组成：（1）预测集团轨道交通建设投入、土地开发投入、运营、广告、地下空间开发等投资性与经营性资金收支情况，计算资金缺口；（2）根据集团财务状况和外部金融市场环境，规划外部债务融资与股权融资；

（3）根据剩余资金缺口，规划土地开发与出让的金额和时序。

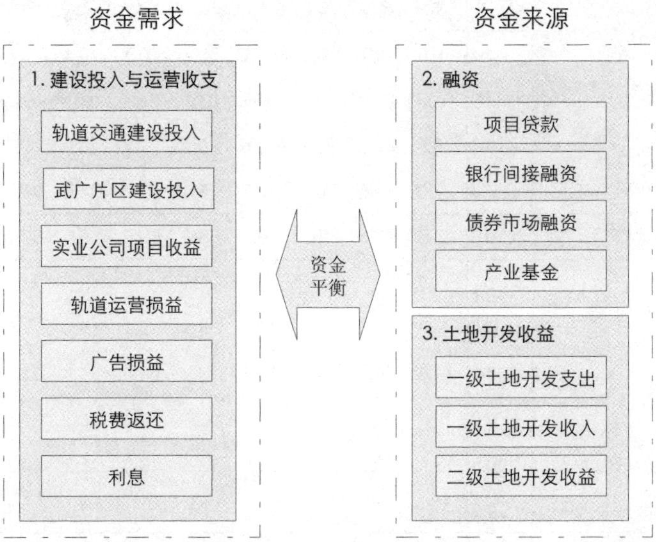

图5-14　集团资金平衡流程图

在进行资金整体平衡中，在每个环节需要遵循以下原则。

- 业务需求：从业务实际需求出发，计算企业资金需求。
- 谨慎性原则：对不确定因素以谨慎性原则处理。
- 多场景：业务发生重大变动时，要及时更新或进行场景测试。

2）整体资金平衡与融资规划表

表5-25展示了轨道交通集团的资金收入、资金支出、融资前资金缺口、主要融资安排，以及最终资金余额。

表5-25　2011—2020年资金平衡表　　单位：亿元

	合计	2011年	2012年	2013年	2014年	2015年	2016年	2017年	2018年	2019年	2020年
期初现金	16.5	16.5	22.4	27.2	36.1	37.3	42.0	46.4	32.7	7.3	-22.4
轨道交通建设投入	-390.4	-17.9	-77.4	-80.8	-65.4	-58.6	-40.5	-28.7	-21.1	–	–
实业公司项目投入	-10.3	-5.0	-3.6	-1.7	–	–	–	–	–	–	–
武广片区建设投入	-54.0	-4.0	-20.1	-15.3	-14.5	–	–	–	–	–	–
实业片区建设投入	-90.4	–	–	-5.3	-8.0	-13.3	-18.6	-13.3	-10.6	-10.6	-10.6
实业公司收入	13.5	5.7	5.5	0.0	0.3	0.3	0.3	0.3	0.3	0.4	0.4
轨道运营损益	-18.5	–	–	–	0.7	-1.4	-2.4	-2.7	-2.6	-4.0	-4.6

续表

	合计	2011年	2012年	2013年	2014年	2015年	2016年	2017年	2018年	2019年	2020年
广告损益	1.7	0.0	-0.1	-0.1	-0.1	0.1	0.3	0.4	0.4	0.4	0.4
物业公司收入	0.09	0.00	-0.02	0.01	0.01	0.01	0.01	0.01	0.01	0.01	0.01
税费返还	10.8	0.6	1.7	1.6	1.6	0.9	1.3	0.9	0.7	0.7	0.7
支付利息	-162.4	-3.0	-3.6	-6.9	-12.3	-16.4	-21.0	-23.6	-26.2	-24.8	-24.6
融资前资金缺口	-699.8	-23.6	-97.6	-108.5	-99.1	-88.3	-80.6	-66.6	-59.1	-37.9	-38.4
增资	2.7	2.7	–	–	–	–	–	–	–	–	–
偿还借款	-117.8	-0.0	-16.3	-9.2	-12.4	-4.4	-2.1	-15.2	-17.5	-22.6	-18.0
新增融资	500.6	13.6	86.8	94.7	78.8	78.9	69.0	35.3	25.7	8.9	8.9
土地融资	0.0	–	–	–	–	–	–	–	–	–	–
一级土地开发收益	220.8	13.3	31.9	31.9	33.9	18.5	18.2	25.5	18.2	14.6	14.6
二级土地开发收益	29.2	–	–	–	–	–	–	7.3	7.3	7.3	7.3
融资额	635.5	29.6	102.4	117.4	100.4	93.0	85.1	52.9	33.7	8.2	12.8
期末现金	-47.9	22.4	27.2	36.1	37.3	42.0	46.4	32.7	7.3	-22.4	-47.9

融资规划原则：要具备可操作性；来源、渠道、品种多元化；优选低成本融资方式；谨慎性原则，保留一定融资弹性。

如图5-15和表5-26所示，根据资金平衡表的资金需求，制定了具体的融资产品与融资期间的规划。

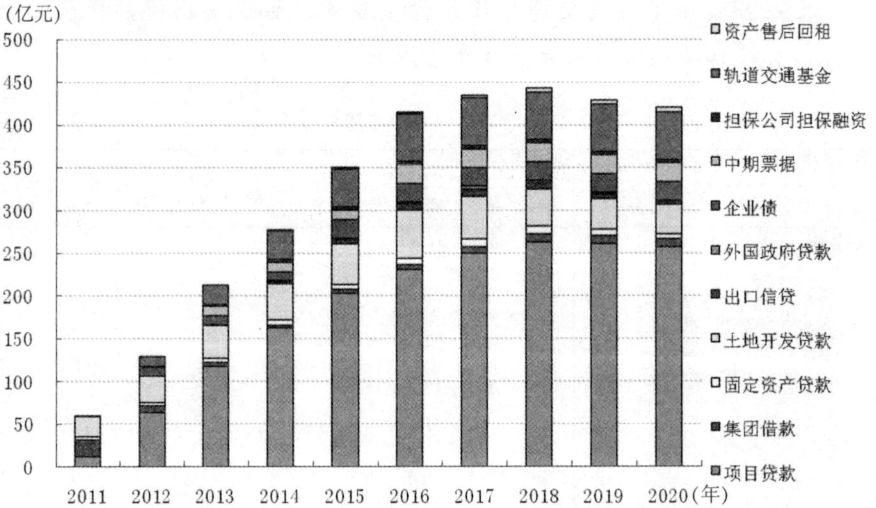

图5-15　2011—2020年轨道交通融资规划图（亿元）

表5-26 2011—2020年轨道交通融资规划表 单位：亿元

	2011年	2012年	2013年	2014年	2015年	2016年	2017年	2018年	2019年	2020年
项目贷款	13.3	64.5	118.4	163.6	204.0	231.8	250.7	263.5	261.1	258.2
集团借款	19.1	8.1	4.6	2.3	4.0	5.7	7.6	9.4	9.4	9.4
固定资产贷款	3.6	3.6	5.3	6.5	6.1	7.4	9.3	9.3	7.4	5.6
土地开发贷款	23.2	31.0	37.6	42.4	47.6	56.4	49.6	42.9	36.0	34.2
出口信贷	–	–	1.1	3.0	4.8	6.7	8.5	7.4	5.6	3.7
外国政府贷款	–	–	–	0.7	1.5	2.2	3.0	3.0	2.2	1.5
企业债	–	10.4	10.4	10.4	21.5	21.5	21.5	21.5	21.5	21.5
中期票据	–	–	11.1	11.1	11.1	22.2	22.2	22.2	22.2	22.2
担保公司担保融资	–	1.1	2.2	3.7	3.7	3.7	3.7	3.7	3.7	3.7
轨道交通基金	1.9	11.1	22.2	33.3	44.4	55.5	55.5	55.5	55.5	55.5
资产售后回租	–	–	–	0.7	1.5	2.2	3.3	4.4	4.8	5.2
期末余额	61.1	129.7	212.9	277.7	350.1	415.2	434.7	442.7	429.4	420.5

3）市场化融资相关风险

● 融资时机与币种选择

在满足资金需求的情况下，应根据市场波动，选择有利的市场时机，在低利率时期进行大量融资。

在币种选择方面，应选择低利率、长期贬值币种进行融资。近两年，美元利率长期在2%附近，同时，美元长期贬值趋势明显，进行外币融资，有利于降低利息与本金。

在利息计算模式选择上，低利率时期，适合固定利率融资模式。高利率时期，适合选择浮动利率模式。

● 利率风险

利率风险是指由于市场利率变动给企业利润或现金流带来的波动。企业需要考虑其计息资产与计息负债之间利率特性的平衡，尽量争取浮动利率资产与浮动利率负债之间的匹配，减少市场利率波动对企业现金流与利润的影响。由于轨道交通建设周期长、资金需求量大，带来的大量长期融资导致公司将承受巨大的利率风险。按2020年年底融资金额计算，利率每变动1个点，每年将会增加或减少10亿元的利息，利率风险极高，需考虑如何通过融资规划、金融工具对冲利率风险，减轻对企业经营的冲击。

- 汇率风险

汇率风险是指由于汇率波动引起的企业利润或现金的不确定性。在企业拥有外币资产和外币债务，并且二者金额与流入时点不匹配时，将会出现汇率风险。企业一般可以通过经营性与融资性的币种选择，减少外币资产与外币负债的额度，降低外汇风险敞口。当敞口长期存在时，可通过金融工具进行保值对冲，降低外汇风险。

6

Chapter 6

资金成本与项目预算

6.1 资金成本定义

传统企业财务管理通过收入、成本、费用等事项的计量，来确定会计期内企业的损益情况，评价企业的经营绩效，并做出经营决策。然而，由于两个原因，导致传统的会计理论并不能保证企业经营评价与决策是合理有效的。一是企业的损益表没有考虑现金收入与现金支出的时间价值，即损益表的净利润没有反映在会计期内，不是时点的收入与支出的时间差异；二是损益表不能反映企业分配给投资者股息后的企业真实的经营结果。企业的经营权与所有权分离，导致大部分公司，特别是上市公司，有持续的、刚性的分红承诺，分红之后的留存收益才是企业真正可用的资源，而传统的收益分析并未关注企业付出资金成本之后的财务结果。

企业理财管理（Corporate Finance）从企业（或项目）现金流角度，引入资金的时间价值概念，并从企业（或项目）风险的角度，计量企业所“投入资本”的资金成本，来测算企业（或项目）能够创造的真正价值，进而做出科学合理的企业投资、融资与资本架构管理决策。

企业的投入资本是指企业的股东或债权人投入的企业中，并在未来至少一年甚至更长期限中，能够为企业（或项目）生产经营所使用的资金，一般可理解为企业的股本或长期银行贷款、长期债券等长期债权融资。由于商业信用形成的应付款以及一年以内的借款，贷项递延税款等短期债务，在一般情况下，不认为是企业投入资本。

资金成本是公司财务管理中的一个核心概念。从企业的角度看，资金成本是企业为筹集和使用资本所付出的代价，包括为筹集资金而发生的费用，如银行借款手续费、股票发行费、律师费、公证费、审计费等，以及为使用资金而付出的成本，包括债权人支付的利息和向股东支付的股息。从投资者或借款人的角度看，在一个完全有效的市场（Efficient Market），资金成本是投资者或借款人在充分考虑企业风险的情况下，要求的最低收益率。

6.2 资金成本的计算

根据管理层分析与决策的需要，资金成本可分为历史资金成本和新筹资的未来边际资金成本。由于企业资本结构不断变化和外部市场利率的波动，历史资金成本与未来边际资金成本可能差异较大，需要根据分析的需要来选择。历史资金成本计算相对较为简单。多数情况下，经营和投资决策是基于未来的，所以需要计算新筹资的边际资金成本。

资金成本计算，是把不同类型的企业投入资本的资金成本，通过加权平均计算得出，所以又叫加权平均资金成本（Weighted Average Cost of Capital，WACC）。

6.2.1 资金成本的构成

如表6-1所示，企业投入资本，从形式上可分为股权和债权两类。股权融资，包括普通股、优先股和企业留存收益；债权融资，包括来自于银行的间接融资和来自于资本市场的直接融资。其中，留存收益是来自于企业内部，其他资本来自于企业外部。

表6–1　资本投入形式表

资本投入形式	类　别	来　源
债权融资	长期借款	外部
	长期债券	
股权融资	普通股	
	优先股	
	留存收益	内部

从投资者的角度看，资金成本是投资者投入企业、购买企业的债券和股票时，通过评估企业的风险，所要求的最低的收益率。当投资者认为企业的风险过高时，会通过出售债券或股票，降低债券或股票的价格，使债券利率或股息升高，直至投资者认为债券或股票的回报能够匹配企业的风险为止。所以，企业的各项资金成本的高低实质上是由企业的风险水平决定的。企业各类投入资本的计算公式如下。

1. 长期借款成本

长期借款的资金成本公式为：

$$K=I \cdot (1-T)/(1-F)$$

其中，K为长期借款成本，I为借款利率，F为筹资费率，T为企业所得税率。

2. 长期债券成本

长期债券的资金成本公式为：

$$K_d=I \cdot (1-T)/(1-\mathrm{F})$$

其中，K_d为长期债券借款成本，I为债券利率，F为发行费率，T为企业所得税率。

3. 优先股成本

优先股的资金成本公式为：

$$K_p=D/(P \cdot (1-F))$$

其中，K_p为优先股资金成本，D为股息，P为股票价格，F为发行费率。

4. 普通股成本

股权资金成本，即股东要求回报率的计算有以下三种方法。

1）现金流折现法

任何一种金融资产的价值，等于其未来能够带来的收益的现值。股票的价值，应等于投资者在未来能够收取的所有股息的现值。即

$$P_0 = \sum_{t=0}^{n} \frac{D_t}{(1-K_d)^t}$$

其中，P_0为股票价格，D_t为第t年股利，K_d为股东要求回报率，即普通股成本。

如果股息每年按相同的比率上涨，则公式可转化为：

$$K_d=D_0 \cdot (1+g)/P_0+g=D_1/P_0+g$$

其中，g为股息增长率。

2）资产定价模型法

购买金融资产应获得的收益可分为两部分：一是资金的时间价值，即纯粹资金时间价值的补偿（Risk Free Return）；二是投资者承担的风险所应获得的回报，即风险补偿（Risk Premium）。根据资产定价模型，股东要求回报率公式为：

$$K_d=R_f+R_P=R_f+(R_m-R_f) \cdot \beta$$

其中，R_f为无风险利率，通常为选择国债利率；

R_m为股票市场长期平均回报率；

β为公司的系统风险系数。

β的获得方法通常有以下两种途径：一是从市场咨询机构获得；二是通过计算股票市场指数和股票之间的相关性获得。

3）相对法

当计算某公司A的股东要求回报率时，可以使用行业平均风险回报率，或业务相近的公司的股东要求回报率，作为公司A的股东要求回报

率。在计算时，需要注意目标公司与标杆公司之间业务风险与财务风险的差异，差异过大时，需要进行调整。

如目标公司为多元化公司，难以找到业务构成相近的标杆公司，则可考虑选择多个标杆公司，按目标公司的业务构成来虚拟一个标杆公司，来计算虚拟公司的股东要求回报率。如果目标公司与标杆公司的财务杠杆差异较大，则可使用MM模型，来进行财务杠杆调整。总之，通过业务构成与财务杠杆的调整，使二者之间具有相近的业务风险和财务风险，更具有可比性。具体计算方法可参见后面的案例。

5. 留存收益成本

留存收益不是从外部筹集来的资金，但并不是没有成本。从机会成本的角度，如留存收益不能获得合理的回报，股东会选择通过分红获得资金再购买其他公司的股权，以获取回报。所以，除去不需要筹资费用外，留存收益的资金成本应等同于普通股的资金成本。

6.2.2 加权平均资金成本

企业实际投入资本，通常是由几种不同类型资本组合而成。所以，企业的综合资金成本，应是各类不同资本的资金成本的总成本。加权平均资金成本（Weighted Average Cost of Capital，WACC）反映企业为使用长期资本所付出的总体代价，是对各类资本的成本加权平均计算得出。计算公式为：

$$\text{WACC} = W_d \cdot K_d(1-t)+W_p \cdot K_p+W_e \cdot K_e$$

其中，WACC等于加权平均资金成本；W_d、W_p、W_e为各项资本所占的比重，其计算通常有3种选择：

（1）按账面价值计算各项资本比重。但由于财务报表的账面价值不能反映债券和股票的真实市场价值，很多时候会扭曲资本的比重。

（2）按资本的市场价值来确定比重。这种方式的好处是反映了债券和股票的真实市场价值，缺点是不适用于非上市公司。此外，即使是上市公司，其债券与股票的市场价格波动性大，使得各项资本的权重变动较大。

（3）目标资本结构。企业确定了未来期望达到后并有可能实现的资本结构后，在计算未来资金成本时，可以考虑使用目标资本结构，作为各项资本所占的权重。

6.2.3 私营企业平均资金成本计算

尽管私营企业没有公开上市，但其筹资时仍然需要付出与其风险相匹配的资金成本。与上市公司相比，私营企业的借款人和股东需要承担两方面的额外风险：一是资本的流动性风险，在资本市场上，通常投资人可以出售其持有的股票，实现变现，但私营企业债权或股权的流动性差，难以及时足额变现；二是资本的信用风险，即企业出现违约的概率大小，如果企业出现违约，则企业可能无法偿付借款本息，股权价值也将大幅贬值。由于企业平均规模与规范性的差异，私营企业的信用风险明显要高于上市公司。所以，私营企业的股东要求回报率公式应为：

$$K_{d(\text{私营企业})}=K_{d(\text{同类型的上市公司})}+\text{流动性风险补偿}+\text{信用风险补偿}$$

流动性风险补偿可采用金融市场上不同期限的金融资产的利率差来计算。例如：私营公司F的股权变现平均约需1年的时间，则其流动性风险补偿等于一年期定期存款利率减去活期存款利率。信用风险补偿可使用市场中不同信用等级的公司的利率差额来计算。例如：私营公司B的信用等级为（或推算为）BBB级，则其信用风险补偿等于市场中AAA级公司的融资利率与BBB级公司融资利率的平均差额。

案例 19：私营企业资金成本计算

公司A为非上市企业，40%的销售收入来自于为水泥销售，60%的销售收入来自于道路桥梁建设工程。公司的信用等级为BBB，公司每年在股东会上，讨论引进新的投资者，并对准备退出的股东进行股票回购。水泥行业的公司X与路桥行业的公司Y的业务情况与公司A相似。请根据表6-2～表6-6的信息，计算公司A的资金成本。

表6-2 市场相关信息

2年期国债内部收益率	2.63%
股票市场长期回报率	13.30%
BBB公司市场融资利率	5.80%
AAA公司市场融资利率	2.00%
一年期定期存款利率	2.80%
活期存款利率	0.35%

表6-3 MM财务杠杠调整公式

$K_e(L)=K_e(U)+(K_e(U)-K_d)(D/E)$	
$K_e(U)=(K_e(L)+K_d\cdot(D/E))/(1+D/E)$	
$K_e(L)$	使用财务杠杆时的股东要求回报率
$K_e(U)$	无财务杠杆时的股东要求回报率
K_d	借款资金成本
D	长期借款
E	股东资本

表6-4 公司A财务数据

股东权益	100
长期借款	50
借款利率	5.50%
所得税率	25.00%

表6-5 水泥行业典型公司X财务数据

股东权益	120
长期借款	60
借款利率	6.20%
所得税率	25.00%
公司X风险系数（β）	1.15

表6-6　路桥建设行业典型公司Y财务数据

股东权益	60
长期借款	25
借款利率	5.70%
所得税率	25.00%
公司X风险系数（β）	0.87

参考答案：

1. 计算标杆公司X与Y的股东要求回报率（K_e(L)）

$K_e(L)-X = RFR + \beta\text{-}X \cdot (R_m - RFR)$	14.90%
$K_e(L)-Y = RFR + \beta\text{-}Y \cdot (R_m - RFR)$	11.91%

2. 去除标杆公司X与Y的财务杠杆，计算K_e(U)

$K_e(U)-X=(K_e(L)+K_d \cdot (D/E))/(1+D/E)$	11.48%
$K_e(U)-Y=(K_e(L)+K_d \cdot (D/E))/(1+D/E)$	9.67%

3. 按公司A业务构成计算虚拟公司Z无财务杠杆的股东要求回报率（$K_e(U)-Z$）

$K_e(U)-Z=(K_e(U)-X)\times 40\%+(K_e(U)-Y)\times 60\%$	10.39%

4. 根据公司A财务杠杠，计算公司A的股东要求回报率（$K_e(L)-A$）

$K_e(L)-A=K_e(U)-Z+((K_e(U)-Z)-K_d)(D/E)$	13.53%

5. 根据公司A股权流动性与信用等级，计算流动性风险补偿与信用风险补偿

信用风险调整	3.80%
流动性风险调整	2.45%
K_e(L)-调整后	19.78%

6. 根据公司A资本结构，计算加权平均资金成本（WACC）

股东权益	100
长期借款	50
借款利率	5.50%
所得税率	25.00%
WACC	14.56%

6.3 项目预算

6.3.1 项目现金流预测

企业在进行项目投资决策过程中，需要测算项目的投入与产出，判断项目是否真的能够增加企业的利润和现金流。如果项目是长期的，持续超过一年以上，则需要考虑现金流的时间价值，利润由于未考虑资金的时间价值，不是最佳的分析指标。在考虑现金流的时间价值的基础上，对项目全过程的现金流入与流出进行分析和测算，并根据一定的标准，判断项目的投资价值，并进行决策，是企业通行的做法，这个过程被称为资本预算（Capital Budgeting）。

企业在进行项目投资决策过程中，首先要预测项目全过程中的现金流量情况。由于项目持续的时间长，外部环境不断变化，预测项目的现金流非常困难。资本预算中的现金流预测要注意以下几点。

1）与项目相关的现金流

项目现金流预测不是企业现金流预测，它仅仅关注与项目相关的金流。

2）关注项目投入与产出，并不一定是真实的现金流动

这里所说的现金流，不同于财务报表的现金流量。现金流预测的

目标是判断项目的投资价值，所以，这里的现金流，是指项目过程中，所有投入的资源与产出的效益的现金表达，即用现金方式来说明投入的资源与产出。如项目X中使用完的机器设备，尽管未必真会出售，但在项目预测中，仍需考虑设备的市场价值，并作为项目的现金流入，纳入到项目预测中。

3）增量现金流

这里的现金流指的是增量现金流（Incremental Cash Flow）。增量现金流是指，当企业接受或否决一个项目时，对企业的现金流的影响。或者说，不论企业接受或否决一个项目，企业都会发生的现金流是无关现金流，不是增量现金流，不应纳入到预测中。例如，公司A把现在正在使用的厂房投入到项目X中，厂房价值5000万元，同时企业A需要支付300万元为现有业务另租其他厂房，在进行项目X现金流预测时，厂房支出是300万元，而不是5000万元。

沉没成本（Sunk Cost）不是增量现金流。沉没成本是指已经发生或支付的成本。例如，为进行项目可行性研究而支付的咨询费用，不论管理层是否接受项目，都已经发生了，不应纳入到项目现金流预测中。

机会成本（Opportunity Cost）是增量现金流。机会成本是指，如果选择某个项目，企业将要放弃的收益。如果企业正在出租的厂房租金为每年100万元，如项目X启动，则给项目X使用，企业每年减少100万元收入，这对于企业来说就是机会成本，是增量现金流，需要纳入到项目现金流预测中。

外部效应（Side Effects）是指新项目的启动可能会对企业现有业务带来影响，并影响企业整体的现金流动，这就是项目的外部效应，同时也是增量现金流，需要纳入到预测中。例如，新型汽车生产线的运营会对原有老品牌的汽车销量产生影响，这些影响需要在现金流预测中考虑。

在现金流预测中，还应考虑项目运营期开始后，需要投入的净营运资本的需求。

融资现金流不应纳入预测。由于在资本预算中，仅仅是从回报角度判断项目是否值得投资，而不去关注项目融资方式。当然在项目启动前，需要专门的融资可行性的分析与决策。

融资利息和股息不应纳入预测。在现金流预测后的计算中，考虑了现金流的时间价值，即资金成本，这实质包含了股东的资金成本和借款人的资金成本。

4）直接法现金流预测

在经营期间，多数情况下，直接法现金流预测更利于分析、计算和评估。当某些项目现金流动简单，通过预测项目的利润，再进行折旧等非付现费用的调整也是可行的。同时，项目终止时的资产需要做处置假设，并纳入到预测中。

案例 20：某轨道交通项目现金流预测

表6–7所示为某轨道交通项目全周期中的现金流预测，包括建设投入期、运营期和运营尾期。

表6–7　轨道交通项目现金流预测表　　单位：元

序号	项目	合计	建设期	运营期				
			0～4年	5～10年	11～15年	16～20年	21～25年	26～30年
1	**现金流入**	**4,197,121**	–	**260,110**	**475,326**	**641,862**	**802,687**	**2,017,136**
1.1	客票收入	2,682,285	–	226,183	412,512	554,757	694,651	794,182
1.2	其他收入	402,345	–	33,928	61,877	83,214	104,198	119,128
1.3	回收土建资产残余值	993,588	–	–	936	3,892	3,838	984,922
1.4	回收车辆残余值	108,305	–	–	–	–	–	108,305
1.5	回收流动资产	10,600	–	–	–	–	–	10,600

续表

序号	项目	合计	建设期	运营期				
			0～4年	5～10年	11～15年	16～20年	21～25年	26～30年
2	**现金流出**	3,187,293	1,196,604	146,696	226,153	289,524	368,198	960,118
2.1	土建固定资产投资	1,814,720	1,096,223	–	18,721	77,844	76,762	545,170
2.2	车辆购置费	216,240	93,840	–	48,960	–	–	73,440
2.3	无形及递延资产	1,941	1,941	–	–	–	–	–
2.4	流动资金	10,600	4,600	–	2,400	–	–	3,600
2.5	经营成本	792,502	–	138,112	140,420	157,031	171,516	185,423
2.6	运输税金及附加	101,793	–	8,584	15,655	21,053	26,362	30,139
2.7	营业外净支出	–	–	–	–	–	–	–
2.8	所得税	249,499	–	–	–	33,595	93,557	122,347
3	**净现金流量**	1,009,827	−1,196,604	113,416	249,170	352,339	434,488	1,057,018
4	**累计净现金流量**		−3,350,470	−6,931,192	−4,715,941	−3,081,561	−1,072,311	1,272,217

6.3.2 项目资本预算方法

企业长期资本性投资金额大、周期长，对企业整体影响大，一旦失败，可能对企业造成重大影响。在进行投资前，需要遵从一定的方法，做好项目收入、成本、现金流的预测。这些预测可用于两个方面，一是并入企业整体战略规划与财务规划中，来判断新增项目对企业整体的影响，以及企业现有资金、资源和融资能力能否承担这个重大的长期投资（在前面的资本架构章节已阐述）；二是计算和分析这个独立项目本身的可行性与盈利性，这样的投资是否能够增加股东价值。资本预算，就是对企业的现金流预测及资金成本进行分析，来判断长期投资项目是否具有投资价值，并进行评价和取舍的过程。

资本预算的过程有如下几个步骤：（1）收集有价值的拟投资项目；（2）估算与项目相关的现金流量；（3）选择合适的项目评估标准，评估项目的投资价值；（4）对项目进行取舍。

项目现金流评价方法，主要分为动态评价法和静态评价法。动态评价法考虑资金的时间价值，主要有净现值法、内含收益率法、修正内含收益率法等。静态评价法不考虑资金的时间价值，主要有投资回收期法、平均收益率法等。

1. 净现值法

净现值，是指项目全过程中所有流入、流出的现金流、折现后的相加总和（Net Present Value）。其中，现金流入为正数，现金流出为负数，如果净现值结果大于零，则说明此项目在考虑资金的时间成本后，能够增加企业的价值，应接受这个项目投资。净现值法是资本预算中最常用的评价方法。

$$\mathrm{NPV}=\sum_{t=0}^{n}\frac{\mathrm{NCF}_t}{(1+k)^t}$$

NPV为净现值，NCF_t为第t年的税后净现金流量，k为折现率，n为计算期的年限。

净现值可以通过EXCEL公式计算。

公式为：NPV（rate,value1,value2,…），rate为贴现率，value1，value2代表各期现金流入和流出，这些现金流在时间上必须具有相等的间隔，并且都发生在期末。

净现值方法有如下优点：

（1）考虑了资金的时间价值。

（2）考虑企业风险因素。折现率k一般为企业的资金成本，是股东要求回报率与债权人要求的利息的加权平均，反映了公司的风险水平。此外，对于新项目风险明显大于企业原有业务时，可根据项目独有的风险，调整企业的资金成本，作为项目折现率。

（3）结论简单易懂。NPV为正，即能够为企业增加价值。

净现值方法有如下缺点：

（1）没有考虑项目规模。项目规模的大小与NPV结果没有关联，而实践中，投资规模的大小会对项目收益率的高低有较大的影响，当多个项目进行筛选时，可能会出现误差。

（2）折现率对结果的影响极大。资金成本的计算，是基于很多的经济学假设，不同假设与计算参数的选择对NPV的结果影响巨大，甚至带来相反的结论。

（3）没有揭示项目的实际回报率。

案例 21：项目净现值计算

公司A准备投资新项目，现金流预测为：第一年投入300万元，以后5年每年年末可为公司带来净现金流分别为50万元、65万元、80万元、90万元、130万元，公司平均资金成本为8%，请计算新项目NPV。

参考答案：使用EXCEL计算每年现金流的折现率，并乘以当年净现金流量，加总，得出项目NPV为20.2万元，为正数，如表6–8所示。应同意投资此项目。

表6–8　项目NPV

时间	0	1	2	3	4	5	合计
净现金流量（万元）	−300	50	65	80	90	130	
折现率（$1+k$）^{t}	1.00	0.93	0.86	0.79	0.74	0.68	
净现值 NCF_t	−300.0	46.3	55.7	63.5	66.2	88.5	20.2

2. 内含收益率法

内含收益率法（Internal Rate of Return，IRR），是指当企业的净现

值等于零时的折现率。内含收益率法的实质是根据项目预测的现金流入与流出，在假设项目现金流的净现值为零时，推算出的项目隐含的回报率。如果内含收益率的结果大于企业的加权平均资金成本，则应接受此项目。反之，则应否决此项目。

计算公式为：

$$\sum_{t=1}^{n}\frac{\mathrm{CI}_t}{(1+\mathrm{IRR})^t}-\sum_{t=1}^{n}\frac{\mathrm{CO}_t}{(1+\mathrm{IRR})^t}=0$$

其中，CI为现金流入（Cash Inflow），CO为现金流出（Cash Outflow），t为现金流动的年份，n为项目持续总年数。

IRR的计算，可以采用年金现值系数表查询得出，或通过金融计算器计算，也可通过EXCEL公式计算得出。EXCEL的计算公式为：IRR（Values,[guess]）。IRR 是通过一个迭代搜索过程计算的，此过程首先估算 IRR（被指定的一个猜测值），然后反复调整计算该值，直到得到正确的 IRR。

项目期内，第一年的现金流为负，后来都为正时，可以计算出一个IRR。如项目期中或期末发生大的现金流出时，项目的IRR可能为多个，每一个IRR都可以让项目现金流的净现值等于零。这其中，只有一个是真实的，需要人为判断。计算时，可在EXCEL公式中事先输入预测值，公式会取最近预测值的答案。

内含收益率法的优点是能够反映项目的收益率水平，其缺点是方法较为复杂、没有考虑项目规模、存在多重IRR的情况。

案例 22：项目IRR计算

公司A准备投资新项目，现金流预测为：第一年投入300万元，以后5年每年可为公司带来净现金流分别为50万元、65万元、80万元、90万元、130万元，公司平均资金成本为8%，请计算项目IRR，并决定是否投资该项目。

参考答案：使用EXCEL表格计算项目IRR为10.2%，大于公司资金成本，如表6-9所示，应同意投资此项目。

表6-9 项目IRR计算

时间	0	1	2	3	4	5	合计
净现金流量（万元）	-300	50	65	80	90	130	10.2%

3. 修正内含收益率法

无论是净现值法，还是内含收益率法，都隐含了一个项目中间收到的现金回报的再投资假设，这也是项目运营真实场景下，企业管理者需要考虑的方面。

在净现值法中，隐含的再投资收益率为企业的WACC，只有这样，才能保证项目中间的现金流出不会改变项目NPV的结果。在实践中，可以理解为企业使用项目中间的现金流出按资本结构的比例偿付债务和回购股权（票）。

内含收益率法，隐含的再投资收益率与本项目收益率相等，以使中期的现金流出产生的收益不会改变原始项目中现金流收益率的结果。由于企业项目通常是唯一的，未必能再有收益率完全一致的投资机会，这样的假设多数情况下不符合企业实际情况。

修正内含收益率法（Modified Internal Rate of Return，MIRR），允许选择更接近企业实际情况的再投资收益率假设，计算更准确的IRR。修正内含收益率法，将投资项目的未来现金流出按照一定的再投资收益率（Reinvest Rate），计算至最后一年的终值，再将该投资项目的现金流入量的终值折算为现值，并使用一定的折现率（MIRR）使现金流入量的现值与现金流出量现值相等，这时选用的折现率即为修正内含收益率法。修正内含收益率法在EXCEL中的计算公式 为：MIRR（values，finance_rate，reinvest_rate）。

案例 23：修正IRR计算

公司A准备投资新项目，现金流预测为：第一年投入300万元，以后5年每年可为公司带来净现金流分别为50万元、65万元、80万元、90万元、130万元，公司平均资金成本为8%，项目中产生的现金流再投资收益率为9%，请计算新项目MIRR，并决定是否投资该项目。

参考答案：使用EXCEL表格计算项目IRR为9.8%，如表6-10所示，大于公司资金成本，应同意投资此项目。由于项目中产生的现金流的再投资收益率（9%）小于本项目的投资收益率（10.2%，案例22计算结果），所以MIRR小于IRR，拉低了项目收益率。

表6-10　MIRR计算

时间	0	1	2	3	4	5	合计
净现金流量（万元）	-300	50	65	80	90	130	9.8%

4. 回收期法

回收期法，是指项目产生的现金流能够收回原始投资的年限。这种方法的好处是简单直接，适用于小型、现金流形态简单的项目投资决策评估；其缺点是只计算收回投资的期限，没有量化项目整体的收益情况，同时，也没有反映资金的时间价值。

5. 平均收益法

平均收益法，是指项目年平均现金净流量与初始投资额的比值。同回收期法相似，平均收益率法简单直接，适用于现金流形态简单的项目投资决策，缺点是没有考虑资金时间价值。

在项目投资决策过程中，通常同时计算NPV、IRR等多个评价标准，一般以NPV、IRR为主，回收期法、平均收益法为辅，互相印证，以反映项目真实的收益情况，做出正确的决策。

6.3.3 最优资本结构

企业在设定资本结构目标时，需要考虑外部金融机构对风险的认定和企业内部管理层的风险偏好。通过资本定价模型、资金成本理论，以及金融市场对风险与回报的量化价格，可以基于一定假设、通过量化模型来计算企业最佳资产负债结构。

如图6-1所示，当企业的资本结构指标（计息债务/股东权益）等于零时，企业资本全部为股东投资。如企业开始向外部借款，银行或借款人会根据企业的风险状况收取一定的利息。随着企业的借款增多，企业的财务风险加大，银行会提高借款利率。当银行或资本市场认为，企业的风险过高时，会收取极高的借款利息，甚至停止借款。股东对于其投入企业的资本要求的回报率曲线也是类似的，但区别在于曲线整体会高于借款利率曲线。原因在于，当企业破产时，股东资产赔付权次于借款债权人，承担了更高的风险，所以股东要求的回报率一般来说高于债权人要求的回报率。

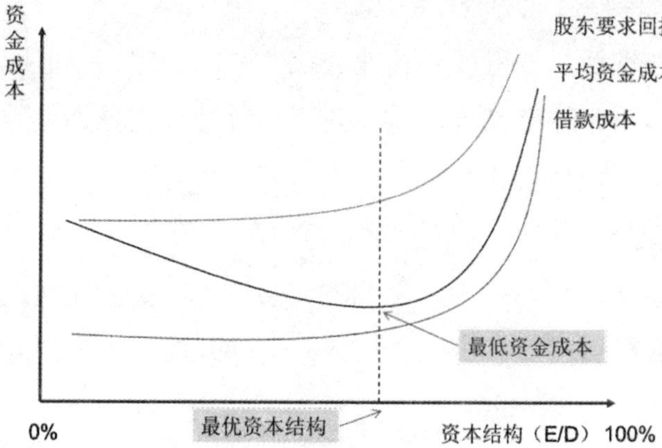

图6-1　最优资本结构曲线图

资金成本作为股东要求回报率与借款利率的加权平均数，当资本结构指标由0变为100时，其曲线起始于股东要求回报率，随着债权增加，WACC下降，当借款利率与股东要求回报率出现较大幅度上升时，WACC出现拐点，也开始增加，直至无穷大。

WACC曲线的最低点，意味着企业的平均资金成本最低，此时对应的资本结构为最优资本结构。换句话说，如果企业能够保持在最佳的资本结构，那么企业的资金成本最低。企业价值等于未来现金流折现的现值，折现率（WACC）最低，企业价值最大。

如图6-1所示的曲线关系，可以通过资本市场公开的数据计算和验证。不同的资本结构意味着不同的财务风险，系统风险系数不同，据此可以计算出不同的股东要求回报率。同时，企业的信用风险等级也不一样，根据债券市场数据，可以查到对应的融资利率水平，即可计算不同资本结构下，企业的多个WACC，最低的资金成本对应的资本结构就是企业最优的资本结构。

需要注意的是，上面的最佳资本结构计算，是基于很多的资本市场假设，这些假设并不一定在所有市场与环境中都是合理有效的，计算结果未必准确。企业调整资本结构的成本是巨大的，甚至很多时候无法调整，企业要综合自身融资能力，金融市场环境和业务发展的资金需求，动态保持合理的资本结构。

对于某些项目，如机场、高速公路、矿山油田、电信网络大型基础设施建设，由于投资额大，业主方通常会要求工程建设方提供一定期限的资本融通。建设企业承担这类合同的同时，实质是提供了两类业务：一是基础设施建设工程服务；二是融资业务。类似于金融机构，在对外融资时，需要考虑企业的资金成本、贷款企业的风险来确定合理的融资利率。

6.4 不同行业资金成本差异

资金成本是企业的核心财务战略、体现企业财务竞争优势，不同行业、不同规模、不同所有制的企业，其资金成本有巨大的差异。

不同行业中的企业，由于其经营的产品不同，业务模式各异，企业面临的业务风险有极大的差别。例如，电力公司、自来水厂等公用事业企业，由于产品价格通常由政府核定，需求稳定，使得企业的收入与利润有相当的保障，业务经营风险极低。相反，高科技企业由于前期研发投入巨大，技术更新换代快，产品生命周期短，市场需求不好预测，使之承担了极大的经营风险。如表6-11所示，资产β（即企业无负债时的β）为系统风险系数，反映了企业业务风险的水平。通常情况下，公用事业、农业、商业等行业，由于业务需求稳定、行业保护或政府支持与补贴，业务风险较低。相反，处于完全市场竞争、高新技术的企业，需要前期资金投入或市场波动影响，业务风险较高。

业务风险直接影响了不同行业的融资模式。银行、债券市场等债务投资者由于收取固定利息，为保证其资产安全，偏好低业务风险的企业。股票市场投资者为追逐高回报，通常更加追捧高风险、高回报的行业。而极高风险的互联网企业、初创企业通常只有风险投资机构愿意进行股权投资。所以，业务风险高的行业，其负债比率越低，更多的资金是通过股权融资解决。

表6–11　行业风险水平与资金成本表

行业	负债比率	权益β	资产β	加权平均资金成本
电力和天然气	43.2%	0.58	0.33	10.6%
粮食生产	22.9%	0.85	0.66	12.8%
纸张和塑料	30.4%	1.03	0.72	14.2%
设备	19.1%	1.02	0.83	14.1%
零售商	21.7%	1.19	0.93	15.5%
化学品	17.3%	1.34	1.11	16.7%
计算机软件	3.5%	1.33	1.28	16.6%
所有行业的平均值	21.5%	1.04	0.82	14.3%
假设：无风险利率 6%；市场风险溢价 8%；债务成本 7.5%；所得税率 35%				

从企业风险平衡的角度看，这样的模式差异有利于平衡企业整体风险，即高业务风险的行业尽可能使用股权融资，降低整体风险。低业务风险的行业倾向于使用债权融资，付出风险升高的代价，降低资金成本，以追求股东回报。

然而，后期的财务调整的努力，不能完全抵消业务风险对企业整体风险水平的影响。反映在企业资金成本上，即高业务风险的企业其资金成本较高，低业务风险的企业资金成本较低。这实质代表了不同行业有着不同财务竞争优势，电力公司可以投资12%回报率的项目获得利润，软件企业投资相同的项目则意味着亏损。

企业的规模大小和在不同发展阶段，将面临不同的业务风险。小型企业规模小，无法承担市场波动，存活率低，通常较难获得债权融资，更多依靠股东投入或风险投资机构，资金成本高。

在国内的现行体制下，国有企业通常占据有关国计民生或战略性的行业、企业规模大，国有股东资金实力强，可获得比民营企业低得多的银行融资。同时，国有资产管理部门通常只要求极低的分红，甚至不分红，使得大型国企的资金成本极低。民营企业大部分处于市场竞争激烈的行业，资产少、实力弱，融资成本高，平均资金成本大大高于大型国企。例如，2009年金融危机期间，中国铁建仍可发行利率低至3.4%的三年期中期票据。这也从资金成本的角度，说明了国企与民企间的财务竞争力的差异。

7

Chapter 7

企业现金流与财务报表分析

7.1 财务报表构成

财务报表是企业运营结果从财务角度的展示。损益表、资产负债表与现金流量表，三张财务报表从不同的角度，为我们展示了企业财务状况的全景。

如图7-1所示，损益表告诉我们企业在一定的经营期间内，多少收

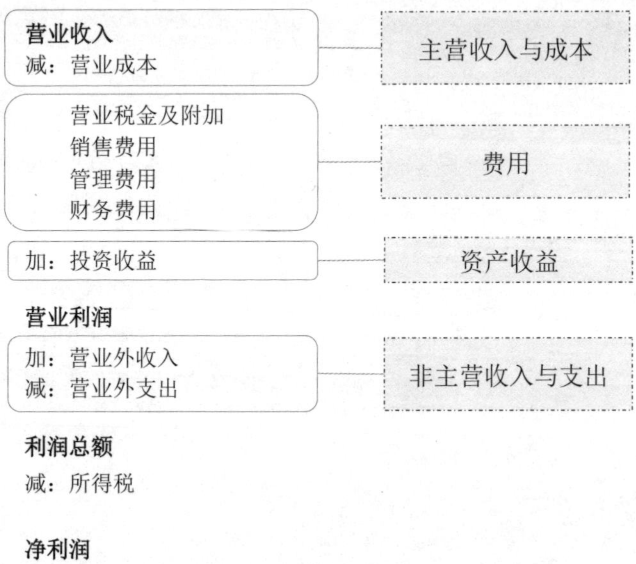

图7-1　损益表结构图

入、多少成本与费用，最终的利润是多少。其中，损益表最重要的一个规则是，收入、成本和费用是按照业务发生的时点确认的，而不是按是否收到或支付真实的现金来确认的。

资产负债表相当于为企业的资产负债情况拍了一张照片，反映这是企业在某个时点的资产与负债情况。如图7-2所示，资产负债表表现了企业有多少资产，是什么形式存在，企业资金来源于哪里，有多少来自于股东，有多少来自于供应商，有多少来自员工（未付的工资奖金）等。

资 产	2009	2010	负债和所有者权益	2009	2010
流动资产：			**流动负债：**		
货币资金	998,608	1,664,346	短期借款	1,294,947	2,158,254
应收账款	7,482,801	12,471,335	应付票据	685,018	1,141,697
其他应收	2,384,965	3,974,942	应付账款	4,210,223	7,017,038
存货	1,351,952	2,253,254	应付职工薪酬	219,200	365,334
其他流动资产	504,083	840,139	应交税费	187,922	313,208
流动资产合计	**12,722,412**	**21,204,020**	应付股利	1,631,475	2,719,125
			流动负债合计	**8,228,787**	**13,714,645**
固定资产	133,600	222,667			
无形资产	17,792	296,520	非流动负债：		
长期股权投资	36,497	60,829	长期借款	222,148	370,246
在建工程	181,334	302,223			
其他非流动资产	61,843	103,072	**负债合计**	**[illegible]**	**14,084,892**
非流动资产合计	**591,187**	**985,312**	所有者权益	4,862,665	8,104,441
资产总计	**13,313,600**	**22,189,333**	**负债和所有者权益总计**	**13,313,600**	**22,189,333**

企业有什么

钱从哪里来？
•供应商
•员工
•银行

钱从哪里来？
•股东

图7–2 资产负债表结构图

现金流量表反映的是企业的现金流动情况。不管企业收入、成本、费用，以及资产负债的变化，现金流量表记录了企业所有资金的流入与流出。这是最真实、直接的企业资金状况的体现。如图7-3和图7-4所示，根据制定的方法不同，企业的现金流表又分为直接法现金流量表和间接法现金流量表。二者的差异主要体现在经营性现金流量的核算。

直接法现金流量表计量企业经营过程中，直接的现金流入与流出。其优点是简单易记，缺点是难以与损益表、资产负债表的项目进行配比。最终在三张报表平衡时，会体现出一个轧差后的“垃圾”科目。间接法的现金流表从企业净利润出发，经过非付现费用、营运资金变动等不影响经营性现金流动的调整，计算出企业经营性现金流。

间接法现金流量表的好处是，它的经营性现金流是从损益表与资产负债表计算得出，三者是天然钩稽在一起的；其缺点是它没有计量直接的经营性现金流动。由于间接法简便易行，绝大多数企业选择使用间接法的现金流量。

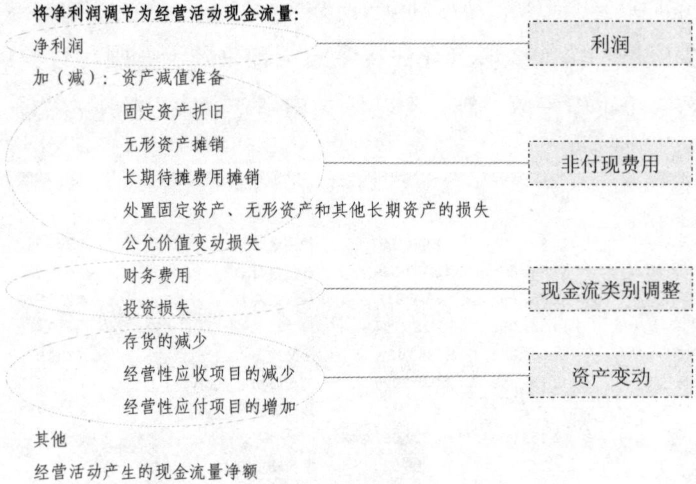

图7-3　间接法现金流量表结构图

项　　目	金额
经营活动产生的现金流量:	
销售商品、提供劳务收到的现金	542
收到其他与经营活动有关的现金	131
购买商品、接受劳务支付的现金	-375
支付给职工以及为职工支付的现金	-102
支付的各项税费	-36
支付其他与经营活动有关的现金	-69
经营活动产生的现金流量净额	91
投资活动产生的现金流量:	
购建固定资产、无形资产和其他长期资产支付的现金	-57
支付其他与投资活动有关的现金	0
投资活动产生的现金流量净额	-57
筹资活动产生的现金流量:	
吸收投资收到的现金	0
取得借款收到的现金	29
分配股利、利润或偿付利息的现金	-22
偿还债务支付的现金	-21
支付其他与筹资活动有关的现金	0
筹资活动产生的现金流量净额	-14
现金及现金等价物净增加额	20

与企业经营业务相关，反映企业自身的造血能力

与企业投资业务相关

与企业筹资业务相关

- 现金流入、流出的结果与原因
- 利润不等于现金流

图7-4　直接法现金流量表结构图

三张财务报表从三个角度反映企业的经营情况，三者又互相关联，形成一个整体。如图7-5所示为一个简单的三张财务报表案例图，三者的关联主要体现在以下几个环节。

（1）现金流量表的变化是会计期间的累积值，现金流量变动需要等于资产负债表现金科目期初与期末的差额。

（2）损益表的当年的净利润应等于当年资产负债表利润的增加额。

（3）如当年没有形成应收账款或应付账款，则客户现金回款应等于当年收入。

资产负债表	2009	变化	2010
资产			
货币资金	0	+117	117
应收账款	0		0
存货	0		0
固定资产	0	+16	16
资产合计	0	+133	133
负债			
借款	0	+30	30
应付账款	0		
应付职工薪酬	0		
应交税费	0		
权益			
实收资本	0	+100	100
未分配利润	0	+3	3
负债与权益合计	0	+133	133

现金流量表	2010
经营性	
回款	20
采购付款	-10
费用支出	-2
税金支出	-1
投资性	
投资支出	-20
融资性	
增资	100
分红	
借款流入	30
现金变动	117

损益表	2010
销售收入	20
成本	-10
折旧与摊销	-4
费用	-2
所得税	-1
利润	3

图7-5　三张财务报表关联关系图

7.2　企业财务报表分析

企业财务报表是企业业务经营结果用财务的语言的量化反映。结合企业业务经营数据，对企业财务报表进行综合分析，可以发现企业微观数据无法展示出来的信息，通对信息的加工、验证、对比、分析，可以有效地发现企业生产经营中的问题，为进一步的业务经营与财务决策打下基础。

企业财务报表分析并不是简单的财务指标计算，如图7-6所示，需要遵从科学合理的分析流程。

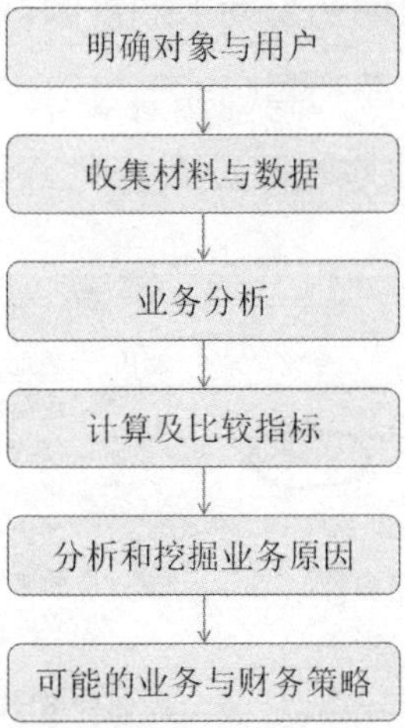

图7-6　财务报表分析流程图

1. 明确对象与用户

财务报表分析首先需要确定分析的对象是谁。财务分析的目标通常包括本公司、企业竞争对手、供应商和客户。不同的分析对象，我们拥有的信息与分析侧重点是不同的。对本企业，分析人员拥有足够的详细信息，分析出企业真实的经营情况，并侧重于对内部管理决策提出建议。对竞争对手，主要分析对手的业务与财务现状，以及未来可能采取的业务与财务策略，以便企业做出应对。对供应商，主要分析企业发展的可持续性，是否能够保证企业供应链的稳定。对客户，重点是分析经营稳定性以及偿债能力，能否保证企业按期收回货款。

财务报表分析还要明确是给谁用，不同用户的需求不同。通常用户有管理层、股东、银行等债权人和一般公众。对管理层，分析应主要围绕企业经营问题揭示与管理决策建议。对股东，由于股东主要关心其投资回报，分析一般侧重企业经营利润、资本结构与每股收益。

债权人主要关心借款的安全性，所以，给银行等债权人的分析需要着重说明企业经营的稳健性与长短期的偿债能力。对一般公众，主要说明企业经营的业绩增长、盈利能力和现金流状况等总体情况。

所以，进行企业财务分析与现金流分析，需要明确分析对象与用户，确定合适的分析方法，选择适当的财务指标，问题分析的侧重点，管理建议的方向。

2. 收集材料与数据

针对不同的分析对象，分析所需的材料与数据来源大不相同。当分析对象是本企业时，分析人员通常有能力收集到公司所有现有的业务与财务数据，必要时还可以定制所需报表。同时，可以得到相应的业务人员的协助支持，使分析结果更加准确可靠。当分析对象是外部企业时，一般的数据来源包括公开的年度报告、企业三张财务报表及附注。此外，非常重要同时也容易忽视的是，市场上公开的企业重要经营活动相关信息。这些信息未必都很准确，但多个信息叠加可以反映、印证企业很多的经营状况与经营决策信息。例如，企业大规模举债、并低价格增发股票时，通常是其现金流短缺的体现。一个企业签署大规模的借款额度并不一定是资金短缺的信号，而有可能是为业务大发展储备备用资金。

3. 业务分析

企业的财务报表是业务经营结果的反映，所以，企业的财务报表分析是不可能脱离企业业务独立存在的。分析财务报表的目标是为了分析业务。不管分析的对象是谁，都需要深入了解目标企业的业务状况。对企业业务了解越深入，分析的结论才能越准确，也更有价值。

企业的业务信息至少需要包括以下主要内容。

（1）公司基本信息。

（2）行业发展环境。

（3）国家与行业政策。

（4）公司业务基本情况。

- 主要产品品种；
- 企业事业部；
- 市场区域；
- 重点经营国家状况。

（5）公司组织。

- 组织架构；
- 管理人员和员工情况。

（6）企业经营模式。

- 业务模式；
- 供应商与客户分析；
- 研发与创新。

4. 计算财务指标及比较

为有效发现企业存在的问题，并能够进行比较分析，采用统一的财务指标分析是有效的手段。根据指标反映的含义不同，财务分析指标一般可分为企业发展能力指标、盈利能力指标、偿债能力指标、营运效率指标等几大类。

（1）成长能力。成长能力主要体现为企业市场占有率、主营业务收入增长和逐年积累的利润留存。通过分析企业的发展能力可以了解企业所处的发展阶段和发展潜能。

（2）盈利能力。较强并稳定的盈利能力是企业获得足够现金以偿还到期债务的根本因素。充足而稳定的收益能够增强股东和债权人的信心。

（3）偿债能力。企业偿债能力是指企业偿还短期债务和长期债务的能力，是企业经济实力和财务安全性的重要体现。资本结构反映企业的资金来源结构，反映企业的财务风险状况，以及获得长期外部融资的能力。

（4）营运效率。企业通过自身经营循环，能够产生的现金流多少由两方面决定。一方面是由企业盈利能力决定的，另一方面是由企业营运资金的利用效率决定的。营运效率指标反映企业营运资金的利用效率。

如表7-1所示为企业财务指标的类别与计算方法。

表7-1　财务分析指标表

报　表	关注点	衡量指标	计算方法
损益表	成长能力	收入增速	
		收入产业结构	各产业收入占总收入比重
		收入区域分布	各区域收入占总收入比重
	盈利能力	毛利率	（销售收入-销售成本）/ 销售收入
		营业利润率	营业利润 / 销售收入
		期间费用率	期间费用 / 销售收入
		净利润率	净利润 / 销售收入
	市场地位	市场份额	销售占市场空间比重
资产负债表/现金流量表	短期偿债能力	流动比率	流动资产 / 流动负债
		速动比率	（流动资产-存货）/ 流动负债
		穆迪系数	经营性现金流 / 债务，债务杠杆，利息保障倍数，债务 / EBITDA
		现金存量水平	现金 / 收入；（现金-债务）/ 收入
	长期偿债能力-资本结构	资产负债率	总负债 / 总资产
		长期债务比率	长期债务 / 总债务
		债务到期结构	未到期债务期限分布
资产负债表/损益表	营运效率	应收账款周转天数	应收账款 / 销售收入×360（DSO）
		存货周转天数	存货账款 / 销售成本×360（ITO）
		应付账款周转天数	应付账款 / 销售成本×360（DPO）

除了如表7-1所示的财务指标以外，根据分析目的的不同，还有很多财务指标可以选择。具体的财务指标公式及其含义请参考附录A。

此外，在分析企业收益能力上，还有一个重要指标——净资产收益率（Rate of Return on Equity，ROE）。净资产收益率又称股东权益报酬率/净值报酬率/权益报酬率/权益利润率，指利润额与平均股东权益的比值，是衡量企业净资产盈利能力的重要指标。该指标越高，说明投资带来的收益越高，该指标越低，说明净资产收益率越低，说明企业所有者权益的获利能力越弱。该指标体现了自有资本获得净收益的能力。

从数学公式分析，净资产收益率可以分解为如下指标。

$$净资产收益率=\frac{净利润}{净资产}=\frac{净利润}{总资产}\times\frac{总资产}{净资产}=\frac{净利润}{收入}\times\frac{收入}{总资产}\times\frac{总资产}{净资产}$$

其中，“净利润/收入”是企业的盈利能力指标，“收入/总资产”是企业资产周转效率指标，“总资产/净资产”是企业财务杠杆比率的指标。从数学公式上看，企业的净资产收益率是由企业资产收益能力、企业资产的周转效率和企业的债务杠杆大小决定的。事实上，这三项能力也正是决定企业净资产收益率的主要因素。

如图7-7所示，企业这三项能力可以进一步分解，以准确定位影响企业净资产收益率的具体指标。

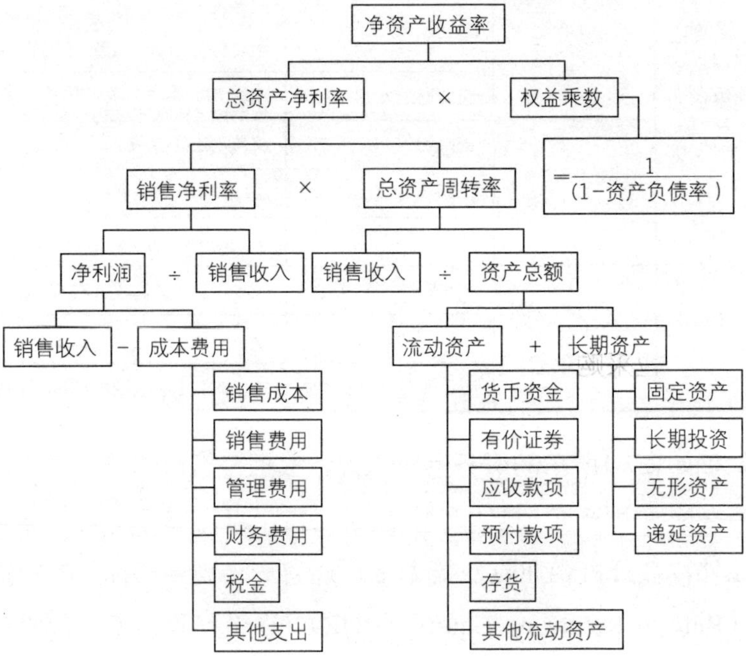

图7-7　杜邦指标分解图

财务指标结果是一些比率或数字。多数情况下，这些数据本身无法给你“好”与“差”的结论。指标结果需要放置于特定的经营环境、特定的行业、特定的发展阶段进行比较才有意义。指标的比较分析一般分为“纵向比较”与“横向比较”两部分。

“纵向比较”是指企业计算得出的财务指标与历史同期的财务指标进行比较。这样的比较通常反映企业自身经营过程中，各项能力发生的变化。这些变化一般是由企业经营状况的变化、财务策略的调整引起的。分析人员要给出这些变化趋“好”还是趋“坏”的判断。

“横向比较”是指企业的财务指标结果与业务特征最接近的同行业竞争对手相比，或与行业平均相比，据此得出与竞争对手相比或行业平均相比，目标企业“好”或“差”的比较结论。有时，企业分析人员面临的困境是由于产品线的差别，无法找到合适的比较对象。这种情况下，分析人员可以选择多个产品线相近的企业，对其财务数据进行拆分与重组，虚拟出与分析目标企业产品线相似的企业，再进行比较。

5. 分析和挖掘业务原因

财务报表与现金流分析的目的不是为了解析财务，而是分析、挖掘财务背后的业务经营问题，并为下一步的管理经营与财务决策提供支持，这是财务分析的目标。例如，当某企业的经营性现金流为负数，通过财务分析，定位问题是产品盈利能力还是营运资金效率；如果是产品毛利下降，原因是产品价格下降还是成本上升；如果是成本上升，是企业采购价格上涨还是生产过程成本增长。如此类推，直至发现真正的业务经营原因，并为后续业务优化和改进提供方向。

6. 制定业务与财务策略

根据财务分析与业务分析的结果，提出相应的业务改进建议与财务决策。通常这些建议是公司长期战略层面的发展要求，同时也是企业年度战略经营策略制定与调整的重要一环。

7.3 企业现金流与财务风险分析案例

在本节中，将使用真实的上市公司财务分析案例，来说明如何分析企业的现金流、财务风险情况，并挖掘内部管理与策略原因，以及未来将会采取的业务与财务措施。案例基本信息如下。

分析对象：企业竞争对手——中兴通讯股份有限公司。

分析目标：分析2011年企业的经营情况，财务健康度，以及未来可能会采取的业务与财务策略。

信息来源：上市公司2010年和2011年年度报告，以及其他市场公开信息。

分析过程：首选需要了解企业基本信息与企业业务经营情况。具体内容见附录B。接下来，将按销售收入与利润、现金流、资产负债与财务风险、未来的业务策略的顺序进行分析。

1. 销售收入与利润分析

（1）首先，如表7-2所示，分析企业整体销售收入与利润情况。

表7-2　企业损益情况分析表

	2011 年	2010 年	同比增长
销售收入	862.5亿元	702.6亿元	22.8%
销售毛利率	30.30%	32.6%	-2.3PCT
期间费用率	25.4%	26.1%	-0.7PCT
其中：R&D	9.90%	10.1%	-0.2PCT
S&M	12.7%	12.50%	0.2PCT
G&A	2.8%	3.50%	-0.7PCT
投资收益	10.6亿元	5亿元	113.30%
营业利润	4.3亿元	37.9亿元	-88.7%
退税和政府补助	23.7亿元	20亿元	18.50%
净利润	**20.6亿元**	**32.5亿元**	**-36.6%**
净利润率	2.40%	4.60%	-2.2PCT

企业增收不增利，依靠投资收益改善利润。2011年，企业销售收入862.5亿元，同比增长23%，但同时产品利润大幅下降。从表7-2中可以看出，营业利润大幅下降的主要原因是产品毛利率下降2.3%所致。财务费用和资产减值损失大幅增长也是重要原因。投资收益在一定程度上弥补营业利润的减少，同时各项费用控制较为得当，有小幅下降。最终净利润大幅下滑，出现36%的下降。

（2）其次，对企业销售收入进行分解，分析各区域销售情况。

欧美市场快速增长。中国区收入395亿元，占总收入的46%，同比增长22.7%。国际市场收入为467亿元，同比增长22.6%，收入占比达54%。其中，欧美市场收入增长42.2%，主要是终端收入大幅增长所致，占比24%，为海外第一大市场。非洲收入增长0.4%，主要由于10年增幅较大，基数较大，且北非和埃塞国家经济发展和政治动乱带来的不确定性，运营商在投入方面变得更加谨慎。亚洲（不包括中国）收入增长23.2%，占比与去年持平，为18%。这些区域的增长速度与所在区域的行业发展状况是一致的。

（3）再次，如表7-3所示，对企业销售收入进行分解，分析各产品销售情况。

表7-3　企业销售产品结构分析表

	2011年/亿元	增长率	占比
运营商网络	465.2	10.80%	53.90%
终端	269.3	52.60%	31.30%
电信软件系统、服务	128	24.50%	14.80%
合计	**862.5**	**23.40%**	**100%**

终端是主要推动力。运营商网络产品上实现营业收入465.22亿元，同比增长10.8%。主要是由于无线网络的发展，获得日本软银和记黄埔等4G合同。

终端产品实现营业收入269.33亿元，同比增长52.6%。主要得益于智能手机的大幅增长所致，成为推动收入增长的主要动力，目前其手机销量位居全球第五。

电信软件系统、服务及其他产品实现营业收入128.0亿元，同比增长24.5%。主要是由于服务以及固定台销售增长所致。

（4）之后，如表7-4所示，分析营业利润的变动。

表7–4 企业营业利润情况分析表

	2011年	2010年	同比增长
财务费用	23.6亿元	12亿元	96.70%
资产减值损失	9.5亿元	3.2亿元	200.60%
投资收益	10.6亿元	5亿元	
营业利润	**4.3亿元**	**37.9亿元**	**–88.70%**

投资收益缓解利润下滑。2011年，总体盈利水平下滑，营业利润同比下降88.7%，仅为4.3亿元，大幅下降主要是：①激进策略拓展市场，销售毛利率下降2.3pct，至30.3%。②财务费用23.6亿元，增长96.7%，主要是汇兑损失、银行贷款利息以及保理贴现费用增长所致。③资产减值损失9.5亿元，同比大幅增长200.6%，主要是坏账损失5.8亿元，同比增长70.6%。存货跌价损失3.7亿元，同比大幅增加。投资收益的增长减缓了营业利润下滑的趋势，投资收益10.6亿元，主要来自于出售国民技术股权，获利8.7亿元。

（5）再后，如表7-5所示，分析净利润的变动。

表7–5 企业净利润情况分析表

	2011年	2010年	同比增长
营业利润	4.3亿元	37.9亿元	–88.7%
加：营业外收入	23.7亿元	20亿元	18.5%
其中：增值税退税	16亿元	13.4亿元	19.40%
减：营业外支出	1.6亿元	2.3亿元	–30.4%
税前利润	26.4亿元	43.6亿元	–39.4%
净利润	20.6亿元	32.5亿元	–36.60%
退税/税前利润	60.60%	30.70%	29.9pct
退税/净利润	**77.70%**	**41.30%**	**36.4pct**

七成利润来源于退税，净利润大幅下滑36.6%。近年来，软件产品增值税退税及政府补贴均成为企业利润的重要来源。2011年，增值税退税占其净利润的77.7%；2010年，增值税退税占其净利润的41.3%；2009年，增值税退税和政府补贴分别占其净利润的39.9%和12.3%。退税对利润的影响越来越大。

（6）最后，如表7-6所示，分析利润变化的深层次业务原因。

表7-6　利润区域情况分析表

	营业收入/亿元	毛利率	营业收入YOY	毛利率YOY
中国	395	33.50%	22.70%	−0.3PCT
亚洲（不包括中国）	156.3	25.90%	23.20%	−4.0PCT
非洲	106.8	46.7%	0.40%	1.8PCT
欧美及大洋洲	204.5	18.8%	42.20%	−3.0PCT
合计	862.5	30.30%	23.40%	−2.0PCT

亚太、欧美以利润换市场。亚洲、欧洲及大洋洲牺牲利润换取市场份额，增收不增利，拉低整体毛利率。①亚洲毛利率下降，主要是由于激进销售策略，搬迁替换竞争对手，抢夺市场份额。②欧美、大洋洲地区毛利率大幅下降主要是由于以终端销售为主，毛利率相对较低，且网络激进销售，低价进入大客户。③非洲毛利率略有增长，主要是由于尼日利亚政府项目毛利率较高所致。另外，非洲地区市场接近饱和，竞争减弱，有利于保持一定的利润空间。

2. 现金流分析

（1）首先，如表7-7所示，分析现金流整体情况，以及经营性现金直接流动。

表7-7　直接现金流情况分析表

	2011年	2010年	增长率
销售商品、提供劳务收到的现金	809.7亿元	677.8亿元	19.5%
收到的税费返还	63.2亿元	47.4亿元	33.3%

续表

	2011年	2010年	增长率
现金流入小计	887.9亿元	731.8亿元	21.20%
购买商品、接受劳务支付	598.9亿元	473.8亿元	26.40%
支付给职工、为职工支付的现金	134.2亿元	96.8亿元	38.6%
现金流出小计	906亿元	722.4亿元	25.40%
经营活动产生的现金流净额	**-18.1亿元**	**9.4亿元**	**-292.60%**
投资活动产生的现金流净额	**-34.2亿元**	**-31.2亿元**	**-9.70%**
筹资活动产生的现金流净额	**114亿元**	**30.4亿元**	**275%**

经营性现金流5年首次为负。2011年，经营性现金流大幅下降至-18.1亿元，同比下降293%，近5年来首次为负。前三季度经营性现金流为-125亿元，虽然四季度（回款289亿元，占全年总回款的36.1%）加速了回款，但仍未扭正现金流。筹资活动带来的现金流大幅增加，不但弥补了经营性与投资性的现金流出，还带来资金的净流入。

（2）其次，如表7-8所示，通过间接法现金流动，分析经营性现金流动出现大幅变动的原因。

表7-8　间接现金流与营运资金效率分析表

	2011年	2010年	变动
净利润	22.4亿元	34.8亿元	-35%
减：投资收益	10.6亿元	5亿元	114%
调整投资收益后利润	11.8亿元	29.8亿元	-60%
加：其他非经营、非付现项目调整	32.6亿元	23.1亿元	41%
运营资产变动	-61亿元	-39.7亿元	54%
存货增加	-32.5亿元	-27.5亿元	-18%
经营性应收项目增加	-93.2亿元	-86亿元	-8%
经营性应付项目增加	64.7亿元	73.9亿元	-12%
其他	-1.5亿元	-3.8亿元	61%
经营性现金流	-18.1亿元	14.4亿元	-226%
DSO－应收账款周转天数/天	113	97	16

续表

	2011年	2010年	变动
ITO－存货周转天数/天	90	92	−2
DPO－应付账款周转天数/天	214	215	−1
CCC－现金周转周期/天	−11	−26	15

利润与效率是主因。扣除投资收益后的净利润为11.8亿元，相比去年下降60%。经营性现金流由于2010年净流入14.4亿元，变为2011年的净流出18.1亿元，经营性现金流恶化明显。其中，应收账款周转天数上升16天，回款恶化是经营性现金流变差的另一个重要原因。

3. 企业资产负债与财务风险分析

（1）首先，如表7-9所示，分析企业资产负债率与现金存量。

表7–9　财务风险与融资分析表

	2011 年	2010 年	2009年
资产负债率	75.00%	70.30%	73.70%
有息负债/亿元	338.5	234.3	213.6
其中：借款/亿元	188.2	96.2	92.4
应付票据/亿元	111.5	100.6	84.8
应付债券/亿元	38.8	37.6	36.3
现金存量/亿元	214.7	153.8	145
净现金/亿元	−123.8	−80.5	−68.6
应付账款-年底/亿元	357.6	282.7	240.5
应付账款-三季度/亿元	292	249.4	228.9
增长	−22.50%	13.40%	5.10%

资产负债率大幅上升。2011年，资产负债率上升4.73%，为近5年最高水平。外部融资规模继续大幅上升，其中借款比2010年上升95.6%，可见公司只能通过外部借款补充日常营运资金。由于经营性现金流为负，增量现金大部分来源于融资活动。虽然现金存量在增加，但由于主要是靠融资筹得所致，净现金继续为负，且比上年大账下降。四季度应付账款大幅增加，年底为了粉饰现金流量表，可能存在大量拖延供应商货款的情况。

中兴通讯在利润恶化的情况下，不惜付出财务费用的代价，通过外部借款累积现金余额（尽管不能提升净现金），体现了一个重要的财务管理理念——现金为王，特别是企业经营状况不好的时候。越是企业经营状况不好的时期，越要通过各种方式积累资金，保证企业经营安全。在企业还能够借到资金时，尽可能多借资金，避免情况进一步恶化、失去外部融资能力，让企业出现“突然死亡”。在这样的非常时期，保证企业能够活下去，比财务费用的上升要重要得多。

（2）之后，如表7-10、表7-11和表7-12所示，分析有息债务的构成与来源情况。

表7–10　融资产品分析表

	2011 年	2010 年	2009年
有担保/资产抵押借款/亿元	79.2	38.8	24.3
信用借款/亿元	108.9	57.4	68.1
借款合计/亿元	188.2	96.2	92.4
信用借款占比	57.90%	59.7%	73%

表7–11　长期融资分析表

项目	种类	币种	2011年		2010年		2009年	
			原币	折合人民币	原币	折合人民币	原币	折合人民币
长期借款（亿元）	信用借款	人民币	5	5			7.1	7.1
		美元	1	6.3	1.1	7.3	1.6	10.9
	保证借款	人民币			2.5	2.5	2.3	2.3
		美元	8.8	55.7				
	抵押借款	美元	0.4	2.4	1.1	7.4	0.5	3.6
	小计			69.4		17.2		24

表7–12　融资来源分析表

银行	币种	原币/亿元	折合人民币/亿元	利率	借款起始日	借款到期日	期限/年
中国银行	美元	4.4	27.6	约3%	2011.8.15	2016.8.15	5
中国银行	美元	3.5	21.8	约2%	2011.7.20	2014.7.20	3

续表

银行	币种	原币/亿元	折合人民币/亿元	利率	借款起始日	借款到期日	期限/年
国家开发银行	美元	1	6.3	约4%	2011.7.19	2014.7.19	3
中国银行	美元	1	6.2	约2%	2011.8.15	2014.8.15	3
中国进出口银行	人民币	5	5	约5%	2011.2.1	2013.2.1	2

外部债务增加。上述表格显示企业的有息债务的组成，包括期限、品种、币种与来源。借款主要是由信用贷款和担保借款构成，这样的贷款结构让企业短期再融资压力巨大。境外9亿美元银团对企业财务状况帮助较大，占企业长期债务的80%。

（3）然后，如图7-8所示，分析有息债务期限结构。

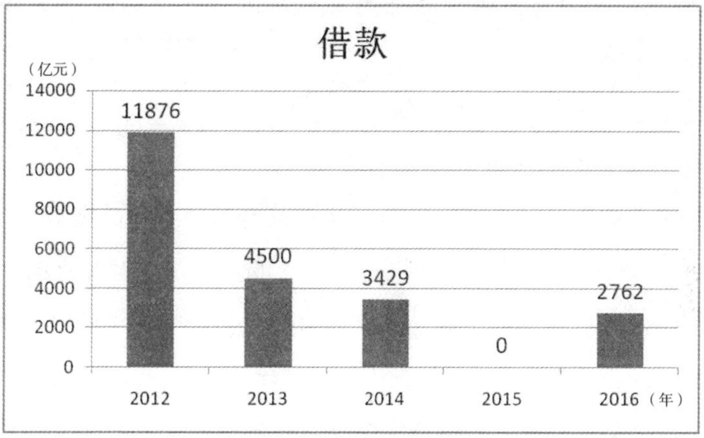

图7–8　融资到期结构分析图

短期债务让再融资压力巨大。尽管企业用大量短期借款累积现金，但由于受金融市场与融资品种的限制，增加的借款多为短期，让未来一年里，企业再融资压力巨大。这样的债务到期结构是前面提到的最差的“倒三角”的债务到期结构。靠短期借款方式累积现金并不能真正缓解企业的财务风险。

（4）最后，如表7-13所示，分析财务费用。

表7-13 财务费用分析表

	2011 年	2010 年	同比增减
财务费用总额	23.6亿元	12亿元	96.70%
其中：利息支出	13.8亿元	7.3亿元	89.00%
减：利息收入	2.8亿元	1亿元	180%
汇兑损失	8.4亿元	1.8亿元	366.70%
现金折扣及贴息	0.1亿元	1.4亿元	-92.90%
银行手续费	3.4亿元	2.5亿元	36%
财务费用率（不含汇兑损失）	1.76%	1.45%	

财务费用上升。2011年，财务费用大幅增加主要原因是利息支出和汇兑损失大幅增加。利息支出增加近1倍，这也和企业债务融资余额增加相一致。可以预见，由于企业财务状况在进一步恶化，未来融资费用率也将进一步上升。

4. 企业业务与财务策略分析

预计未来企业将采取如下经营策略：

（1）低价竞争策略不可持续，预计将适度调整激进的市场策略，注重改善毛利率，继续推动费用管理，降低汇兑损失，改善盈利状况。

（2）强化对现金流的管理，在改善盈利能力的同时，通过提升内部运营效率改善经营性现金流。

（3）继续拓展并利用外部融资资源，补充现金流。

（4）2012年3月9日，中兴通讯股份有限公司发布公告称，拟申请公开发行不超过60亿元人民币公司债券：

- 2012年3月28日董事会决议，上半年拟向银行申请的综合授信额度：人民币540亿，美元52.4亿。
- 视股票表现可选择股票市场融资。

（5）资产剥离，获得投资性现金流，补充经营缺口。

5. 其他相关信息验证

（1）2011年国民技术投资收益情况

- 中兴通讯参股“国民技术”公司，于2010年4月30日首次公开发行股票，并在深圳交易所创业板上市。
- 2011年4月28日国民技术发布公告，其上市满12个月，中兴通讯投资持有的54,400,000股国民技术股份（占20%），自2011年5月3日起可上市流通。
- 自2011年5月底，中兴通讯7次出售所持有股份，累计出售约5,127万股，获利约8.6亿元，对其现金流和盈利状况有较大改善。
- 截至2011年9月30日，中兴通讯尚持有国民技术股份312.58万股，约占国民技术股份总额的1.15%，全部为无限售条件流通股。

（2）2012年拟发债和申请综合授信情况

- 2012年3月9日，中兴通讯股份有限公司发布公告称，拟申请公开发行不超过60 亿元人民币公司债券。
- 面向A股股东配售，债券期限不超过五年。
- 发行债券主要用于偿还银行贷款、调整债务结构或补充公司营运资金。
- 2012年3月28日董事会决议，上半年拟向银行申请的综合授信额度：人民币 540亿，美元52.4亿。
- 人民币授信情况如下。中国银行深圳市分行：230亿元人民币；建设银行深圳市分行：60亿元人民币；农业银行深圳市分行：80亿元人民币；民生银行深圳市分行：50亿元人民币；中信银行深圳市分行：40亿元人民币；深圳发展银行深圳市分行：80亿元人民币；
- 美元授信情况如下。国家开发银行深圳市分行：50亿美元；汇丰银行（中国）有限公司深圳分行：2亿美元；法国兴业银行广州分行：0.4亿美元。

8

Chapter 8

投资与融资产品

8.1 投资产品

企业在管理货币性金融资产时，可以根据企业财务策略、风险程度、资金盈缺状况选择合适的投资品种。一般情况下，企业可选择的投资品种有以下几种。

1. 通知存款

这种存款方式是：存入款项时不约定存期，支取时事先通知银行，约定支取存款的日期和金额。通知存款，按存款人选择的提前通知的期限长短，划分为一天通知存款和七天通知存款两个品种。其中，一天通知存款，需要提前一天向银行发出支取通知，并且存期最少需一天；七天通知存款，需要提前七天向银行发出支取通知，并且存期至少需要七天。

使用建议：通知存款是流动性极高、风险极低的短期投资产品。适用于作为公司短期流动性资产，甚至可视为准现金防范资金短缺风险。其缺点是收益低。

2. 银行理财产品

银行理财产品是指，商业银行在对潜在目标客户群分析研究的基础上、针对特定目标客户群开发设计并销售的资金投资和管理计划。在理财产品这种投资方式中，银行只是接受客户的授权管理资金，投资收益与风险由客户或客户与银行按照约定方式承担。

使用建议：银行理财产品具有不同的到期日，企业可根据自己的流动性需求，选择不同的期限。同时，多数银行理财产品多数是不保证收益、不保证本金安全，具有一定的资金安全风险，企业在选择时，建议选择较大规模银行发行的、投资方向较为安全的品种。

3. 资产管理计划

集合客户的资金，由专业的投资者（券商）进行管理。它是证券公司针对高端客户开发的理财服务创新产品，投资于特定领域的权益类或固定收益类投资产品的资产。

使用建议：资产管理计划由于是证券公司根据最终投资标的定制的投资产品，企业参与时，需要了解资产管理计划的最终投向，以判定其真实风险。一般来说，资产管理尽管收益较高，但风险也相对较高，正常经营的企业（非金融机构）应谨慎参与，避免出现资金损失而影响正常业务运行。

4. 信托计划

信托计划，是指由信托公司担任受托人，按照委托人意愿，为受益人的利益，将两个以上（含两个）委托人交付的资金进行集中管理、运用或处分的资金信托业务活动。

使用建议：信托计划经过了信用公司的信用背书以及融资者股本金结构性安排（即如出现损失，先以股本进行赔付），信用水平有所上升。但实质上，未来的还本付息仍然依赖于信托所投的项目的成功运作，所以仍有较高的信用风险，企业应谨慎参与。

区别

信托计划与资产管理计划的相同点：

- 项目发行方均为金融机构。
- 项目发行前必须报备相关监管单位，资金监管、信息披露等方面都有严格规定。

- 发行的项目本质相同，认购方式相同、项目合同、说明书等类似。
- 投资收益无须代扣代缴个人所得税。

信托计划与资产管理计划的不同点：

- 信托公司由银监会监管，需持有银监会颁发的信托牌照。资产管理公司由证监会监管，均为基金公司旗下子公司，由证监会授予牌照。
- 信托募集结束，款项交至托管银行即可成立；资管计划募集完毕后，需交由证监会验资，验资完毕方可成立。
- 100万元～300万元以下的个人投资者，每个信托计划只有50个，资管计划可以有200个。

5. 债券

债券市场上公开发行的国债或企业债券。

使用建议：投资收益率相对较低，企业参与较少。

6. 股票

购买股票市场公开发行的股票。

使用建议：投资收益的波动性大，本金出现亏损的概率高，企业参与较少。

8.2 融资产品分析

随着全球范围内区域性金融市场的发展，已形成各有侧重的差异化的金融市场体系。一个是以美国为代表的、直接融资占主导地位的资本市场体系，包括短期的票据市场、长期的债券市场和股票市场。另一个是以日本和德国为代表的，以银行间接融资为主体的金融市场体系。在不同金融市场体系下，形成了不同的融资产品体系。

在亚洲及中国，以银行作为中介的间接债务融资是市场上的主流。同时，以商业信用或银行背书的商业信用为基础的短期商业票据融资是中国特有的融资产品，在国内企业的短期融资方面起着不可替代的作用。

企业根据自己既定的融资策略和短期融资需求，会选择适合的融资产品。对于市场常见的融资产品，如表8-1和表8-2所示，可从以下几个维度分析，包括融资成本高低、融资币种、融资期限，是否需要担保，境内主体还是境外主体对这些融资产品的定义及其使用建议将在第9章进行介绍。

表8-1 融资产品分析表1

融资方式	资金来源	用 途
项目贷款	银行	基建，固定资产
流动资金贷款	银行	日常运营支出
固定资产贷款	银行	设备、机车等采购
票据融资	银行	日常运营支出
票据贴现	银行	日常运营支出
信用证	银行	日常运营支出
保理	保理商	应收账款变现
租赁	租赁商	固定资产融资
企业债/中期票据	市场投资者	固定资产、运营及后续基建
公司债	市场投资者	固定资产、运营及后续基建
出售股权	银行、保险、社保等	基建，固定资产，流动资金等
战略投资者增资	政府、银行、轨道等	短期周转流动资金
IPO	社会资本	项目或运营资金

表8-2 融资产品分析表2

融资方式	主体	难度	币种	性质	期限	成本
项目贷款	项目公司	高	人民币/外币	信用	长期	中
流动资金贷款	-	低	人民币/外币	信用/担保	短期	低
固定资产贷款	-	低	人民币/外币	信用/担保	长期	中
票据开立	贸易主体	低	人民币	信用/担保	短期	低
票据贴现	贸易主体	低	人民币	信用/担保	短期	低

续表

融资方式	主体	难度	币种	性质	期限	成本
信用证	贸易主体	中	人民币/外币	信用/担保	短期	中
保理	贸易主体	中	人民币	信用/担保	长/短期	高中低
租赁	资产主体	中	人民币/外币	信用/担保	长/短期	中低
企业债/中期票据	集团	高	人民币	信用	长期	低
公司债	集团	高	人民币	信用	长期	低
出售股权	集团	中	人民币/外币	-	长期	高
战略投资者增资	-	中	人民币/外币	-	长期	高
IPO	-	高	人民币/外币	-	长期	高

8.3 传统融资产品

1. 项目贷款

项目贷款是指为某一特定工程项目而融通资金的方法，是国际中、长期贷款的一种形式。为促进大型工程的建设及开拓资金运用的新途径，一些银行进行工程项目贷款业务。与传统融资业务不同，项目贷款除了需要有项目主办人之外，还要有一个为工程项目而新建立的项目单位来进行筹资、建造和经营管理这一项目。

使用建议：由于工程项目投资金额大、周期长，应尽可能争取进行项目贷款。此外，由于项目贷款期限通常是匹配项目建设期与运营期，贷款期限长，能够有效降低企业再融资风险。

2. 流动资金贷款

流动资金贷款是为满足生产经营者在生产经营过程中短期资金需求，保证生产经营活动正常进行而发放的贷款。按贷款期限可分为一年以内的短期流动资金贷款和一年至三年期的中期流动资金贷款；按贷款方式可分为担保贷款和信用贷款，其中担保贷款又分保证、抵押和质押等形式；按使用方式可分为逐笔申请、逐笔审贷的短期周转贷款，以及在银行规定时间及限额内随借、随用、随还的短期循环贷款。

流动资金贷款有期限短、手续简便、周转性较强、融资成本较低等特点。

使用建议：流动资金贷款是企业解决短期资金缺口的主要手段之一。企业应尽可能获取流动资金贷款额度，保持企业流动性储备。但需要注意的是，流动资金贷款期限短，只能用于经营性资金周转，应避免用于长期资产，防止出现资产负债期限错配，加大企业资金流动性风险。

3. 银行承兑汇票

银行兑汇票，是指企业向开户银行申请并经银行审查同意承兑的，保证在指定日期无条件支付确定的金额给收款人或持票人的票据。

使用建议：银行承兑汇票是中国特有的短期融资工具，是企业重要的短期融资手段。与信用贷款相比，开立银行承兑汇票成本较低，是较为理想的融资产品。

4. 商业汇票

商业汇票是企业开立的保证在指定日期无条件支付确定的金额给收款人或持票人的票据。

使用建议：由于商业汇票未经银行承兑，所以是依靠出票人的商业信誉来获得收票人的认可，这需要出票企业具有良好的商业信誉和较高的信用等级。由于商业汇票不受银行额度的限制，如果收票人愿意接受商业汇票，对企业来说是非常有利的短期融资。

5. 票据贴现

票据贴现，是指银行将未到期的票据，根据贴现率，扣去自贴现日至到期日的贴现利息，然后将票面余额付给持票人。银行办理贴现后成为持票人。

使用建议：银行承兑汇票贴现是企业快速获得现金的重要来源。企业可根据资金盈缺情况、市场利率，来选择持有票据到期或贴现获得现金。

6. 信用证

信用证，是指开证银行应申请人的要求并按其指示向第三方开立的载有一定金额的、在一定的期限内凭符合规定的单据付款的书面保证文件。信用证是国际贸易中最主要、最常用的支付方式。

使用建议：和开立银行承兑汇票相似，开立信用证是企业有效的短期融资方式，能够减缓企业现金流出压力。

7. 福费廷（Forfeiting）

金融机构从出口商（即融资企业）那里无追索地购买已经承兑的并通常由进口商所在地银行担保的远期汇票或信用证的业务。

使用建议：和票据贴现类似，信用证卖断是企业有效的短期融资方式，能够加速企业的现金流入。

8. 保理

保理（Factoring）又称托收保付，卖方（融资企业）将其现在或将来的基于其与买方订立的货物销售/服务合同所产生的应收账款转让给保理商（提供保理服务的金融机构），由保理商向其提供资金融通、买方资信评估、销售账户管理、信用风险担保、账款催收等一系列服务的综合金融服务方式。

使用建议：对具有一定回款风险的应收账款卖断，付出相应的融资成本，可以加速企业的现金流入，同时转移企业应收账款的坏账风险。然而在实践操作中，即便为不可追索的应收账款卖断，企业为保障与保理商良好的持续合作关系，一般会承担一部分应收账款的管理与回收工作，以减少坏账的出现。

9. 固定资产贷款

固定资产贷款是指金融机构为解决企业固定资产投资的资金需求而发放的贷款，主要用于固定资产项目的建设、购置、改造及其相应配套设施建设的中长期本外币贷款。

使用建议：固定资产贷款是企业较为容易获得的中长期贷款。由于国内中长期贷款获取较难，企业在购置固定资产时，即便拥有充足的资金，也应争取使用固定资产贷款，降低经营资金缺口，降低再融资风险，形成“长贷短投”有利的资产负债格局。

10. 租赁

租赁，是指商业银行等金融机构作为出租人向客户提供租赁形式的融资业务。租赁分为融资性租赁和经营性租赁。融资性租赁是指当客户需更新或添置大型设备、仪器而资金不足时，由银行出资购买这些设备出租给客户，客户对此具有使用权，并按时交纳租金，银行通过租金逐步收回资金。在财务处理上，融资性租赁的本质是承租人融资购入资产，需要计入承租人的资产负债表，是表内融资。经营性租赁是指出租人向承租人提供短期设备出租，出租人负责设备的安装、保养、维修、纳税、支付保险费和提供专门的技术服务等，租金高于融资性租赁。经营性租赁不计入承租人的资产负债表，是表外融资。

使用建议：租赁是企业在购置固定资产时，可以选择使用的有效的融资工具。尽管租赁成本稍高，使用租赁融资可多元化企业融资渠道，降低过度依赖银行的单一风险性。此外，经营性租赁还可以把固定资产从企业的资产负债表中转移给金融机构，是表外融资，能够改善企业资产负债率等指标。

11. 银团债款

银团贷款是指由两家或两家以上银行基于相同贷款条件，依据同一贷款协议，按约定时间和比例，通过代理行向借款人提供的本外币贷款或授信业务。

使用建议：银团贷款是企业中长期融资工具之一。由于银团贷款由多家银行共同提供融资，要求融资企业信用等级高、融资规模大。同时，银团贷款操作复杂，后续财务指标管理难度大，对企业财务管理能力具有较高的要求。

12. 企业债

企业债是指企业依照法定程序发行、约定在一定期限内还本付息的有价证券。

13. 中期票据

中期票据是指具有法人资格的非金融企业在银行间债券市场按照

计划分期发行的、约定在一定期限还本付息的债务融资工具。

14. 公司债

公司债是指公司依照法定程序发行、约定在一年以上期限内还本付息的有价证券。

15. 短期融资券

短期融资券是指具有法人资格的非金融企业在银行间债券市场发行的约定在1年内还本付息的债务融资工具。

使用建议：上述四种融资方式均为不同期限的直接债务融资。直接发债的优点是融资成本低、期限长。缺点是操作复杂，企业相当于变为公众公司，在信息披露、监管、企业经营上有较高的限制性要求。如表8-3所示为直接债务融资产品的对比分析表。

表8-3 企业债、公司债、中期票据和短期融资券对比表

<table>
<tr><th></th><th>中期票据</th><th>短期融资券</th><th>企业债</th><th>公司债</th></tr>
<tr><td>发行管理部门</td><td colspan="2">中国人民银行（交易商协会）</td><td>发改委</td><td>证监会</td></tr>
<tr><td>发行管理方式</td><td colspan="2">注册发行</td><td>直接核准发行</td><td>核准发行</td></tr>
<tr><td rowspan="2">净资产</td><td rowspan="2"></td><td rowspan="2"></td><td colspan="2">股份有限公司≥3000万元人民币</td></tr>
<tr><td colspan="2">有限责任公司和其他类型企业≥6000万元人民币</td></tr>
<tr><td>累计债券余额</td><td>待偿还余额不得超过净资产的40%</td><td>待偿还余额不得超过净资产的40%</td><td>不超过企业净资产（不包括少数股东权益）的40%</td><td>不超过最近一期末净资产额的40%，金融类公司的累计公司债券余额按金融企业的有关规定计算</td></tr>
<tr><td>最近三年平均可分配利润</td><td></td><td></td><td>足以支付企业债券一年的利息</td><td>不少于公司债券一年的利息</td></tr>
<tr><td>发行期限</td><td>一般2~10年，以5年为主</td><td>一年以内期</td><td>一般3~20年，以10年为主</td><td>一般3~10年，以5年为主</td></tr>
</table>

续表

	中期票据	短期融资券	企业债	公司债
发行利率	发行利率、发行价格和所涉费率以市场方式确定		按发行人信用、期限由市场情况确定，但不得超过国务院限定水平	
发行市场	银行间债券市场		银行间债券市场和证券交易所	交易所债券市场
承销商	应由金融机构承销，企业可自主选择主承销商,需要组织承销团的，由主承销商组织承销团		由具有承销资格的证券经营机构承销	
登记、托管、结算	在中央国债登记结算有限责任公司（以下简称中央结算公司）登记、托管、结算			上市交易、登记结算等事项应当遵守所在交易场所及相应证券登记结算机构的有关规定

8.4 创新融资产品

除传统的融资产品外，企业也可与银行一起，在监管政策允许的范围内，积极进行融资创新，拓展适合企业的创新型融资产品。在过去的十年里，国内银行，特别是珠三角地区的金融机构，借助毗邻香港的优势，开发了一系列新的境内外债务融资产品。

1. 国内商票代理贴现

采购方采购时，以商票付款，并帮助供应商联系银行办理商票兑现，采购方支付贴息，供应商按期拿到全款，商票到期时，采购方付款给银行。其产品特点如下：

- 延长采购企业账期，延迟采购企业的经营性流出；
- 融资成本与银行票据贴现成本接近；
- 商票不在外流通，公司开出后直接交给银行贴现，并要求银行不再转让此商票；

- 商票无开立成本；
- 此产品要求采购企业拥有较高的信用等级。

2. 联动保理

由银行境内分行为境内公司提供进口保理项下信用担保，离岸部或境外分行作为出口保理商为境内公司的国外供应商提供保理项下的融资，从而扩大境内公司的竞争力和进口规模。其产品特点如下：

- 有真实的贸易背景；
- 操作手续较烦琐；
- 受外管政策影响较大。

3. 香港银行海外代付融资

海外代付即为买方付息贴现业务，是在不同结算方式下境外银行根据境内银行的指示，先行替境内进口商支付贷款，进口商在融资到期日将融资本息还给境内银行，境内银行归还境外银行的一种贸易项下的短期资金融通。其产品特点如下：

- 操作方式简单灵活，结算方式包括TT汇出汇款、信用证、进口代收等方式；
- 产品以真实贸易为背景，相应融资成本较低；
- 可以在信用额度范围内操作；
- 可以实现境内或境外关联企业的融资资源调配。

4. 供应商保理

供应商保理，是指采购企业帮助供应商把对企业的应收账款卖断给银行，获得银行融资的行为。其产品特点如下：

- 供应商提前回收“货款”，增加现金流入；
- 利用采购方的信用等级，获得较低的融资成本；
- 可以与供应商签订更长期限的付款条款，延迟采购企业对外现金流出。

近年来，市场上还不断出现了多种业务经营模式创新，很多经营模式的创新涉及了资金融通。

5. 特许经营

特许经营是指特许经营权拥有者以合同约定的形式，允许被特许经营者有偿使用其名称、商标、专有技术、产品及运作管理经验从事经营活动的商业经营模式。作为一种商业经营模式，在其经营过程和方法中有以下四个特点：

- 个人（法人）对商标、服务标志、独特概念、专利、经营诀窍等拥有所有权；
- 权利所有者授权其他人使用上述权利；
- 在授权合同中包含一些调整和控制条款，以指导受许人的经营活动；
- 受许人需要支付权利使用费和其他费用。

由于受许人需要支付授权使用费，对于经营权利拥有者来说，能够快速回笼资金，并快速占领市场。

6. BOT融资

BOT（Build-Operate-Transfer），即“建设—经营—转让”，是指政府或业主方通过契约授予私营企业一定期限的特许专营权，许可其融资建设和经营特定的公用基础设施，并准许其通过向用户收取费用或出售产品方式，以清偿贷款，回收投资并赚取利润，特许权期限届满时，该基础设施无偿移交给政府或业主。

BOT不仅仅包含项目建设、运营和移交的过程，更是项目融资的一种方式。在普通的项目融资中，银行只能依靠项目资产或项目的收入回收贷款本金和利息，银行承担的风险较大，项目失败银行无法收回贷款本息。在BOT项目中，政府或项目公司的股东为项目提供了一定的背书或担保，如果项目失败无法偿还本息，银行对政府或项目公司股东可进行有限度的追索，这种追索以支持的程度为限。

由于BOT项目具有有限追索的特性，BOT项目的债务不计入项目公司股东的资产负债表，为表外负债，这样项目公司可以利用良好的资产负债表，筹集更多的建设资金，所以得到了广泛应用。

7. 资产证券化

资产证券化是以特定资产组合或特定现金流为支持，发行可交易证券的一种融资形式。近年来，资产证券化逐渐成为一种被广泛采用的金融创新工具而得到了迅猛发展。广义的资产证券化是指某一资产或资产组合采取证券资产这一价值形态的资产运营方式。资产证券化能将流动性差的资产转变为流动性高的现金，并将未来预期的资产收益转变为当前实现的现金收入，通过资产负债表外融资改善企业的资产负债结构。

8. 员工持股策略

根据《公司法》，上市公司可根据《民法》等规定，成立具有法律意义的社会团体法人、内部职工持股会，并以职工持股会作为公司的一名法人股东。在该职工持股会中，内部职工持股必须达到一定比例，比如20%以上。这种职工持股会能使职工资产在该公司改制并发行的股票上市后得到增值。这样的员工持股安排可以在进行股权激励的同时，为公司筹得发展所需要的资金。

8.5 企业私募股权融资

8.5.1 私募股权的目标

当企业发展到一定阶段时，其中发展前景较好的企业会希望通过上市，获得包括融资在内多方位的支持，使企业进一步快速成长。

企业上市有如下优点：

- 打通融资渠道；
- 有利于企业快速成长；
- 由于资本市场的参与，收购兼并更加容易；

- 市场压力促使治理结构与内部管理更加规范化；
- 良好的企业形象有利于业务拓展；
- 股权容易变现、转让，实现资本、股权的流动。

企业上市后也有如下缺点：

- 需要接受监管，经营管理失去一定的灵活性；
- 市场对股价波动的关注，给企业短期业绩带来压力；
- 管理规范化的要求，会带来直接和间接的成本；
- 信息披露的要求使企业经营更加透明，会泄露相关经营保密信息。

在上市准备期，通常会考虑通过出售企业股权或增资的方式，引入战略投资者，获得融资，同时保障企业上市成功率。企业进行股权融资引入的投资者可大致分为两类：一类是行业整合的战略投资者；一类是为获得收益的财务投资者。战略投资者在投入资金的同时，一般会带来企业经营管理所需要的资源，所以，投资价格相对较低。财务投资者通常不会介入企业经营管理，目的是为了获得投资收益，所以，投资价格相对较高。企业需要有计划有步骤地把企业最好的一面展示出来，并根据发展战略要求选择最合适的投资者，并获得满意的融资成本与条款。

8.5.2 企业私募股权融资的过程

企业融资的过程可分为以下几步。

（1）经营管理：企业做好自己的产品与服务、规范经营管理，是企业能够成功获得融资的前提和基础。这需要企业付出长期的磨炼与努力。

（2）融资准备：企业需要做好融资全方位的准备，做到财务规范、股权清晰、公私分开，并编制商业计划书，提炼展示出企业的核心竞争力与优势。

（3）基金选择：企业可选几家基金同时进行沟通，脚踩几条船，制造基金间的竞争，获得最优谈判地位。同时注意，谨慎签署独家基金谈判合同。

（4）尽职调查：当对企业投资核心条款达成一致后，基金会对企业进行尽职调查。

（5）谈判：对投资协议的关键条款进行谈判协商。

（6）签约与交割：签订协议，划拨款项，办理股权变更登记等。

（7）投后管理：根据投资协议，行使股东或董事权利，履行相应职责。

（8）基金成功退出：上市成功，基金股东出售股份退出。

（9）基金协议退出：基金转让股权至大股东或其他投资人实现退出。

经营企业赚的是今天的利润，企业出让股权，卖的是未来的利润。如何吸引投资者，关键是展示企业的核心竞争优势，证明企业能够长期持续盈利。一个好的企业，在融资时还要会包装打扮，企业需要编制一份优秀的商业计划书。

8.5.3 商业计划书

根据融资的需求，商业计划书可以分解成以下四份材料。

- 摘要：Word格式，篇幅3~5页，适合10分钟看完。
- 演示文件：PPT格式，篇幅20页左右，适用30分钟演讲。
- 商业计划书：Word格式，篇幅为30~100页，包含详细、完整的商业计划。
- 未来3年的财务预测：Excel格式，包含详细的财务预测模型、全部预测假设条件及预测财务报表。

商业计划书里，以下几部分内容是关键。

- 团队优势：团队核心人员经历、理念、组成、配置。
- 行业分析：对行业环境、目标市场进行分析。
- 产品与技术：产品的领先性与独特性。
- 竞争对手：竞争对手是谁，与竞争对手比较的优势和劣势。
- 募集资金用途：募资方案、资金安排、退出安排计划。

一份完整的商业计划书，一般情况下应包括以下内容。

- 项目摘要：公司概要，产品及技术，管理团队，行业地位，财务预测，融资计划。
- 公司概况：历史沿革，股权结构，公司现状，商业模式，其他情况。
- 产品与技术：产品描述，生产过程，工艺技术，研发介绍，专利。
- 市场与行业：市场组成，目标市场，行业分析，竞争分析，营销分析。
- 管理与团队：管理制度，高管简历，组织架构，激励方案。
- 募资用途：经营目标，资金使用计划，执行进度。
- 财务分析：历史数据，财务预测，资产负债情况，资金预测。
- 风险分析：政策风险，管理风险，技术风险，市场风险，财务风险等。
- 附录：重要文件，章程、验资报告、审计报告、重大合同、产权等。

商业计划书要避免如下几个方面：

- 内容空洞，缺乏可操作性的方案。
- 材料堆砌，简单汇总拼凑。
- 对竞争对手的描述不够，对经营风险盲目乐观或根本无视风险存在。
- 没有管理团队介绍，或介绍内容烦琐，强调社会地位，或故意贴金。
- 财务预测缺失，或线性简单推算。
- 融资需求不清楚。
- 没有基本的企业估值依据，漫天要价。

8.5.4 企业价值评估

企业进行股权融资是核心环节之一，是对企业进行价值评估。企业价值评估是对企业整体经济价值进行判断、估计的过程。确定一个合理的价格，有利于获得企业经营发展足够的资金，也更容易促成股权融资的交易的达成。股权融资通常有以下几种方法，资产价值评估法、现金流量贴现法、市场比较法和期权价值评估法等四种。

1. 资产价值评估法

资产价值评估法，是利用企业现存的财务报表记录，对企业资产进行分项评估，然后加总的一种静态评估方式，主要有账面价值法和重置成本法。

（1）账面价值法。账面价值是指资产负债表中股东权益的价值，主要由投资者投入的资本加企业的经营利润构成，即企业的价值等于目标公司的账面净资产。这种方法仅仅反映企业的存量资产价值，无法反映企业的资产在有效的管理下能够带来的盈利。为改进这种价值评估方法，在实践中，往往乘以一定的系数。

（2）重置成本法。重置成本，是指如果重新购置一个相同的企业需要付出的成本。在这种方式下，

企业价值=企业资产目前市场全新的价格−折旧额−企业债务

两种方法都以企业的历史成本为依据对企业价值进行评估，采用了将企业的各项资产进行分别估价，再相加的方法，操作简单易行。这种方法的缺点是，把企业的资产割裂开来，没有考虑企业的战略、管理、团队等因素。企业整体持续经营能够带来的收益与各项资产的价格之和相差甚远，企业资产的账面价值与企业创造未来收益的能力关联度很小。所以，评估结果通常作为参考，作为企业价值评估的底线。

有以下特点的企业适合使用资产价值评估法。

- 目标企业的表外项目价值，如管理效率、自创商誉、销售网络等，对企业整体价值的影响可以忽略不计。
- 资产负债表中单项资产的市场价值能够公允客观反映所评估资产的价值。
- 投资者购置一项资产所愿意支付的价格不会超过具有相同用途替代品的成本。

一个企业的整体价值并不等于企业各单项资产的价值之和，单项资产组合成一个企业需要组织成本，组合后的资产整体价值还会发生增值。对一个企业的价值评估，主要是对发生了增值的资产整体进行

评估，是对其未来服务潜能产生的收益评估。换言之，价值评估应该是对企业内在价值、经济价值的评估，着眼于未来。而成本法着眼于现在资产的重置价值。所以从严格意义上来说，成本法并不是评估企业价值的方法。当然，成本法非常适合每一单项资产的单独评估，我国目前市场经济不完善，产权交易市场不发达，大量的国有企业和集体企业要进行改制重组、拍卖兼并，没有交易活跃的市场做比较，只能对企业实有资产进行客观的评估。所以，这种企业价值评估方法还会长期存在。

2. 现金流贴现法

现金流量贴现法，是在考虑资金的时间价值和风险的基础上，将不同时点的现金流量按与现金风险匹配的贴现率，统一折算为现值，再加总，得到目标企业价值的方法。

现金流贴现法是较为合理并能真实反映企业经济价值的方法。这种方法有一定的局限性，原因主要有两个：①预测企业未来长期的现金流难度较大，准确度很低。②贴现率的确定需要与企业现金流风险相一致，计算依赖于多个假设，准确性差，而贴现率的微小差异对企业价值评估结果影响很大。在未来发展不确定性较大的企业估值中，这种方法适应性较低。

所以，运用现金流贴现法有如下条件；一是目标企业的未来收益能够合理地预测，企业未来收益的风险可以客观地进行估算，也就是说目标企业的未来收益和风险能合理地予以量化；二是被评估企业应具有持续的盈利能力。

收益法通常被认为比成本法和市场法更适用的企业价值评估，特别是在涉及企业投资、并购项目时。收购者投资于目标企业是预期能获取未来收益，但是这种预期的未来收益因具有不确定性而蕴含着风险。收益法为量化影响企业价值的这些关键变量提供了路径。

3. 市场比较法

市场比较法是基于市场价格有其合理性的假设，把目标企业与市场上存在的相近的企业进行比较，进而得出企业价值的估测值。

运用市场法的重点是选择可比企业和确定可比指标。首先在选择可比企业时，主要参考两个因素，一个是业务风险，另一个是财务风险，尽可能选择业务风险和财务风险与目标企业相近的替代企业。这部分详细内容请参见“资本架构管理”部分。在确定可比指标时，有多种选择。通常有企业净利润、净资产、销售收入、EBITDA（利息、税、折旧、摊销前净利润）、经营性现金流等。其中，净利润是最常用的比较指标。

市场法充分考虑了已被市场检验的可比公司成交价格，并以此来判断和估测目标企业的价值。评估结果会更贴近市场，也更容易被资产交易各方接受。因此在可比公司数据充分的情况下，该方法运用得较为广泛。

采用市场法进行企业价值评估的条件有以下几点。一是要有一个公开、活跃、有效的市场。市场的有效性主要指，有足够多的交易主体自愿参与平等交易，市场公开信息能够充分及时地共享，交易价格代表了交易资产在这个市场的公允价格；二是在这个市场上能够找到与评估对象相同或者相似的参考企业或者交易案例；三是能够收集到与评估相关的有效信息资料。

在市场经济发达的国家，企业交易市场活跃，人们对企业价值的判断更依赖于市场的实践。存在即合理，市场交易的价格更具有说服力，它是被交易企业对于购买者的内在经济价值，投资者购买了它，说明它能够为购买者带来收益。所以用市场法可以评估企业的真实内在价值，是基于市场导向、接近现实的，容易被交易各方所接受和理解。

在股票投资和私募股权投资中，经常采用市场法，通常用到的财务指标有PE（Price to Earnings，市盈率）、PB（Price to Book Value，市净率）等。

例如，某目标企业的利润是2000万元，市场上成交的相同行业的相似案例对企业的估值是净利润的10倍（PE倍数为10），则目标企业的价值可以近似地认为是2亿元。

8.5.5 私募股权融资核心条款

私募股权投资相较于其他投资交易，有其独有的特点，企业在签订投资协议时，一定要注意其中的一些核心条款，并谨慎评估，避免接受无法做到的条款，进而出现重大损失。如图8-1所示，常见的私募股权投资协议条款如下。

1. 投资估值条款

- 定义：确定投资金额与持股比例的条款。
- 案例：公司投资前估值4000万元人民币，投资1000万元人民币，获得交割后20%的公司股权。
- 关注点：①公司的估值是投前估值还是投后估值；②在手现金通常按1：1价值计算。

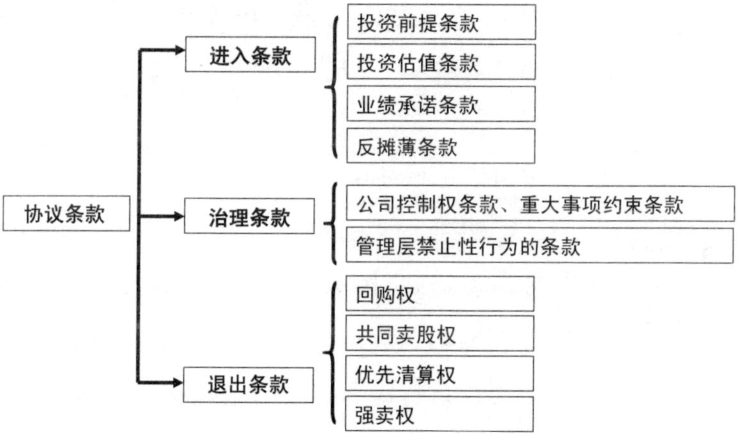

图8-1　私募股权融资协议核心条款类别图

2. 估值调整条款

- 定义：估值调整条款（对赌协议）是投资方与融资方在达成协议时，双方对于未来企业价值发生变化后的一种估值调整约定。
- 案例：如果2014年度已投资企业实际合并净利润少于承诺净利润，投资方有权要求按照实际利润与承诺利润之间差距的百分比，无偿受让企业实际控制人持有的相应比例的企业股权。

● 注意点：

√ 注意对赌协议的对象选择；

√ 对赌方案的设计要注意可履行性；

√ 对赌条款的公平性，条件不能过于苛刻，难以达到；

√ 公平原则，达到一定经营业绩，投资人应当给予奖励。

3. 优先分红权

定义：是指一部分股东享有的在公司分配利润时优先于其他普通股股东取得约定股利的权利。有法律风险，需要全体股东在章程中约定。

4. 股份回购

● 定义：股份回购权就是投资人在特定的条件下，要求公司或创始股东回购其持有的企业股权的权利。

● 案例：在甲方投资后，企业未能在36个月内提交在A股市场发行的申请，则甲方有权选择继续持有企业股权或要求企业实际控制人以投资额加12%年利息之和回购甲方持有的企业股权。

● 注意点：

√ VC行使权利的时间和限制；

√ 回购支付方式，如果公司或创业者无支付能力，如何解决；

√ 回购权激发方式（未能如期上市、超过止损线、原股东或标的公司实质性违反协议）；

√ 特定条件下的创业者有权主动回购，比如投资人又投资了企业的竞争对手。

5. 董事会

● 定义：对投资者在“董事会”中的席位和职责的约定。

● 案例：本次交易完成后，各方支持并同意甲方拥有公司董事会不低于三分之一席位的董事委派权，董事会原则上至少每年召开两次董事会会议。

● 注意点：

√ 公司董事会组成应反映公司的股权结构；

√ 代表少数派股东的董事在重要事项上有对决议行使一票否决权的权利，但同时应注意权利的使用范围；

√ 董事会不应影响到公司日常业务运行。

6. 保护性条款

- 定义：保护性条款就是投资人为了保护自己的利益而设置的条款，给予投资人一个对公司某些特定事件的否决权。
- 设置理由：投资人在董事会及股东会中处于少数地位，对经营决策没有控制权。
- 注意点：

√ 尽量减少条款数量；

√ 设置条款生效的最低股份要求；

√ 设计保护性条款失效条件；

√ 防止投资人谋求不正当权益。

7. 跟售权

- 定义：原股东向第三方出售公司股权，则投资人有权按比例或优先出售其持有的企业股权。
- 案例：公司大股东向第三方转让其所持企业股权，甲方有权出售相应比例股权，公司大股东应促成同等条件下甲方有权优先向该第三方转让其所持企业股权。
- 注意点：避免创始人变现股份，减少在公司的精力投入。

9

Chapter 9

现金管理

9.1 现金管理的使命

现金管理是企业资金管理中最基本的职能。企业的资金存在哪里？账户里有多少钱？未来一周会支付多少钱，会收到多少钱？有盈余了怎么办？有缺口了怎么办？用什么工具来管理？组织如何设立？这些问题都是作为企业财务负责人首先需要思考的。对这些问题的回答属于现金管理职能，是保证企业现金收付与经营持续运转的基本要求。从企业成立的第一天起，企业财务负责人就需要遵从财务管理规范性要求，建立现金管理组织与职能。

现金管理的使命，可以用两个安全来表示："现金"安全与"现金流"安全（Cash Safety & Cash Flow Security）。"现金"安全，指的是企业现金资产的安全，保障公司现金类资产不受损失。"现金流"安全，指的是企业现金流的安全，即现金流不断链。现金流安全是指通过合理的现金存量与收支计划，保障公司账户随时都有资金可以使用，随时拥有对外支付的能力。

企业现金管理包括以下主要基本职能：银行账户管理、零钞与票据管理、银行对账、电子银行管理、收支预测与资金计划、关联交易管理、关联融资管理、账户余额与短期投资管理、短期融资管理、即期外汇交易。随着电子交易的广泛应用与信息产业的发展，资金集中管理、支付工厂、现金池、创新短期融资方式也成为现金管理的重要组成部分。

如图9-1所示，为实现现金的“两个安全”，现金管理职能向着“信息全球化”、“流程标准化”、“地点集中化”的方向演进，通过职能强化、IT技术的应用与现代金融结算工具的应用，实现“现金余额与流量可视”、“现金流动高效”和“现金存量的优化”。

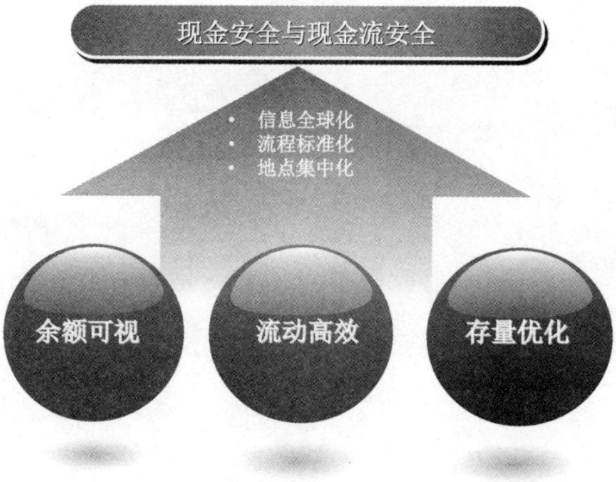

图9-1 现金管理的使命图

9.2 管理职能

现金管理的业务流程，可以分为现钞与银行账户管理、收支预测与资金计划、前台资金交易、后台资金结算等四个部分。如图9-2所示为每个模块的主要业务职能与业务流程。

现金管理业务主流程如下。在主流程的控制下，根据需求，还要建立相应的子模块的管理流程与制度。

1. 现钞与银行账户管理

作为企业财务管理者，首先要了解公司有多少个银行账户，对银行账户进行回顾（“银行账户回顾”流程），并根据银行账户情况，确定是否保留还是清理。同时，需要制定银行账户开立、变更和关闭的规则。（“银行账户开变销”流程）对已开立的银行账户，要通过财务渠道，传递账户信息至客户，保障账户信息安全。对于企业留存的现钞，要制定严密的管理规则（“现钞与票据管理”制度）。

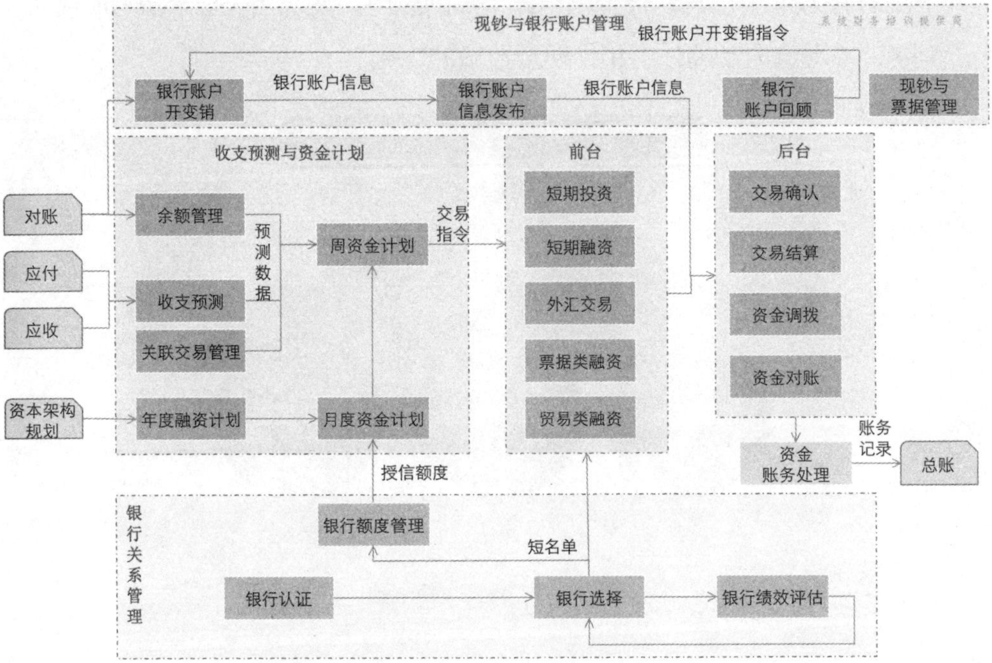

图9-2　现金管理全流程图

2. 收支预测与资金计划

在掌握企业账户情况以后，管理者与开户银行进行定期对账，了解企业资金存量情况（“资金对账”流程），同时，还需要从相关部门获取企业未来的资金收支信息（“收支预测”流程），结合年度融资计划额度准备情况（“年度融资计划”流程），以及集团内关联交易的要求（“关联交易与结算”制度），进行短期资金安排（“周资金计划”流程）。

3. 资金交易与资金结算

前台的资金交易人员根据审批后的周资金计划，进行具体操作。前台的操作内容包括短期投资、短期融资、外汇交易、票据类融资与贸易类融资。后台人员负责交易确认、交易结算、资金调拨、会计处理等。

此外，财务管理人员还应负责管理与银行的关系。通过合理的选择和评价体系，选择合适的合作银行。

9.2.1 现钞与银行账户管理

企业资金管理人员在现金管理工作中，首先需要规范企业现钞与银行账户管理，保证企业现金与银行存款的安全，这是企业现金管理的基础。这些管理制度与流程包括以下几种。

- 企业现钞与票据管理制度：规范存放在企业办公场所内备用的现金和空白票据，包括现金和空白票据领取方式、限额、存放地点、安全措施、使用要求等。
- 银行账户开立、变更及销户制度：规范企业银行账户开立、变更、销户以及银行账户信息发布与使用，保证银行账户高效利用，降低企业资金风险。
- 电子银行管理：规范企业网上银行系统的操作管理。包括管理员设置、用户权限设置、各项操作流程的设立、报表制度、对账流程等。
- 银行账户定期回顾制度：制定银行账户定期回顾机制，减少睡眠、低效账户，降低企业资金风险。审阅账户开立银行、账户性质、银行收费情况、账户使用频度、账户用途等信息。

9.2.2 收支预测与资金计划

短期现金收支预测与资金计划，是企业短期现金流管理的核心。通过准确及时的收支预测与合理的资金安排，可有效利用企业在手现金、提高使用效率，降低资金成本。

- 现金收支预测流程：规范企业短期现金收支预测和现金存量报告工作，明确预测工作要求与岗位职责。

- 资金计划操作指导：根据企业现金存量与未来3月以内的收支预测，计算资金盈缺状况，并合理安排企业资金关联往来、短期投资和融资，保持企业合理资金存量与经营安全。
- 年度与月度融资操作指导：根据企业年度经营计划，预测当年企业利润状况和现金流收支情况，并估算企业当年资金需求总量与时点，与银行等金融机构沟通，以此拓展当年企业所需的融资额度，并预测每月的融资需求。当进行月度或周度资金计划时，需要考虑短期融资安排与月度融资资源、授信额度的匹配。
- 关联交易管理：很多大型跨国企业集团中，分散于各个国家、区域的分支机构出现关联交易时，一般会明确关联结算的付款赎期、付款方式等要求，把企业内部的关联结算当作第三方来看待。在很多国内企业，内部关联结算会作为企业短期收支预测的一部分，用于对集团整体短期资金进行调度。当出现跨境交易时，很多国家外汇管理政策对进出口收付汇的期限提出明确的要求，所以，明确的关联交易与结算政策也是法律遵从的需要。在某些企业集团，在不存在法律障碍的情况下，或在法规许可的范围内，财务人员通常会把集团内关联结算作为集团内部各主体间资金平衡和调配的方法来使用。

9.2.3 前台资金交易

资金计划制定出短期资金安排，包括内部关联结算、关联借款与还贷、短期融资与还贷、对外短期投资等。其中，与金融机构、金融市场进行相关交易时，前台资金人员需要负责与相关金融机构沟通，完成交易的询价、谈判、合同签订等流程，并把交易成功的信息传递至后台。

9.2.4 后台资金结算

后台根据前台交易的信息，完成交易的确认、资金交割与对账。其中，资金计划制定的内部关联结算、关联借款与还贷计划，由后台直接操作完成。

9.3 银行账户管理

银行账户管理的相关要求与原则如下。

目的：指导业务与财务人员规范使用、管理和维护银行账户。

账户结构：根据资金管理的要求来确定银行账户结构。

账户类型：银行定义账户类型一般为基本户、结算户、融资户等，从企业内部管理角度，还界定为回款户、付款户、集中账户、融资账户、专用账户（如注册资本金、税款专户、政府补贴金账户）等。

账户设置原则：

- 符合外部法规和内部管理要求；
- 无业务需求不开立账户；
- 同一类型、同一用途只能开立一个账户；
- 收付款严格按账户类型使用；
- 现有账户可满足需求，不开立新账户；
- 严禁开立证券、外汇和其他金融交易的银行账户；
- 根据公司银行关系管理要求来选择开户银行；
- 开户银行选择需经审批；
- 银行账户开立、变更和注销需制定相应申请与审批流程。

账户权签设置原则：银行账户权签人经过授权，可以在银行预留签名，并负责相应业务的结算。

- 权签人与业务操作人不能是同一人；
- 可能情况下，建议设置两个权签人，一个为业务主管，一个为财务人员；
- 不同类型账户，设置不同权签人，回款账户、资金集中账户等高风险账户，权签级别与要求相应提高；
- 权签人职位调整，应回顾并根据需求调整其权签权限；

- 财务专用章、银行账户印鉴保管人视同权签人。

银行账户间资金流动：

- 根据账户类型，设置资金流动规则。如回款账户资金只能流向资金集中账户或付款账户；
- 通过业务流程、系统设置、银行检查等方式，尽可能杜绝违反流向操作的可能性；
- 不符合规则的流动，需要例外审批。

账户管理人员：

- 财务人员或资金管理人员一般是银行账户的管理责任人，负责管理和维护银行账户的开立、日常使用和注销；
- 账户管理责任人负责银行账户信息的发布；
- 账户管理责任人负责银行账户信息定期核对；
- 会计人员负责账户余额报告与银行对账。

9.4 短期资金计划管理

9.4.1 收支预测

收支预测，是指在特定时点对企业未来一段时间的现金流入与流出的预测，包括未来可能会发生的经营性、投资性与融资性的预测，如收入预测、费用预测、基础设施建设预测等。

1. 收支预测与费用控制

很多企业为体现现金流动的计划性，把“收支预测”称为“计划”，如：费用计划，按计划进行资金内部调拨和对外付款。有些企业，甚至使用资金计划、费用计划来实现费用预算控制职能。这种做法是不合理的。从本质上来说，费用预算与资金计划管理是两项不同的业务，费用预算是预算管理的一部分，管理主体与日常审批权限归企业业务部门主管，按预算管理流程与方法进行管理。资金计划人员根据业务需要，收集收付款信息，筹备资金并做好统筹，保障对外支付需要，是短期资金管理。所以，收支预测是企业未来一定时期现金流入与流出的客观预测，不应附加管理和控制功能。

2. 收支预测内容与方法

收支预测，包括现金流入预测与流出预测。流入预测，包括预收款、现金回款、票据回款（通常作为总回款的抵减项，计算现金回款）、应收票据到期等。流出预测，包括采购付款、应付票据到期、费用支出、利息支出、税款支出、到期借款、其他现金流出等。

如表9-1所示，短期收支预测的主要项目与注意事项如下。

表9-1　短期收支预测责任部门与预测要点表

项目	责任部门	预测要点
回款	销售部	回款主动权在客户，预测难度大。建议：①由最熟悉客户的客户经理进行预测；②加入回款概率参数；③如回款数量多，可考虑自上而下，预测公司总回款额。④如有财务ERP系统，发票开出后，可通过系统收集预测信息，准确率较高
采购支出	采购部	支出一般根据接收到的发票，企业安排进行付款，可控性强，预测准确率较高。建议：①企业可设定固定集中付款日期，容易安排资金；②短期付款可根据进入ERP系统的发票进行统计，准确度高；③中长期支出预测可根据接收到的发票，或根据采购到货、采购计划和历史付款趋势，进行预测；④超过一定金额的大额支付需提出采购的部门与资金部门沟通
费用支出	各业务部门	费用支出涉及范围广，需要建立预测制度，企业安排进行付款，一般金额较小，对资金平衡影响小。建议：①企业可设定固定集中付款日期，有利于资金调度；②短期付款可根据进入ERP系统的发票进行统计，准确度高；③中长期支出可根据接收到的发票或历史支出情况，进行预测；④需要覆盖所有业务部门，避免遗漏
基础建设支出	基建部门	根据项目建设进度安排资金。注意由于项目初始计划通常较紧，且工程需验收或返工，导致实际付款进度通常晚于项目进度
税款支出	税务部门	根据不同税种，制定相应的预测方法

续表

项目	责任部门	预测要点
到期债务与利息	资金部门	根据融资合同预测
其他现金流动	相关部门	所有涉及现金流动的部门都应纳入预测体系

3. 收支预测的考核

对各部门现金流收支计划的准确性，可以参考如下公式进行考核

$$资金计划偏差率=\left[(实际现金流入或流出-计划现金流入或流出)/(计划现金流入或流出)\right]\times 100\%$$

需要注意的是，当计划现金流入或流出很小时，可能会导致偏差率极高。如出现类似情况，需要进行调整。

4. 收支预测的组织

资金部门组织企业各个涉及现金收付的部门，预测未来一定时期的现金收支情况，并汇总到资金管理部门。资金管理部门作为现金流预测工作的责任主体，应制定现金流预测制度和流程，明确各业务部门现金流预测的职责与要求，规范预测工作。涉及现金流入流出工作的部门都应纳入预测范围，资金管理部门提供方法与流程支持。

9.4.2 预测频度与期间

近期的事项预测准确性高、远期的事项预测准确度低，是预测工作的一般规律。企业可根据资金计划的管理要求、企业IT与数据系统的支持能力，以及能够承担的管理成本来确定收支预测的期间、预测时间单位和预测频度。在实践中，多数企业按如表9-2所示方式进行收支预测与资金计划工作。

预测期间：一般预测3个月以内，少数企业会预测未来12个月的直接现金流动。

预测单位：根据企业的管理要求和IT系统支持能力，企业可确定不同的预测期间的颗粒度。如一般未来两周以内，以天为单位进行预

测，未来第三周和第四周的期间，以周为单位，未来第二个月和第三个月，以月为单位。近期预测比较细，远期预测比较粗，这是基本原则。

预测频度：与预测单位一致，近期预测更新频度高，可每天更新，远期的预测更新频度低，可每周或每月更新。

表9-2 现金流预算周期与频度表

	预测单位	预测期	预测频度
现金收支预测	天	未来1周或2周	天
	周	未来滚动四周	周
	月	未来滚动三月	月

搜集集团公司各部门数据进行预测后，根据现金流动的主体，对收支预测进行分析、分解、分类，并以主体为单位，编制现金收支预测表，并计算各主体资金盈缺情况。如表9-3所示是某企业资金预测表样例。

表9-3 某企业短期收支预测表 单位：万元

现金情况预测	A公司		
	第一周	第二周	第三周
期初余额	40	47	40
现金流流入			
现金回款	40	25	120
票据回款	3	5	15
应收票据到期	3	1	7
收到归还到期委贷	12		12
其他流入	3	1	7
现金流出			
采购付现	35	25	130
应付票据到期	14	8	36
费用：	4	2	13
部门费用			
员工工资			
利息支出			
其他费用			
偿付到期委贷			
税款支出	1		1
到期借款归还		30	30
其他现金流出			
资金缺口	47	14	-9

9.4.3 计划流程与方法

资金计划，是根据公司未来一定时期的收支预测，计算企业未来资金盈缺，并对企业各主体关联结算、关联借款、投资、融资等活动进行主动安排与规划，是一定时期内货币资金综合平衡的计划。

在搜集并计算集团内各个主体未来一段时间的现金流状况后，资金管理人员需要根据企业内部预测准确程度、资金管理的政策与要求、外部环境的变化，合理调动企业集团内部资金、规划外部投资和融资。

首先，在企业内部进行资金融通，即通过关联结算、关联借款（包括还款）等内部资金平衡手段，完成集团内部各个主体间资金平衡。根据公司资金集中管理的要求，可对集团内的资金进行集中，或分散存放于各子公司。从资金安全、管理的便利、提高资金收益的角度考虑，绝大多数企业集团会尽可能把资金集中起来，存放于集团母公司、某个资金集中主体，或资金中心。资金集中的方法包括关联结算、关联借款和还款以及资金池。

在进行内部子公司关联结算时，需要考虑以下几点：

（1）关联交易付款赎期尽可能符合行业惯例，以规避可能存在的法律风险。如果赎期过长，可能被税务机关认定为以逃税为目的的虚假交易。

（2）跨境关联交易需要符合所在国的外汇管制要求。如：中国、印度等国家要求，交易完成后的一定时期内必须完成收汇或付汇行为。

（3）在内部关联交易付款约定时，可以对付款时点给予一定的灵活性，以便于后期资金人员安排资金调动。

在进行内部子公司关联借款时，需要考虑以下几点：

（1）关联借款需要符合国家金融管制法规的要求。在中国，委托贷款是企业间借贷的唯一合法形式。此外，中国的上市公司监管严格管制上市公司参与的资金借贷，以避免公司实际控制人侵占小股东利益。

（2）中国税务监管要求企业利息需缴纳所得税，所以，企业间借贷需要参考市场利率，合理制定关联借款利率，以规避可能存在的税务风险。

（3）跨境关联企业资金借贷受所在国资本利得税（WHT）制约，需确定合理利率，规避可能存在的税务风险。

其次，在内部平衡完成以后，根据各子公司现金盈余或短缺情况，以及企业流动性管理要求，进行外部投资或融资。对于每一个主体，需确定一个合理资金存量的范围，高于上限的资金可用于短期投资产品，资金低于下限时，需要进行短期融资。

在进行外部投资时，需要考虑以下几点：

（1）投资产品的信用风险。企业并非金融机构，临时闲置资金尽可能选择低风险的投资产品，不可单一追求回报，避免一旦投资损失败，对企业经营造成影响。

（2）投资产品应具有合理的流动性，产品期限应匹配企业未来可能的资金需求。

（3）交易对手风险，避免过高比例的资金投入到单一金融机构。

进行外部融资时，需要考虑以下几点：

（1）选择的融资产品需要符合企业融资策略的要求。如：融资产品和渠道多元化的策略，要求尽可能利用更多的融资产品；外汇风险融资对冲策略，要求尽可能使用外币融资。

（2）各项融资产品对企业财务状况和业务活动的要求。如：流动资金信用贷款对企业财务指标有较高的要求；票据贴现要求企业拥有足够的应收票据。

（3）考虑银行合作的规则与要求，确定合作银行清单，并根据银行合作规则分配各项融资业务合作银行。

如表9-4所示为针对上一小节收支预测案例进行的资金计划（假定资金存量目标为30万元）。

表9-4　资金计划表　　单位：万元

现金情况预测	A公司		
	第一周	第二周	第一月
期初余额	40	47	40
现金流流入			
现金回款	40	25	120
票据回款	3	5	15
应收票据到期	3	1	7
收到归还到期委贷	12		12
其他流入	3	1	7
现金流出			
采购付现	35	25	130
应付票据到期	14	8	36
费用：	4	2	13
部门费用			
员工工资			
利息支出			
其他费用			
偿付到期委贷			
税款支出	1		1
到期借款归还		30	30
其他现金流出			
资金缺口	47	14	-9
关联结算	-30	-15	0
关联借款（借入）	8	20	25
外部借款	5	11	14
资金余额	30	30	30

9.5 资金集中管理

近三十年来，企业集团资金管理模式经历了多次变化。20世纪80年代，企业集团财务管理采用分权模式，即子公司负责自己的财务管理，集团总部对子公司进行政策指导，并进行事后审计。随着现代IT技术的发展，企业集团财务集中化管理成为了可能，20世纪90年代中后期，在IBM等国际领先企业成功的财务转型和管理变革的引导下，大型企业集团开始了公司业务流程重组、管理变革的浪潮，并建立了集中式财务管理模式。然而由于企业的规模、行业、业务模式的差异，资金集中管理模式也各不相同。

9.5.1 统收统支方式

企业的现金收付活动集中在集团或某一主体的财务部门和统一的银行账户，各分支机构或子公司不单独设立账户，所有的收款全部归入统一的银行账户，所有的现金支出都通过财务部门指定的账户付出，现金收支完全集中在集团总部。统收统支模式的好处是有助于企业实现全面整体收支平衡，最大程度实现资金使用效率，减少资金的沉淀，控制现金的流出。

统收统支的方式不够灵活，容易影响分支机构业务运作，所以适用于主体较少、业务模式简单、资金流动规律的企业。大型企业集团较少使用这种模式。

9.5.2 收支两条线资金管理模式

收支两条线管理模式，是指企业的资金收入和资金支出分别使用互相分离的流程、组织或资金流动路径，以达到保证资金安全、有效监控现金流动的目的。收支两条线模式要求收到的资金直接进行回款账户，支付时需要经过审批，才能对外支出，不得“坐收坐支”。

企业通常通过账户结构设置与资金流向的强制性要求，保证资金收支的分离。如图9-3所示，企业设置回款账户，使所有的回款全部收入回款账户，而回款账户资金只能转入资金集中账户，或经过集团总部审批转入支出账户，并且所有的支出只能通过支出账户付款。

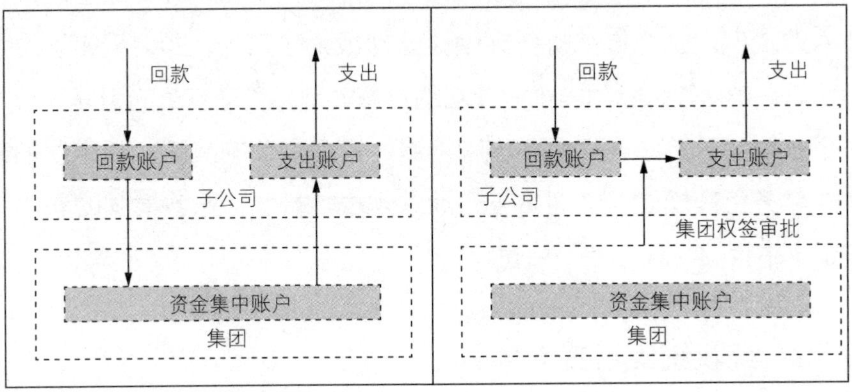

图9-3 收支两条线资金管理模式图

适用范围：（1）分子公司众多、难以进行日常监控和管理的跨国企业集团；（2）收款数量多且分散的供电、供水、公路、铁路等公用事业企业集团。

9.5.3 备用金方式

拨付备用金，是指企业按照一定的期限或金额，拨给所属分支机构和子公司一定数额的现金，备其使用。各分支机构或子公司发生实际现金支出后，持有关凭证到企业财务部报销以补足备用金。在备用金模式下，各分支机构不独立设置财务部门，但拥有一定的现金支配权。由于备用方式金额总量受限，同时不适合法律主体履行收付款业务，所以，一般适用于个人、办事处或分公司的财务活动，子公司不适宜使用该方式。

9.5.4 结算中心模式

结算中心通常在集团财务部门内设立，是办理集团内部各成员企业或分公司现金收付及往来结算业务的专门机构。各分公司根据结算中心预核定资金存量限额，必须将高于限额的现金转入结算中心的银行账户，结算中心集中集团和各分公司的现金。结算中心核定各分公司日常所需现金后，统一拨付至各分公司，监控货币资金的使用。为获得更好的银行服务与融资，结算中心需统一对外协调银行关系和筹措资金，办理各成员公司之间的往来结算，以减少资金沉淀，提高资金利用效率和效益。另外，各分公司都有自己的财务部门，有独立的账号（通常是二级账号）进行独立核算，因此，结算中心模式并不意味着将各分公司的全部资金完全集中到集团总部，而是资金流动、投资和融资、关联结算等事项决策集中化，各分公司依然拥有较大的资金经营权和决策权。

结算中心模式适用于下属单位为分公司的企业集团，不适用于下属单位为子公司的企业集团的资金集中管理。子公司与集团间的资金划转操作复杂，本质上属于企业间资金借贷行为，需要签订贷款协议、支付利息、缴纳税款，因而不适用于结算中心模式。

9.5.5 内部银行模式

内部银行模式是企业集团下属子公司常用的资金集中管理模式，是较结算中心更为完善的内部资金管理机构。内部银行引进商业银行的信贷、结算、监督、调控、信息反馈职能，发挥计划、组织、协调作用，并成为企业和下属单位的经济往来结算中心、信贷管理中心、货币资金的信息反馈中心。各分子公司与集团实行相对独立核算、自负盈亏。

在这种控制模式下，各成员公司在财务上拥有独立财权，对贷款有权按用途自行安排使用，即各成员公司享有资金经营权和决策权。内部银行模式要求每个成员公司都必须在内部银行开设账户，其在生产经营活动中的一切实物转让、劳务协作均视作商品交易，都要通过内部银行办理往来结算，各成员公司一般不直接对外进行现金结算。内部银行统一制定结算方式、结算时间，规范结算行为，同时对结算业务中的资金流向的合理性和合法性进行监督，及时发现问题，纠正资金使用中的盲目性和局限性。

另外，各成员公司无权对外融资，必须由内部银行统一对外筹措资金，并根据集团公司为各成员公司核定的资金和费用定额，结合其实际需要发放贷款，进行统一运筹，合理调度资金。内部银行还定期或不定期将资金流通状况以报表的形式，反馈给集团总部和各成员公司，使集团总部和各成员公司的领导层及时掌握资金使用状况。

企业内部银行适用于具有较多责任中心的企事业单位。特别是企业集团在不能建立集团财务公司时，通过企业内部银行进行财务运作是加强集团财务管理、塑造内部融资机制的最佳方法。

9.5.6 财务公司模式

集团财务公司，是专门从事集团公司内部资金融通业务的非银行性金融机构。由政府监管机构批准，是大型企业集团或跨国公司投资设立的一个独立的子公司法人实体。

财务公司经营的金融业务，大体上可以分为融资、投资和中介三部分。融资业务包括经批准发行财务公司债券、从事同业拆借等；投资业务包括承销成员单位的企业债券、对金融机构的股权投资，成员单位的消费信贷、买方信贷、融资租赁、贷款等；中介业务包括对成员单位交易款项的收付、对成员单位提供担保、办理票据承兑与贴现、办理成员单位之间的内部转账结算等。

财务公司作为非银行金融机构，为“集团成员单位”提供财务管理服务。根据《企业集团财务公司管理办法》，成员单位包括母公司及其控股15%以上的子公司；母公司和子公司单独或者共同持股20%以上的公司，或者持股不足20%但处于最大股东地位的公司；母公司和子公司下属的事业单位法人或者社会团体法人等。

财务公司业务经营范围（需银监会批准）包括：

（1）对成员单位办理财务和融资顾问、信用鉴证及相关的咨询、代理业务。

（2）协助成员单位实现交易款项的收付。

（3）经批准的保险代理业务。

（4）对成员单位提供担保。

（5）办理成员单位之间的委托贷款及委托投资。

（6）对成员单位办理票据承兑与贴现。

（7）办理成员单位之间的内部转账结算及相应的结算、清算方案设计。

（8）吸收成员单位的存款。

（9）对成员单位办理贷款及融资租赁。

（10）从事同业拆借。

（11）经批准发行财务公司债券。

（12）承销成员单位的企业债券。

（13）对金融机构的股权投资。

（14）有价证券投资。

（15）成员单位产品的消费信贷、买方信贷及融资租赁。

（16）经批准的外汇业务。

对于11~16项业务，财务公司经营一定期限后，经批准才可开展。

如图9-4所示，财务公司承担的职能及与集团公司监管层和成员单位之间的关系如下。

与前几种模式相比，财务公司不仅能实现资金的整合控制，还能承担集团的理财职责，可以通过在集团内部进行转账、结算来加速资金周转；通过融资租赁和买方信贷，注入少量资金，解决集团内部产品购销等方面的问题；通过对集团其他成员公司提供担保、资信调查、信息服务、投资咨询，为集团成员企业提供全方面的金融服务。财务公司具有结算中心、内部银行所不具有的同业拆借、外汇及有价证券交易、发行债券或股票等优势，为集团开辟了广泛的融资渠道，充当集团的融资中心，同时还可扮演投资中心的角色，利用集团内部暂时闲置的资金进行短期投资，增加了剩余资金的投资收益，使资金运用效率最大化。

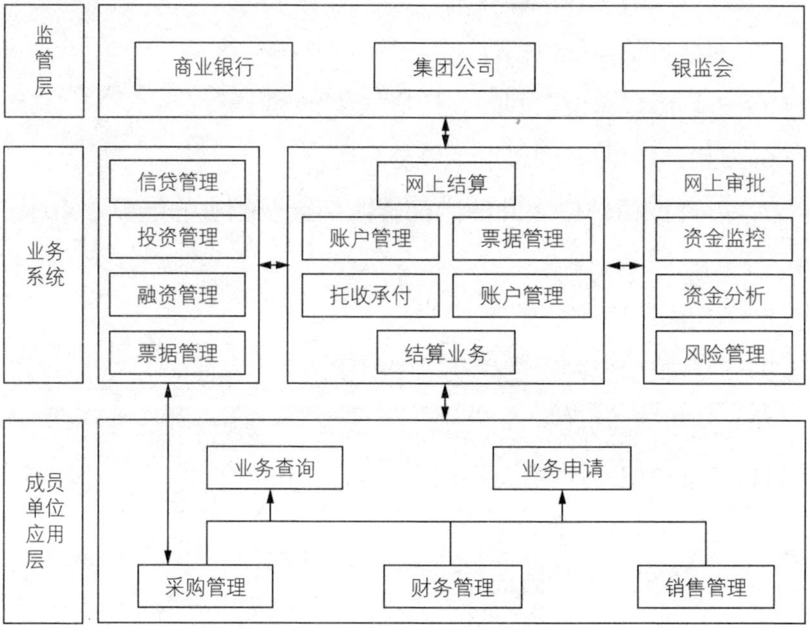

图9-4　财务公司职能与关系图

财务公司是一个独立的法人企业，它与集团其他成员企业的关系是一种等价交换的市场竞争关系。由于经营部分银行业务，因此它行使银行的部分职能。集团设立财务公司，是把一种完全市场化的“企业与企业”或“银行与企业”的关系引入到集团管理中，使集团各子公司具有完全独立的财权，拥有资金的经营权和决策权，同时集团又通过财务公司对子公司进行资金控制。从该层面讲，结算中心、内部银行更带有行政强制色彩，自主性、经济性不如财务公司资金控制模式。

此外，在国有企业集团资金管理模式变革的过程中，财务公司也发挥了不可替代的角色。国有企业集团历史悠久，各分/子公司情况不一，财务和资金集中管理难度大，财务公司的设立，从机制上解决了集团资金集中的难题，实现集团内各分子公司资金的高效集中。

9.5.7 资金池

资金池（Cash Pooling）是由跨国公司的财务部门与国际银行合作开发的资金管理模式，统一调拨集团的全球资金，以最大限度地降低集团持有的净头寸。在国内，一种基于委托贷款模式的创新型“现金池”正逐渐兴起，成为了集团企业实现资产流动性、集中化管理的首选工具。

现金池管理模式，根据是否实际划拨资金分为两种 :“实体现金池”和“名义或虚拟现金池”。在“实体现金池”结构中，企业在同一家银行设立一个母账户和若干个子账户。银行每日定时将子账户的资金余额上划到母账户中，资金上划后，子公司账户上保持零余额（ZBA）或目标余额（TBA）。这个限额的设定，通常是由企业根据自身资金管理的需求和现金存量的额度，与银行协商确定。在现金池结构中，子账户资金上划一般是在固定的时点，一天一次，也可以一天多次向母账户划拨资金。国内的现金池是以委托贷款的形式划拨资金，境外的资金池是以公司间资金借贷的形式划拨资金。

“名义/虚拟现金池”模式则是银行为集团建立一个虚拟的银行账户，将集团下属所有成员单位银行账户的余额，实时汇总显示在该虚拟账户上，允许集团通过该虚拟账户使用各成员单位银行账户资金，并根据集团虚拟账户的余额计算利息。如集团总部或子公司账户内现金合计余额为正数，则银行付出存款利息，如为负数，则银行收取透支利息。由于未涉及不同实体之间的资金转移，在一定程度上简化了银行和企业的操作手续，节省了财务成本，提高了企业资金管理的效率。尽管不涉及真实现金流动，但虚拟现金池实质涉及公司间的资金借贷，仍然需要考虑所在国金融法律、外汇管制和税务制度的要求。

如果子公司对外付款时出现账户余额不足的情况，银行可以根据母账户的资金头寸额度为限进行透支支付。子账户的日间透支，会由现金池的母账户在日终自动向子账户划拨相应的款项来结清欠款。集团企业为其下属子账户提供透支担保的，必须要大于或者等于其所有子账户日间透支额度的总和。通常只要子账户的日间透支额度不超过企业集团担保的额度，银行是不会就这一透支来征收利息的。

国内的现金池业务中涉及的事项主要有子账户余额的上划、子账户的日间透支、主动拨付、母子账户之间的委托贷款，以及子账户向集团总部的上存、下借分别计息等。在基于委托贷款模式下的现金池，各成员企业均需在现金池服务提供的银行开立结算账户、委托存款账户和委托贷款账户，具体透支额度可由银行对各家成员企业逐个单独授信，也可由进行集团核心企业统一申请和担保的集团授信，并由核心企业将授信额度分配给各成员企业，授信提款可采用法人账户隔夜透支的方式，也可采用发放一笔流动资金贷款的方式。

1. 建立现金池给企业带来的好处

1）利息成本的降低

现金池提高了企业内部资金融通的效率，最小化外部融资。在现金池中，不同账户上的正负余额可以进行有效的相互抵消，资金充裕的账户内的资金就能自动转移到那些资金缺乏的账户上去，既简化了融资手续，又降低了整个企业集团对于贷款的需求。同时，内部融资的成本要远远低于银行同期的贷款利率，这样也大大降低了融资成本和财务费用。为了避免涉嫌控制转移定价，内部融资的利率也应当遵守公平交易原则，采用的利率应参照同期第三方融资市场利率。

2）获取最大的资金回报

现金池将企业闲散的资金进行了回笼，充分提高了资金的使用效率。企业可以将集中后的资金进行更有效的投资活动，如投资于定期存款、通知存款、协议存款，或投资于国债市场、货币市场、基金市场，或向其他企业发放委托贷款等，从而为企业增加额外的投资收益。即使企业不进行投资活动，大额的存款或理财产品投资也可以使企业获得较高的存款利率。

3）提高整个集团的资金管理水平

在每日日终，各子账户将余额上存母账户，提高了整个集团资金的透明度。通过现金池，集团总部能够及时了解到各个子账户的资金流量情况，便于资金管理者从整个集团层面管理和控制可流动资金，加强了内部控制的效力。

2. 国内资金池管理结构与管理模式

如图9-5所示，在国内委托贷资金池架构下，集团公司设立主账户，各子公司在同一银行设立子公司收付账户，每一子账户与主账户间构成委托贷款关系，日终子账户与主账户间自动上下划拨。

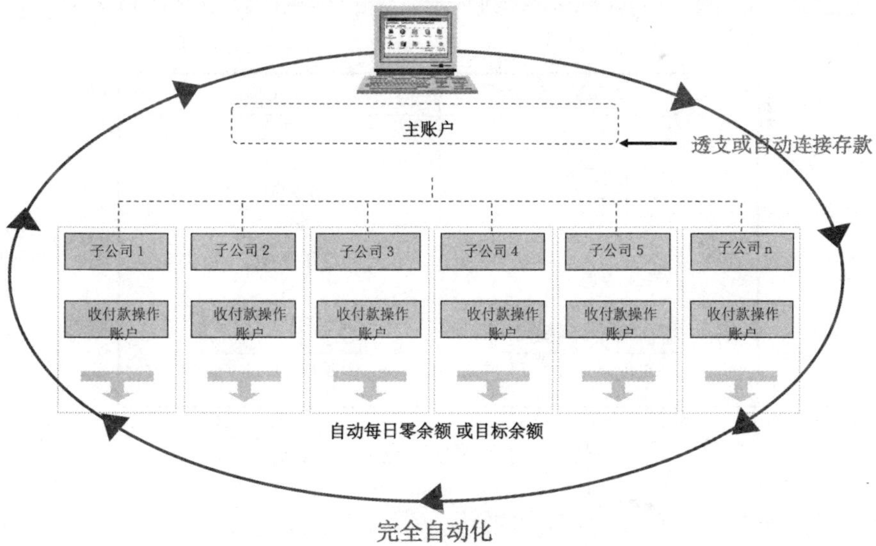

图9-5　资金池管理结构图

资金自动上下划拨的流程。第一天日间，各公司从各自的资金池账户进行收款、付款，只要整个资金池有资金（包括透支额度），各公司都可以直接付款；日终，资金池自动进行划转。若子账户余额为负，则主账户划转资金至该子账户将其补足为零。若子账户余额为正，则该子账户中的资金会归集至主账户。最终，所有子账户余额为零。第二天，各公司照常从各自的资金池账户中进行收付款。日终，资金池进行自动划转，同第一天。之后每天如此反复。

月末，按照客户实现设定好的资金池内部利率在主账户与子账户之间分配利息，收取相应的管理费。资金池报告每天更新，也可从网银上下载。同时，书面的资金池报告会在月末寄给企业客户。

根据资金归集规则不同，资金池结构可以分为零余额、按需划转、省税、“按需划转+省税”四种模式。

1）资金池结构1——目标（零）余额

如图9-6所示，资金集中管理是通过借记或贷记子账户余额并对应相反贷记或借记主账户，从而实现子账户余额达到预设的目标值，如目标值为零，即为零余额。在这种结构下，子账户余额为零，所有资金池的资金集中在主账户。如图9-6案例所示，总的委托贷款量为20+15=35。

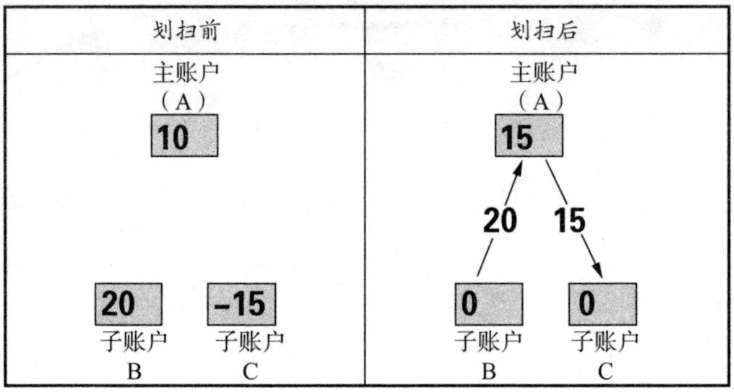

图9–6　目标余额资金池管理结构图

2）资金池结构2——按需划转

如图9-7所示，当总余额为负时，资金集中于主账户，由主账户进行透支；当总余额为正时，子账户划转精确委托贷款金额至子账户，填补账户透支缺口，如有资金余额可留置于子账户，资金池中无多余的划扫，从而减少委托贷款及其所导致的营业税。

总的委托贷款量为15+5=20。

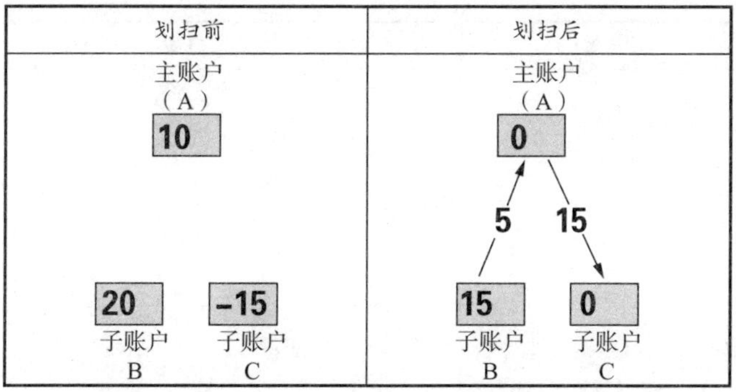

图9-7　按需划转资金池管理结构图

3）资金池结构3——零余额下的省税模式

如图9-8所示，通过设立“银行”的账户作为资金池的中介账户，通过该账户的流入或流出的委托贷款仅算一笔委托贷款（从借入方算，或者从借出方算）。在一般的零余额结构下，委托贷款被算两遍。总的委托贷款量为15+5=20。

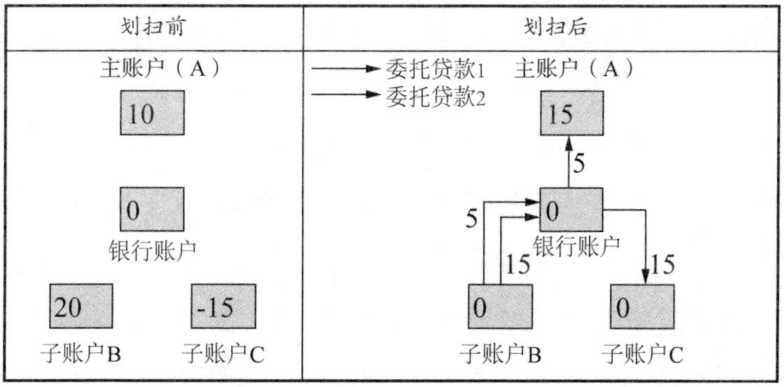

图9-8　零余额下的省税模式资金池管理结构图

4）资金池结构4——按需划转下省税模式

如图9-9所示，通过设立“银行”的账户作为资金池的中介账户，通过该账户的委托贷款仅算一笔委托贷款（从借入方算，或者从借出方算），并且仅扫动子账户所需的金额。在本案例下，如果将银行账户变成一般的主账户，则总的委托贷款金额为30而非现在的15。在本结构下，总的委托贷款量为10+5=15。

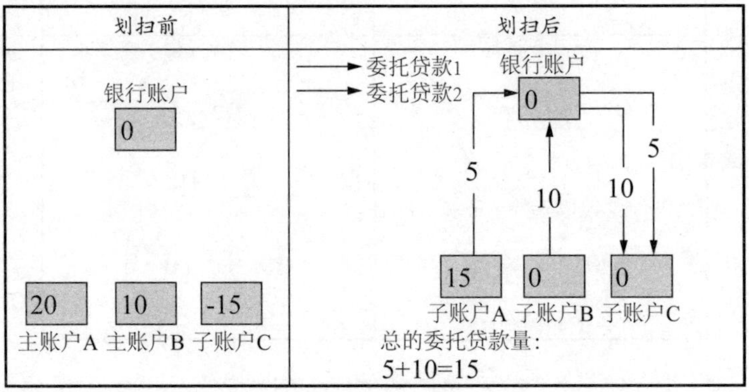

图9-9　按需划转下省税模式资金池管理结构图

9.5.8 资金集中的法律与税务

资金集中的资金调拨形式有两种：关联主体间结算与关联主体间借贷。

关联结算，是指在形成关联交易之后，通过选择关联结算的时点，来集中集团资金。但这种仅适用于有关联交易的主体之间的资金调拨，不具有普遍性。同时，资金流向与金额受到限制。

关联借贷模式下，无论是在人工资金集中模式下，还是现金池模式下，导致了不同法人实体账户间资金的转移，这种转移多数情况下没有实际的贸易背景，形成公司间借贷实质。在国内，《贷款通则》明令禁止公司间的直接借贷，委托贷款是唯一集团内部资金借贷的合法形式。

委托贷款简单来说，就是一方向另一方贷款，委托第三方（商业银行）进行管理。商业银行不承担贷款损失风险，只负责按照委托人所指定的对象或投向、规定的用途和范围、预定的条件（金额、期限、利率等）代为发放、监督使用并协助收回贷款。委托贷款被用作是绕开公司间借贷禁令的一种方法。此外，委托贷款方为上市公司时，证监会对上市公司提出财务独立性的要求，为保持中小股东的利益，对大股东通过资金借贷形式占用上市公司的款项做出了严格的限制。

在使用基于委托贷款的资金池时，涉及利息营业税、印花税以及企业开成利润后的所得税。

1. 营业税

营业税，根据《营业税问题解答（之一）的通知》（国税函发[1995]156号）第十条规定：贷款属于“金融保险业”税目的征收范围，而贷款是指将资金贷与他人使用的行为。根据这一规定，不论金融机构还是其他单位，只要是发生将资金贷与他人使用的行为，均应视为发生贷款行为，按“金融保险业”税目征收营业税。根据此条款，资金池内因资金拆借而形成公司之间的借贷，所产生的利息需要缴纳5%的营业税。

按此规定，在现金池主账户和成员公司账户之间，无论是上划还是下借资金，都会产生利息收入，因此必须缴纳营业税。根据税法规定，委托贷款的营业税应由受委托的银行代为扣缴。在现金池模式下，下属子账户将多余资金上划到母账户，和母公司将这笔资金下拨到其他资金短缺的子账户，将产生两笔营业税。实质上是一笔资金的上划和下拨，集团企业却因此缴纳了两笔营业税。若集团企业的规模庞大，分支层级较多，那么通过现金池进行资金划拨会导致大额营业税的支付，加重企业财务费用的负担。如果企业选择零利率和不缴纳任何税的操作方式，则会留下违规隐患。

业内对于现金池利息收入是否缴纳营业税，依旧存在疑义。部分观点认为，现行资金池的资金归集模式，均是日末归集到总账户，日初返还至子账户，其资金是在日末才发生借贷关系，并于隔日初就予以返还，实质上资金并没有真正意义上被占用，这完全类似于活期存款，所以公司理应从资金池内合理获取活期存款利率下的利息，但若从资金池收取高于活期存款利率的利息，应视作参与公司借贷后取得的额外利息收入，应缴纳营业税。

2. 印花税

印花税，是指以经济活动中签立的各种合同、产权转移书据、营业账簿、权利许可证照等应税凭证文件为对象所征的税。在企业现金池的模式下，根据《中华人民共和国印花税暂行条例》（财税［1988］255号），银行及其他金融组织和借款人（不包括银行同业拆借）所签订的借款合同，按借款金额0.05‰贴花，纳税义务人为立合同人。委托贷款产生的应缴纳的印花税可由集团企业和其成员企业与银行约定支付，由银行进行代扣代缴。

然而集团企业每天会发生大量、频繁的资金划拨，为简化手续，提高效率，避免逐笔缴纳印花税，目前较普遍的一种方法，就是企业事先和银行商定一个委托贷款的总额，然后到当地的税务部门提起申请和备案，得到税务机关批准后，再根据这个总额来计算所应缴纳的印花税。同时，银行会监控资金池内的交易量，当交易总量接近预先设定的委托贷款总额时，会提前通知企业重新申请新的委托贷款总额，在补充缴纳新的印花税后，方可继续正常使用资金池。目前企业和银行如何确定这个总额并没有相关条款可以参考，并且当资金池内交易量小于总额而产生的多缴印花税，也不会予以退回。

另外，关于无期限自动续约的合同，我国税务部门也做了相应的规定。《国家税务总局关于印花税若干具体问题的解释和法规定的通知》（国税发［1991］155号）：对办理借款展期业务使用借款展期合同或其他凭证，按规定仅载明延期还款事项的，可暂不贴花。

3. 企业所得税

《企业所得税法实施条例》第三十八条规定，企业在生产经营活动中发生的下列利息支出，准予扣除：

- 非金融企业向金融企业借款的利息支出、金融企业的各项存款利息支出和同业拆借利息支出、企业经批准发行债券的利息支出；
- 非金融企业向非金融企业借款的利息支出，不超过按照金融企业同期同类贷款利率计算的数额的部分。

在现金池框架中，企业之间相互拆放资金的话，应参照金融市场商业贷款利率水平约定的拆放利率，不得畸高或畸低。央行《关于调整银行存、贷款利率的具体情况规定的通知》（银发［1989］40号）：委托贷款利率由委托双方自行商定，但最高不能超过人民银行规定的同期贷款利率和上浮幅度。在2004年10月人民银行上浮存贷款利率时，明确指出金融机构的贷款利率原则上不再设定上限。那么这样一来，对于委托贷款利率的设定基本上就没有了上限和下限限定。

在现金池中，企业实际所采用的利率，就是由集团企业内部自行商定的利率。有些企业放贷时如没有财务负债，其放贷下限没有规定，为了避免少交营业税之嫌，只是不得低于同期活期存款利率。如果放贷企业本身有财务负债，则其放贷利率不得低于其借款成本，否则有转移价格之嫌。一旦企业内部的利率定价涉嫌转移定价和资本弱化，就会受到相关税务部门和审计部门的质疑。一般建议利率设定在上限不超过一年期贷款基准利率，下限不低于一年期存款利率这一范围，避免涉及转移价格，资本弱化等红线。企业可以根据自身财务水平，同税局进行充分沟通，适当调整利率，在整体上取得成本与法条之间的平衡。

此外，根据《企业所得税法》对关联企业的认定标准，参与资金池业务的成员公司都直接或间接地被第三者控制，即构成了关联企业的关系。根据《企业所得税法》第四十六条规定：企业从其关联方接受的债权性投资与权益性投资的比例超过规定标准而发生的利息支出，不得在计算应纳税所得额时扣除。同时，关联方之间的利息支出在税前扣除时必须满足一定的条件，即企业从其关联方接受的债权性投资与权益性投资的比例，在规定标准以内而发生的利息支出时才能够税前扣除，金融企业规定比例为5∶1，其他企业为2∶1。

9.5.9 诺基亚资金管理实践

如案例 24所示，诺基亚公司在现金管理领域具体很好的管理实践，特别是短期现金管理方面，值得学习参考。

案例 24：诺基亚现金管理实践

- 资金中心。成立负责全球资金的管理中心，在全球设立了两个统一的区域资金管理中心，一个在瑞士的日内瓦，一个在亚洲的新加坡。
- 诺基亚公司在全球与其战略合作伙伴银行——美洲银行达成协议，美洲银行为诺基亚公司量身定做优质服务，包括内部企业清算、外部企业结算、外汇市场风险规避、短期投资、短期融资等，整个诺基亚公司的资金在两个结算中心进行汇总，并在银行下班之前汇往另一个结算中心以继续工作，银行与公司可以休息，但是钱还可以使用，并且在增值。
- 全球资金池。美洲银行高效的计算系统使诺基亚全球公司每天结账，整个集团的结账余额用于归还美洲银行的贷款，以天计算；如果出现负数透支，则直接记入贷款科目，按照事先协商的利率以天计算利息。
- 结算管理：诺基亚全球使用诺基亚银行清算系统（NBL）和本地集中清账系统（CDN）。在中国大陆由于受外汇管制，本地企业之间要先清算，以减少外汇收付的烦琐程序，然后参与全球银行清算系统清算。在中国使用本地清算系统前，诺基亚在大陆的各个子公司之间互相结算，极其烦琐。
- 债务互抵。经过与税务局协商，与各个企业协商并签订相关互抵协议（涉及税务、审计、账目、银行、系统等内容），通过指定本地一家企业为清算中心，使用本地清算系统，实现了每一家企业只对负有清算中心职能的本地企业一次性收款或者付款。各个企业之间统一在每个月的某一天清账。

- 收支预测：诺基亚的每一个子公司都要以周为单位预测未来1个月和12个月的资金流情况，每周预测，滚动更新。
- 内部融资。诺基亚内部公司之间的资金盈缺，先在集团内部企业之间相互融资解决，整个集团的资金盈缺用银行的信贷额度解决，这样保证了最小的成本和最高的灵活性。首先，每一家企业都需要加入相互之间的委托贷款协议计划；其次，每个企业要履行职责每周更新自己公司的资金计划；最后，每个公司都在同一家银行开户，保证资金的实时到位；结算中心办好所有的手续以及与银行的协议，并在银行申请相关的信用额度，以确保企业资金计划临时变动的应急之需。
- 资金中心融资服务。诺基亚资金中心为子公司提供低成本的融资，同时，也为有富余资金的子公司进行委托，贷款给其他公司，并担保风险。如果企业A急需资金，可以马上向财务中心申请贷款，使用之后，随时归还；财务中心的这笔资金可能就是来自于有资金富余的企业B，同时，企业B还可以获得高于银行存款的利息收入。
- 外汇风险管理：各子公司每周测算外汇风险，诺基亚财务中心提供最专业的技术支持和风险预警，并在总部统一控制风险容限总量。在1997年东南亚金融危机发生时，诺基亚没有受到一点损失，是与其外汇风险管理能力密切相关的。在中国这样外汇管制的国家，诺基亚除了提供常规的套期保值外汇风险规避措施之外，还与其全球合作银行的国内分支机构进行协商，通过其母公司在国外将国内无法规避的风险在国外市场上进行出售或对冲，诺基亚财务中心进行协助。另外，财务中心与诺基亚的业务部门保持密切合作，对涉及外汇风险的贸易方式进行重新设计，结算方式进行创新，最大程度规避本土企业的外汇风险。
- 银行关系管理：资金中心负责与银行谈判，以最低的成本获得最好的结算服务和融资服务，甚至是为企业量身定做的服务。

- 客户信用管理：资金中心制定信用政策和提供技术支持，确保子公司在经营过程中理解每一个客户信用状况，在此基础上完成交易，并按照政策和经验进行信用额度。
- 应收账款贴现：资金中心负责协助子公司对应收账款进行转卖，在成本可以接受的情况下，将应收账款出售。

10

Chapter 10

流动性风险与短期投融资

10.1 流动性风险定义

企业的资产以不同形式存在，如现金、银行存款、电脑、机器、厂房等。其中，只有现金和银行存款可用于对外支付，可以转化为其他资产，也就是能够“流动”。流动性就是指资产能够以一个合理的价格顺利变现的能力，这个能力表现为资产转化所需的时间和成本。当一个资产变现时所需的时间越长，或快速变现时需要价格折让，则说明变现能力差，流动性差。反之亦然。

流动性风险是指由于企业现金流入（资产变现）和流出（负债清偿）在时点或数量的不匹配，是当前或未来某一时点或时期，未能足额偿付到期债务的可能性。简单地说，就是当企业没有足够的现金，或持有的资产不能够快速变现，导致对外支付困难，就是流动性风险。无论是个体户，还是大企业集团，管理流动性风险，保证企业对外支付能力，是企业持续经营的基础，是企业经营管理者需要关注的核心。

企业的流动性管理可分为短期流动性管理和中长期流动性管理。短期的流动性管理通过收支预测和短期资金计划，进行资金的使用与借贷安排，保证企业银行账户随时有足够的资金可用（短期流动性管理属于“现金管理”)。中长期的流动性管理通常理解为企业的财务健康度，即企业拥有良好盈利能力和运营效率，能够持续带来内部经营性现金流入（内部现金流管理属于“营运资金管理”），同时拥有适宜的资本结构和财务风险水平，能够保持良好的外部融资能力（外部融资能力管理属于“资本架构管理”)。

10.2 影响因素

影响流动性风险的因素包括企业的盈利能力、运营效率、增长速度、资本结构和外部经济与金融环境。持续盈利是企业长期流动性的根本来源，如果一个企业长期亏损，企业风险最终会体现为较高的流动性风险，一个盈利能力好的企业，经过合理规划，流动性风险可以得到有效控制。然而，即便是盈利能力很好的企业，如影响企业流动性风险的其他因素得不到正确处理，也会带来较高的流动性风险。有些企业利润率很高，但赚来的钱固化为存货或应收账款，即营运资金的周转效率差，则也会带来流动性风险。营运资金效率低下，通常发生在企业的高速增长时期。在这个阶段，企业为销售扩张，获得客户，通常会带来应收账款和坏账的增加，企业的资金压力增大。

合理的资金来源结构可以有效降低流动性风险。合理使用股权融资和债权融资，平衡企业财务风险，保证外部融资能力，可有效降低企业的流动性风险。在不同的外部金融市场环境中，应采用不同的流动性管理策略。如经济扩张期，可以把大部分现金投入运营，实现快速成长。在金融危机发生时，需要储备现金过冬。

一个利润状况好、运营效率高的企业，仍然需要做好短期的流动性管理，做好短期的资金预测与安排，否则仍然可能存在很高的流动性风险。

10.3 度量方法

常用的衡量企业短期流动性的财务指标及其含义如表10-1所示。

表10-1 短期流动性指标表

指 标	定 义	含 义
流动比率	流动资产/流动负债	代表短期资产对短期负债的偿付能力
速动比率	（流动资产–存货）/流动负债	剔除变现所需时间较长的存货，体现企业更加真实的短期偿债能力
净现金	现金–有息流动负债	减去短期现金偿付义务，体现真正可以使用的在手现金存量
现金/总资产	现金/总资产	从资产结构的角度反映企业的流动性
烧钱率	现金/月平均运营支出	计算持有现金能够支持多长时间的运营支出
自由现金流	经营性现金净流量–必要资本性支出	是在不影响公司持续发展的前提下可供分配或投资的现金流
现金流保障倍数	经营性现金净流量/有息债务	经营性现金流对有息负债的保障能力

不同规模、不同行业的企业，适合不同的指标评估其流动性风险。大型高科技企业（如苹果、思科等）倾向于持有大量现金以保证资产流动性，由于它们拥有大量债务，使用净现金指标能够较好地反映它们的流动性。商业企业由于有大量的短期资产与短期负债，并且存货是其经营资产，变现能力强，所以，流动比率能够较好地反映其流动性。电子游戏公司、电子商务等互联网企业，由于初期投入大，持续时间长，产品研发完成前长期没有现金收入或处于长期亏损状况，手中持有的现金数量决定了企业能够存活多长时间，所以，烧钱率是更为直观的指标。

如企业期望衡量更长期限的流动性，如超过一年，还可以使用如下方法。首先计算企业目前的高流动性资源，包括现金、可变现的金融资产（变现期可适当放长）、可变现的存货或其他流动性资产、金融机构授予并支付额度占用费的承诺授信额度等。其次计算企业两年内的资金需求，包括需要归还的银行贷款、营运资金增长需求以及必要的资本性支出。如果资金来源大于资金需求，则表明企业在未来两年内，在没有外部融资的情况下，仍能保持正常经营。

10.4 资金存量与短期投资

如图10-1所示，与其他风险管理一样，企业流动性风险管理实质是企业风险与收益的平衡。企业流动性风险高，意味着一旦出现流动性困难，企业可能会倒闭破产，付出巨大的代价。要降低流动性风险，如通过长期融资持有现金，需要付出资金成本。如何找到最佳平衡点，使得资金成本与危机成本之和最小，则为最优流动性平衡点。

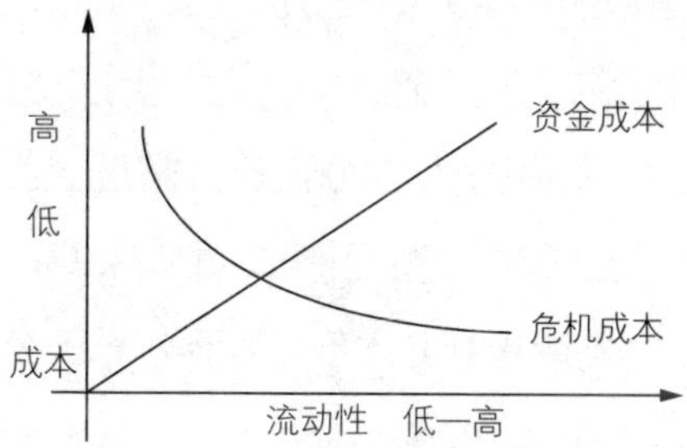

图10-1　流动性风险成本示意图

企业应根据管理层的风险偏好和影响企业流动性的因素（盈利能力、运营效率、增长速度、资本结构和外部经济与金融环境）来合理设定企业流动性管理的目标与要求，并通过企业现金存量管理、短期投资期限管理、融资期限结构管理、融资额度管理等资金管理中实现。其中，后两项内容已在资本架构中讲述，本章节不再重复。

1. 现金存量管理

在企业现金管理中，企业集团整体以及各分子公司需要存放多少现金，是每个企业财务人员需要认真考虑的问题。首先，企业集团的现金存量需要匹配不同地域与不同币种的资金需求设定目标范围，并根据内外部环境变化，对资金存量目标范围进行动态调整。其次，资金管理者需要决定以什么币种存放，以及存放在哪些银行，才能最大化保证现金良好的流动性。在决定存量水平时，还需要考虑企业的行业风险、选择激进还是保守的业务策略、管理层的风险偏好，以及财务风险管理指标的要求。

现金分类法设定企业资金存量。根据企业现金使用目的不同，可以把现金分为日常资金、风险储备、专项储备和资金盈余四大类。

日常资金为各运营主体日常经营性资金需求之和。如集团公司A设定的短期流动性管理目标为，在没有收入的情况下，各子公司现金存量能够满足至少一个月的持续经营。如子公司X每月经营支出约为2亿元，则子公司X的日常资金存量限额应设为2亿元。以此类推，把集团内所有经营主体的日常资金需求进行汇总，假设为20亿元，则为集团日常资金的资金存量应至少保持20亿元。

风险储备为集团留存在资金集中主体，用于防范某一主体短期资金需求的储备性资金。如集团A的20亿元日常现金存放于各主体，能够满足至少一个月的资金需求。为提高流动性保障，集团保持额外20亿元，存放于集团内“资金集中主体”，用于某一子公司资金短缺时的临时资金调配。

专项储备是为了满足资本运作、分红奖金，还贷等大额专项的需求而要专门进行的资金储备。假设企业集团A下月需归还10亿元银行贷款，则需要专门预留资金。

资金盈余指由于企业盈利能力强或战略投资需要，企业超出企业短期资金流动性需求以外的长期资金储备或资金盈余。

根据集团A流动性需求，如希望保证至少两个月经营性资金的安全，则需持有不应少于50亿元的现金，其中包括10亿元还贷的资金储备。

2. 短期投资期限

为增加资金收益，企业通常不会全部以活期存款的方式持有现金，可以选择部分如定期存款、理财产品等短期投资方式持有现金存量。由于很多短期投资无法提前变现，或变现会出现损失，所以，需要设定合理的短期投资期限。

根据日常资金、风险储备、专项储备和资金盈余使用目的的不同，可以设定合理的短期投资期限。日常资金由于存放于各自主体，一般为活期存款或期限在7天以内的通知存款等。由于日常资金能够保障一个月的日常资金需求，所以风险储备的投资期限可以放大到不超过30天的理财产品等短期投资品种。专项储备现金可根据专项资金需求时点设定投资期限。若资金盈余，则可以投资更长期限的投资产品，如6个月或1年以上。

11

Chapter 11

外汇风险管理

11.1 资金风险管理

企业集团经营过程中，所面临的风险可以分为以下类别：市场风险、交易对手风险、流动性风险、经营风险和企业风险。

市场风险是指由市场中的商品、资金和资产的价格波动对企业价值的影响，包括利率风险、外汇风险、商品价格风险和企业价值风险等。

交易对手风险是指企业在交易过程中，交易对手没有或及时履行合同约定的义务给企业带来的损失，包括银行信用风险、结算风险、客户信用风险和供应商风险。

流动性风险是指由于企业现金流入（资产变现）和流出（负债清偿）在时点或数量的不匹配，在当前或未来某一时点或时期，不能足额偿付到期债务的可能性，包括现金流风险与融资风险。

经营风险是指公司管理人员在经营管理中出现失误而导致公司盈利水平变化的风险，包括人力风险、欺诈风险、业务连贯性风险、系统/工具风险、实物资产风险等。

企业在生产经营过程中的风险可能并行发生，也可能串行发生，即一个风险可以导致其他风险的发生。通常企业业务经营活动在前，财务活动是业务活动的记录和对业务活动结果的相应财务反应和安排，所以，企业的业务风险的发生最终会体现在企业的财务结果上。不管是经营风险、企业风险、市场风险或是交易对手风险，这些风险的发生会最终体现为企业的流动性风险，即企业由于丧失支付能力而无法持续经营。

1. 风险管理目标

对于风险，企业可以有不同的态度去对待，接受风险和管理风险。企业可根据风险的大小、发生的概率、对企业的影响和管理成本等几方面，决定接受风险还是管理风险。接受风险意味着企业将承担风险发生给企业带来的损失。管理风险有两个不同的目标：一是减轻，即通过一定的方法降低风险发生的概率，或风险一旦发生降低给企业带来的损失；二是规避，即通过一定的方式，把某种风险对企业的影响降为零。

企业决定接受风险还是管理风险，以及管理风险的目标前，需要分析并确定以下三个方面：

（1）确定风险偏好。即企业高层管理者对风险的容忍度，他们是厌恶风险还是喜欢面对风险，包括愿意承担风险的种类、大小等。

（2）确定企业风险承受度。即企业业务经营和财务能力能够承担各类风险的限度，超出企业承受能力的风险一旦发生，意味着企业将付出巨大的代价，甚至破产倒闭。

（3）确定风险管理有效性的标准。风险管理有效性标准，是帮助企业度量企业现在的风险是否在风险承受度范围之内。即风险是否优化，风险的变化是否是企业所要求的。

基于企业的风险偏好和风险承受度，企业需要综合平衡风险可能带来的损失与管理风险需要付出的成本，来决定是否管理某类风险以及管理风险的强度，以及最优的管理方法。

2. 职责定位

如表11-1所示，根据企业所面临风险的性质、影响范围，以及企业内各组织的职责划分来确定不同的管理责任部门。其中，利率风险、外汇风险、银行信用风险、结算风险、客户信用风险、现金流风险、融资风险的管理属于资金管理部门的责任，并分属于不同的业务模块。

表11-1 资金风险分类与责任部门表

类 别	风 险	部 门
市场风险	利率风险	资金管理
	汇兑风险	资金管理
	商品价格风险	业务
	企业价值风险	无
对手风险	银行信用风险	资金管理
	结算风险	财务
	客户信用风险	信用风险管理
	供应商风险	采购
流动风险	现金流风险	资金管理
	融资风险	资金管理
经营风险	人力风险	人力资源
	欺诈风险	商务
	业务连贯性风险	公司
	系统/工具风险	IT
	实物资产风险	保险管理
企业风险	监管风险	公司
	法律风险	法务
	政治风险	公司

11.2 外汇风险来源与分类

外汇风险，是指由于外汇汇率波动，对企业收入、现金流、资产和负债的水平及其波动性带来的影响。以影响对象的不同，外汇风险可分为交易风险（Transaction Exposure）、折算风险（Translation Exposure）和经济风险（Economic Exposure）。

交易风险，是指公司的债权、债务因汇率变动后，在进行外汇交割清算时出现变动所引起的风险。这些债权、债务在汇率变动前已发生确定，但在汇率变动后才清算。这类风险包括进出口贸易、涉外货币借贷、对外直接投资和外汇买卖。简单来说，交易风险是“造成企业真实现金流变动的外汇风险”。

例如，20世纪80年代，中国某金融机构在东京发行100亿日元债券，年利率8.7%，期限12年，到期一次性还本付息204亿日元。金融机构以美元兑换日元偿还。借债日汇率：USD/JPY 220，清偿日汇率：USD/JPY 109。金融机构实际偿付的美金相比于借款日的预期大幅增加。

折算风险又称为会计风险，是指公司财务报表中的外汇项目，因汇率变动而引起的转化为本币时价值跌落的风险。公司期末编制损益表和资产负债表时，所有的外币资产和负债都要按照期末汇率另行折算，由此引起与原账面价值不一致的情况。另外，本国公司在国外的子公司，按照合并报表原则，也应折算为本国货币。由于汇率变动，不同项目选用不同时期的汇率，在报表合并时，为保证资产负债表平衡，会出现报表差额。尽管折算风险只涉及账面损失，不影响真实的现金流，但仍然会影响企业最终的业绩评价。

经济风险，是指由于未能预料的汇率波动，引起公司未来预期收益发生变化的潜在性风险。经济风险程度的高低，主要取决于企业销售额、产品价格等关键指标对汇率变动的敏感性。

11.3 管理目标

企业外汇风险管理的目标主要有两个：控制风险和获取收益。控制风险，是指企业在量化企业风险敞口预测的基础上，根据外部政治经济环境的变化，制定合理的风险规避策略，使汇率波动对企业的影响在管理层要求的范围内。获取收益，是指企业在对外部汇率趋势预测的基础上，采取有利于企业的业务与财务运作策略，获得实际现金收入或实现净资产增值。

获取收益的过程通常伴随着风险的加大，所以，企业在外汇风险管理中，一般倾向于以控制风险为目标。有些情况下，如因外汇管制等，造成某种货币内在价值与市场汇率背离、升值或贬值趋势确定的情况下，企业也通过多种手段来获取收益。金融机构通常会利用对市场的趋势把握和对风险水平的精确控制，以获取收益为目的。

例如，2007年至2012年，人民币升值趋势明确，企业通常通过境外借款、加速兑换美元为人民币等多种方式，增加人民币现金和美元负债的持有量，来获得人民币增值带来的收益。

11.4 两个基本原则

1. 集中监管原则

企业外汇风险敞口的计算应包括企业所有分子公司的外汇收支，并且外汇风险管理决策也应基于企业整体的风险敞口。如子公司A在下月1日收到15万美元，子公司B在同一天将支出15万美元，从子公司的角度，子公司A和子公司B分别有15万美元的正敞口和负敞口，但从集团的角度看，企业在下月1日的美元风险敞口为零。所以，企业对外汇风险在总部进行集中管理，有利于整体敞口预测与管理决策。

2. 真实交易原则

企业风险预测与管理决策必须基于企业真实发生的业务，如基于未来的假设或期望，则管理决策并不能真正降低风险，反而可能加大企业风险。如果未来业务的发生存在不确定性，则在预测时，需要估算发生的概率，避免误导分析人员。例如，某企业3个月后预期签订一个销售合同签，如果成功，公司将会收到300万美元的预付款现金流入，合同签订的概率是70%，则可以估算收到的现金流入预计为210万美元。

11.5 风险敞口预测

制定外汇风险预测流程，明确外汇风险预测组织。外汇风险预测的实质是预测分币种的现金流动，即在现金预测的基础上，增加币种类别。所以，通常外汇风险预测的组织与现金流预测的组织类似。但由于增加了更多的信息，需要找到合适的预测人员、合适的组织或部门，预测分币种的现金流。

项目型公司，通过前端项目经理或项目财务人员，预测项目分币种现金流，并汇总至总部财务，形成公司整体外汇风险预测。运营型公司，是通过各国家业务策略，结合历史业务规律，预测公司外汇风险。

当现金流动存在不确定性时，预测人员需要尽可能估算现金流发生的概率，并提供给分析人员，以供敞口分析人员使用。

11.6 管理方法

1. 恰当地选用计价货币，优化货币组合

1）本币计价法

选择本币计价结算，实际上是将对外交易变成了境内交易，外汇风险构成因素中的外币因素去掉了，不管汇率如何变动，进、出口商都没有外汇风险。例：出口泰国的商品使用人民币结算，收取货款。

2）合理选用货币

基本原则是：资产业务尽可能地多选用硬币；负债业务则尽可能地多选用软币。出口时应尽可能选用硬币计价结算，进口时应尽可能选用软币计价结算，即让自己拥有的资产增值，让自己的负债贬值。

例如：企业货币资金兑换为币值将会上升的人民币。

3）软、硬货币搭配法

多数情况下，多币种组合的资产与负债的波动性会大大低于单一货币。可以采取适当比例的多种货币组合，将软、硬货币按一定比例搭配组成篮子货币，作为计价结算、借贷或储备货币，以避免使用同一货币的风险。

2. 运用系列保值法，采取保值措施

1）订好保值条款

货币保值是指选择某种与计价货币不一致的、价值稳定的货币，将合同金额转换用所选货币来表示，在结算或清偿时，按所选货币表示的金额以计价货币来完成收付。例如，柬埔寨本地货币币值不稳定，在本地采购时，使用美元作为支付。

2）调整商品价格保值

调整商品价格保值，包括加价保值和压价保值等。在某些场合出口不得不收取软币，而进口被迫用硬币。此时就要考虑实行调价避险法，即出口加价和进口压价，借以尽可能减少风险。具体有两种方法，分别是为出口商所用的加价保值法和为进口商所用的压价保值法。例如，澳洲进口商在进口中国货物时约定，如果人民币当月升值超过1%，中国商品价格需降低0.5%。

3. 提前或延期结汇

提前或延期结汇（Leads Lags）又称迟收早付，迟付早收。它是指在国际支付中，通过预测计价货币汇率的变动趋势，提前或延期收付有关款项，即更改外汇资金的收付日期来避免外汇风险。例如，当人民币预期快速升值时，企业应尽可能快速地回收其美元应收账款，并马上兑换为人民币，以使货币资产保值。

4. 平衡法和组对法

1）平衡法（Matching）

平衡法亦称配对法，是指交易主体在一笔交易发生时，再进行

一笔与该笔交易在货币、金额、收付日期上完全一致但资金流向相反的交易，使两笔交易面临的汇率变化影响抵消。例如，预期5月15日将会收到100万美元的货款，则在同一天安排一笔100万美元的采购付款。

2）组对法（Pairing）

组对法，是指交易主体通过利用两种资金的流动对冲来抵消或减少风险的方法。某公司具有某种货币的外汇风险，它可以制造一个与该货币相联系的另一种货币的反方向流动来消除某种货币的外汇风险，另一种货币与某种货币流动方向相反，但金额相当、时间相同。例如，某公司预计8月20日将收到300万沙特里亚尔，由于沙特里亚尔汇率锁定美元，则在签订一个远期采购合同，约在同一天，支付相同金额的美元。

5. 借款法和投资法

1）借款法（Borrowing）

借款法是指有远期外汇收入的经济实体，通过借入一笔与远期外汇收入相同币种、相同期限、相等金额的资金，改变时间结构，防范汇率风险的一种方法。例如，预计一年后将收入200万欧元，则今天借入200万一年期的欧元借款。

2）投资法（Investing）

投资法是指有远期外汇支付的经济实体，通过投资一笔与远期外汇支出金额、期限和币种都相同的资金，改变时间结构，防范汇率风险的一种方法。例如，预计2年后将偿付500万美元的借款，则购买两年期500万美元债券。

6. 利用国际信贷

1）出口信贷（Export Credit）

出口信贷是指在大型成套设备出门贸易中，出口国银行向本国出口商或外国进口商提供低利贷款，以解决本国出口商资金周转困难，或满足外国进口商资金需要的一种融资业务。它包括两种形式：一是卖方信贷（Supplier's Credit），二是买方信贷（Buyer's Credit）。

2）福费廷（Forfeiting）

福费廷，又称包买票据，是指在延期付款的大型设备贸易中，出口商把经进口商承兑的、5年以内的远期汇票无追索权地卖断给出口商所在地的金融机构，以提前取得现款的资金融通方式。

3）保付代理（Factoring）

保付代理，简称保理，是指出口商以延期付款的形式出售商品，在货物装运后立即将发票、汇票、提单等有关单据，卖断给保理机构，收进全部或一部分货款，从而取得资金融通的业务。

7. 进行金融市场操作

交易合同签订后，涉外经济实体可以利用外汇市场和货币市场的金融衍生品交易减轻外汇风险。在外汇风险敞口预测的基础上，需要考虑预测的准确性、对风险的容忍度来确定合适的对冲比例。通常，企业会选择30%、50%或70%等对冲比例，而不会选择100%完全对冲。原因是如果预测不准确，出现偏差，对冲可能不会减轻风险，反而制造出相反的风险敞口，增大风险。

金融衍生品工具主要有：

1）即期合同法（Spot Contract）

指具有近期外汇债权或债务的公司与外汇银行签订出卖或购买外汇的即期合同，以消除外汇风险的方法。

2）远期合同法（Forward Contract）

指具有外汇债权或债务的公司与银行签订卖出或买进远期外汇的合同，以消除外汇风险的方法。

3）期货交易合同法（Future Contract）

指具有远期外汇债务或债权的公司，委托银行或经纪人购买或出售相应的外汇期货，借以消除外汇风险的方法。

4）期权交易合同法（Option Contract）

指具有远期外汇债务或债权的公司，委托银行或经纪人购买或出售相应的外汇期权，借以消除外汇风险的方法。

5）掉期交易合同法（Swap Contract）

指具有远期的债务或债权的公司，在与银行签订卖出或买进即期外汇的同时，再买进或卖出相应的远期外汇，以防范风险的一种方法。

6）外币票据贴现

出口商在向进口商提供资金融通而拥有远期外汇票据的情形下，可以拿远期外汇票据到银行要求贴现，提前获得外汇，并将其出售，取得本币现款。

8. 其他规避风险措施

1）易货贸易

即贸易双方直接、同步地进行等值的货物交换，交易时双方均无须收付外汇，同时都把互换商品的单价事先确定，故不存在外汇风险，但交易双方都存在各自商品涨价或对方商品跌价的风险。

2）签订清算协定

即双方约定在一定时期内，所有的经济往来都用同一种货币计价，每笔交易的金额先在指定银行的清算账户上记载，到规定的期限再清算贸易净差的方法。

3）转手贸易

是在签订清算协定的基础上发展起来的一种贸易方式，即三方或多方协商，按同一货币计价来交换一定数量的商品，且利用彼此间的清算账户进行清算。

4）参加汇率保险

这一方法是指，参加官方或半官方机构所开办的汇率保险以弥补或转移外汇风险。

对企业会计风险的处理方法有以下几种：①通过市场操作，利用外汇合约的盈亏来冲销折算盈亏；②将折算损益作为递延项目逐年累积，不计企业当年损益，分散风险；③由于会计风险并不影响企业真实的现金流动，所以很多企业不做处理，只告知股东、债权人即可。

由于经济风险是指汇率活动对企业业务活动，即收入、利润的影响，所以对经济风险只能是通过业务策略的调整来改变。如改变企业营销策略中的市场选择、定价战略和产品战略等；如调整供应链，转移生产地，或在其他国家设立生产工厂。

12

Chapter 12

信用风险管理

信用风险（Credit Risk）又称违约风险，是指交易对手未能履行约定契约中的义务而造成经济损失的风险，即受信人不能履行还本付息的责任而使授信人的预期收益与实际收益发生偏离的可能性，它是金融风险的主要类型。信用风险管理（Credit Risk Management）是指通过制定信息政策，指导和协调各机构业务活动，对从客户资信调查、付款方式的选择、信用限额的确定到款项回收等环节实行的全面监督和控制，以保障应收款项的安全及时回收。在本书中的信用风险管理，主要是指企业经营过程中的客户信用风险管理。

12.1 管理目标与政策

为什么要管理客户信用风险？如果信用风险管理不善，会给企业带来什么样的成本？第一，企业信用风险管理不好，可能会出现坏账和损失；第二，即便最终没有出现坏账，但企业持有应收账款仍然会有成本。具体来说，有如下四类成本。

1. 管理成本

是指从应收账款发生到收回期间所有的与应收账款管理系统运行

有关的费用。拥有大量的未到期、到期甚至逾期的应收账款，需要投入较大的人力物力去跟踪、监控和管理，因此会产生高昂的显性和隐性的管理成本。

2. 机会成本

持有应收账款而丧失的这笔资金投资于其他项目赚取收益的机会。假设企业没有拖欠的账款，能够及时收到现金，当使用这笔现金去投资时可能就会产生收益，那么这部分收益代表着应收账款的机会成本。

3. 收账成本

应收账款的正常收账费用和对逾期应收账款的催收费用。对逾期应收账款的催收会产生额外的费用，这也是增长的一部分成本。

4. 坏账损失

假设最后账款没有收回，企业则会出现坏账损失。这可能成为最大的信用风险管理不善的成本，企业必须尽最大努力防范其发生。

这四种成本的出现会导致企业出现比较严重的后果，比如上述成本的增长会影响企业的利润，持有大量的坏账会使企业现金流出现短缺，服务于高风险客户使得优质客户流失，最终，轻则影响企业发展的机遇，重则使企业陷入经营危机。因此，企业必须高度关注、并运作科学合理的方法管理企业客户信用风险。

信用管理目标通常有以下三部分内容：①揭示客户信用风险；②选择合理承担企业能够承受的信用风险；③实现有效健康销售。首先要揭示在业务过程中真实存在的客户信用风险，然后决定选择承担哪些风险，规避哪些风险，同时做好风险的监控与管理。在做好风险管理的基础之上，考虑如何促进有效的销售，让企业的销售能够实现现金回款，实现健康的增长。

企业历史实践证明，在销售前进行信用管理，能减少70%的坏账；在销售中进行信用管理（监牢与预警），能减少35%的坏账；在销售后进行信用管理（问题报告与处置），能减少41%的坏账；对整个销售过程进行风险控制，能减少80%的坏账。业界实践表明，要做好信用风险管理，重点是进行事前和事中的管理。

12.2 管理框架与管理流程

根据企业客户信用风险管理的目标，企业需要能够识别客户信用风险，能够做出管理决策，并进行持续的跟踪和监控，类似于金融机构的贷款过程中的风险管理，如图12-1所示是企业的信用风险管理，根据不同客户的风险水平，建立对客户信用风险体系，对不同级别的客户给予不同的授信额度，客户在额度内可以进行赊销，对于高风险客户，提出风险规避的要求和条件，最终，对所有客户的风险进行预期损失的预估，并反映在企业未来整体风险管理中。

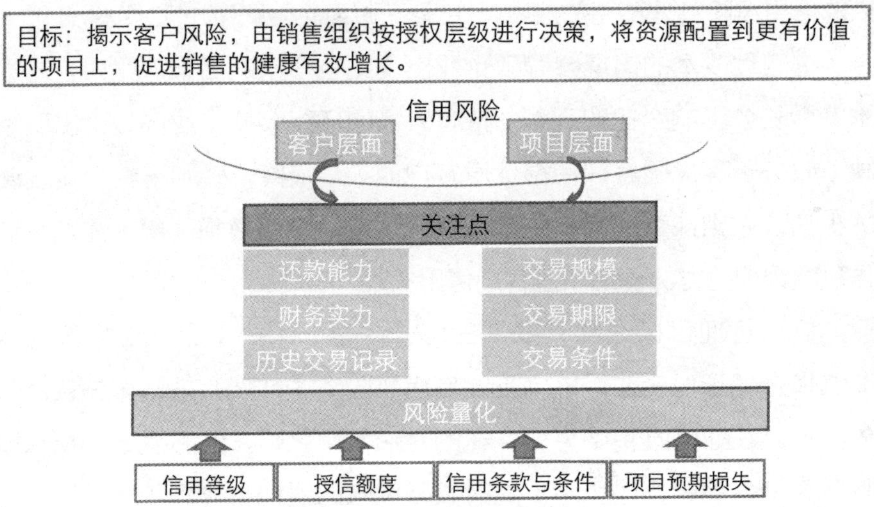

图12-1 客户信用风险管理框架图

在企业与某一个客户实际进行交易合同的签订与执行中，需要对此交易的风险进行评估。这个评估分两方面的内容，一是客户层面，即客户本身的财务情况、偿债能力以及历史交易是否出现违约等企业客观信用状况的评估。二是交易项目层面的评估。即与客户进行交易的交易规模、赊销期限和交易条件的评估。这两方面的评估缺一不可，综合起来，才能做出合理的决策。

为什么要进行两方面的评估呢？我们用如下的案例来说明。假如一个财务状况非常好的企业A，历史上，没有发生过坏账，也没有拖欠过货款。当A企业提出，三年免息分期付款的条件，要采购一批产品，我们是否同意呢？很明显，A企业的客户资信很好，但交易条款很差，即好企业提出一个很坏的交易条件，通常情况下，是不能接受的。相反，一个濒临倒闭的企业B，我们是不是就一定不能和它做生意呢？通常我们会谨慎对待与企业B的交易行为，但如果企业B进行100%预付款，我们还有什么理由拒绝这个交易？所以，在实际交易层面的信用风险评估，需要从两方面入手，即看客户层面，也要看交易层面。

当企业建立起自己的客户信用等级与授信额度体系、标准的信用条款和项目预期损失的预测规则之后，在每一个客户交易签订与执行的全过程中，信用风险管理需要介入到其中的每一个环节，实现全流程的信用风险管理。下面的流程是以一个复杂的、长周期的、包括产品买卖、设备安装交付的大型工程类项目为例，从而说明全流程的信用风险管理的过程。相对较为简单的贸易类企业可以对全流程信用风险管理过程进行简化调整。如图12-2所示，风险管理过程主要包括如下环节。

（1）项目立项阶段。从不同角度充分采集客户信息，分析客户的信用等级并给予客户一定的信用额度，在信用额度内客户可以循环使用。如客户资信情况过差，项目成功可能性低，客户信用风险高于企业规定的限度，则可停止与客户的交易，节省企业资源。

（2）投标阶段。投标阶段的标书是企业对客户有绑定义务的承诺，需要销售团队向信用风险管理团队提出信用申请，取得审批后才能投递标书。针对提交的信用申请时，需要进行风险评估与决策。这分两种情况，有的直接通过，有的则需要给予信用要求与条件，只有在满足条件的情况下才可以批准交易。例如，有些交易要求提高预付款比例，有些要求母公司进行担保。交易决策后还需估算交易未来会产生的潜在损失的概率和金额。

（3）合同签订阶段。合同是对双方具体法律约束力的正式文件。信用风险管理人员需要在合同签订前，对合同的条款进行审阅，确保之前提出的信用条件都得到了满足，并在合同中予以确认。

（4）交易执行阶段。在交易执行过程中，合同处理（生产制造）与发货环节都要进行信用检查。信用检查的含义是针对交易过程中的客户，确认客户风险是否出现重大变化，客户交易履行是否出现违约，一旦出现上述情况，需要采取措施，如停止生产或发货。

（5）应收账款阶段。产品与服务交付完成并形成应收账款之后，企业应持续进行应收账款的监控与风险评估。一旦出现坏账或可能出现坏账，及时进行处理，降低损失。

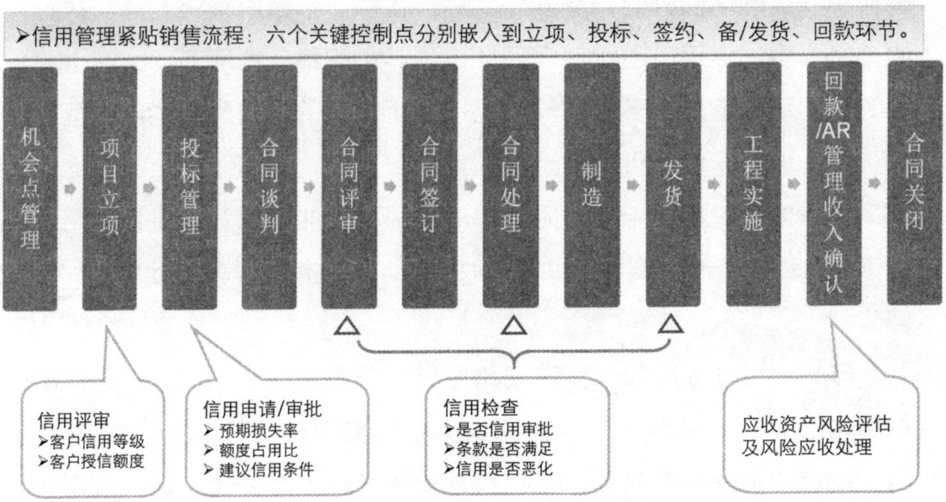

图12-2　客户信用风险全流程管理示意图

信用风险的组织根据职能分工可以分成三个部分。

（1）授信业务部门。主要负责信用额度等级的审批、政策流程制度的建立、方法模型的研发和建设、信息收集渠道的开拓和管理，整个信用管理组织部分的运作与绩效管理、坏账计提规则的设立等。

（2）信用评估部门。当客户交易申请提交后，负责交易评审和决策，决定是否批准通过某个交易申请。

（3）信用检查部。负责在交易申请批准后，在具体执行过程当中的信用风险的检查。其中信用风险检查点包括项目立项、合同签订、备货、发货和应收资产的定期评估。任何一个检查点中，客户出现重大的资信恶化的情况下，信用检查部应及时发现，采取风险规避措施，从而降低企业可能会出现的损失。

12.3 信用政策

信用政策是企业针对信用销售（赊销）情况下制定的一系列管理原则、标准、要求，以及企业风险控制方法。一个企业信用政策一般包括以下主要内容。

（1）赊销业务与目标。明确是否进行赊销；明确什么项目、产品、什么客户可以做赊销。

（2）赊销客户标准。设定哪类客户允许赊销。这类客户需要具备什么样的资信条件和信用等级。

（3）付款方式。现金付款、票据付款、信用证或其他。

（4）付款时间。提前付款，收到发票即付款，延期及分期付款的相关规定。

（5）付款折扣。客户提前付款，或者以现金形式付款，是否给予一定的折扣，以及给予多少折扣。

（6）延期利息收费。对信用期限内或超过信用期限的应收账款是否收费，以及什么样的收费标准。

（7）信用额度管理。额度申请和审批的流程、手续及标准。信用额度检查的方法与流程。

（8）货款收回方式。催收货款的手段以及催收计划，规划收款进度以及相关安排。

（9）职责与权限：对客户信用风险相关各部门及岗位职责与权限的说明。

从本质上理解，信用风险管理政策没有对错之分，政策的倾向实际是在销售机会和信用风险的平衡做出选择，是选择企业付出多少资源去支持客户，从而扩大销售。如果信用政策比较宽松，即给予客户更多的优惠条件，有利于促进销售，但企业承担的风险较高；如果信用风险政策比较紧，风险较低但不利于销售。不同行业、不同的企业会做出不同的选择。一般会把信用风险管理政策会分成财务型、销售型和均衡型三大类。

（1）财务型。比较保守，更注重信用风险，宁肯失去销售机会也不愿意承担过高的风险。在这种情况下，出现呆账、坏账的机会较小，但企业的发展受到制约，会有失去重要客户的风险。这样的风险政策，适用于企业业务风险较高、行业处于衰退期、企业生命周期处于下降期、现金流紧张的企业。

（2）销售型。鼓励销售，尽可能给客户以优惠的信用条件。这种情况下，销售业绩可能会很好，但出现坏账的机会也会增加，甚至产生灾难性的后果。这种政策适合行业高速成长，企业处于抢占市场份额的成长期，或与同行战略竞争的关键时期，并且企业现金充裕。

（3）均衡型：始终是在发展业务和保证安全之间找到一种均衡。愿意承担一定程度的信用风险，同时加强风险控制，保证销售健康有序地增长。一般正常经营环境的多数企业会采用这种政策。

如图12-3所示，企业在不同的发展时期也会选择不同类型的信用政策。在企业发展初期，为了进入市场与市场存在的对手竞争，快速扩大销售，需要付出代价，承担一定的风险，所以通常会选择销售型。到了成熟阶段，企业规模比较大，客户数量众多，经营区域复杂，为保持企业持续健康经营，企业会选择财务型或均衡型，找到销售和风险的平衡点。

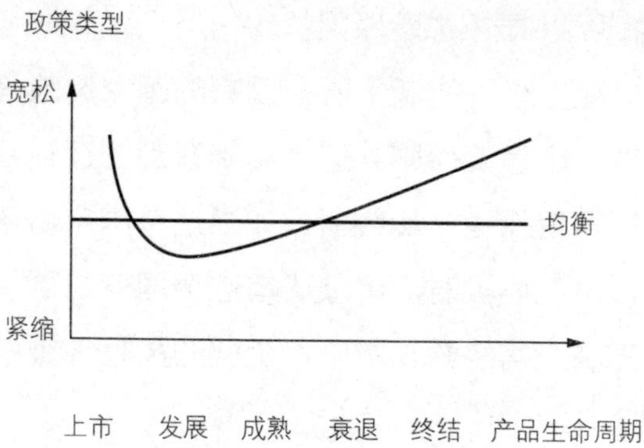

底线：在对应的产品生命周期内，使DSO天数低于行业平均值

图12-3　企业生命周期

12.4　客户信用等级

为了做好信用风险控制，需要对客户信息进行科学分析与评价，并设定为不同的等级，这是企业进行后续信用风险管理的基础。

1. 客户信用等级形成机制

1）等级的含义

根据企业不同的信用风险水平，设立不同的等级。等级的定义可参考标普或穆迪等信用风险机构对不同级别的企业信用风险的描述。

2）等级划分

不同的企业或不同的信用评级机构会有不同的等级划分方法。企业可根据自己的管理需求，把企业的信用等级划分成五级或七级等。

3）等级对应关系

企业的信用等级尽可能与标准的信用评级机构评定的信用等级有一定的对应关系。这样的匹配会对后期企业信用管理是必要的，也会带来非常大的便利。例如，在与一个有标准普尔信用等级的企业进行交易时，可以使用这个信用等级直接匹配企业内部的信用等级，而不用进行重新的评定，可以节省大量的时间和企业的资源。

4）政府机构评级和国家风险原则

企业的信用风险评级不能低于所在国家的国家风险等级，这是企业信用等级设定的一个重要原则。这个原则背后的逻辑是，一个企业是在一个特定的国家进行生产和经营，如果这个国家信用风险很高，当国家信用破产，出现危机时，可以认定这个国家范围内的所有企业都有极高的概率无法正常经营。所以，企业的风险等级不能低于其所在国家的风险等级。

5）回顾机制

对企业信用等级系统需要进行定期的回顾机制，确保等级划的合理性，如果不合理可以进行调整。

2. 信用等级评定的方法

1）回归法

首先企业明确影响企业信用风险水平的因素，并通过这些因素与信用风险水平之间的相关性分析，选出最关键的两个因素；再根据市场上众多的企业样本，利用线性回归公式计算出这两个因素的影响系数。在计算某一个企业的信用风险水平时，可以使用这个公式，快速计算，从而对企业信用等级进行划分和评定。这样的方法适合一些咨询公司快速对大量的企业进行信用等级评定。其缺点是方法的精确性不高。

2）打分评级法（专家打分法）

影响企业信用等级的因素通常分为两类，一类是定量因素，一类是定性因素。对定性因素的评定，可以由行业专家按一定的标准，对这些因素进行量化打分，最终与定量因素综合加权，来判定信用等级。使用这样的方法，它的评定结果的绝对值意义不是非常的明晰，但相对值，即不同结果之间的比较，具有很好的指导意义。例如，在得分越高风险越高的情况下，A企业的得分为8分，很难确认A风险是高还是低。但如果B企业得分是5分，可以认为，A企业的信用风险高于B企业，如果企业得分平均为4分，可以认为，A企业和B企业的信用风险高于大多数企业。

3）市场评级法

如果客户是在公开市场上发行股票或发行债券的企业，需要通过有资质的市场信用评级机构进行信用评级，企业可以使用这个信用等级，来确定客户的信用风险水平，并匹配到企业的信用等级中。

在使用信用等级评定工具对客户进行打分后，还需要有经验的分析人员对企业进行人工的分析、判断，允许分析人员对客户的信用等级进行调整，来弥补客观量化工具不够灵活、适应性差的弱点。

对客户进行评级以后，需要一定的审批机制来避免客户信用等级出现的工作失误，甚至是主观故意调高或压低信用风险的结果。在信用分析人员确定客户信用等级以后，需要主管去回顾、评估、审核这些客户的信用等级评定的结果。

3. 信用等级的运用

客户信用等级的结果可以运用在企业管理中很多方面，包括以下内容。

1）条款授权

未来客户提交交易申请后，根据客户的信用等级的不同，给予不同的信用政策。对于高风险客户提出的交易申请，需要给予更严格的条款要求，如要求一些担保措施或者是给予更短的付款期限。

2）额度计算

信用等级会直接决定企业给予某个客户的授信额度，在授信额度内可以循环使用，给予客户一定的融资支持。对于低风险客户，给予较高或更长期期限的授信额度。对于高风险客户，给予较低的，或不给授信额度。

3）坏账计提

传统的坏账计提方法是根据应收账款的账龄来提取坏账计提准备，账龄较长的应收账款则需提取较高比例的坏账准备。为了更加准确地计提客户坏账准备的金额，可以使用客户的信用等级与账龄相结合的方法计提坏账准备，确保客户坏账计提的金额会更加准确，符合客观的实际情况。如表12-1所示为综合客户信用等级、账龄的应收账款准备的计提案列表。

表12-1　客户信用风险与坏账计提表

<table>
<tr><th rowspan="3">客户信用等级</th><th colspan="5">已开票应收账款</th></tr>
<tr><th rowspan="2">未到期</th><th>到期</th><th>到期</th><th>到期</th><th>到期</th></tr>
<tr><th>0 ~ 6月</th><th>7 ~ 12月</th><th>1 ~ 2年</th><th>大于2年</th></tr>
<tr><td>A</td><td>0%</td><td>5%</td><td>15%</td><td>50%</td><td>100%</td></tr>
<tr><td>B</td><td>0%</td><td>5%</td><td>15%</td><td>50%</td><td>100%</td></tr>
<tr><td>C</td><td>0%</td><td>5%</td><td>15%</td><td>50%</td><td>100%</td></tr>
<tr><td>D</td><td>0%</td><td>15%</td><td>50%</td><td>100%</td><td>100%</td></tr>
<tr><td>E</td><td>5%</td><td>15%</td><td>50%</td><td>100%</td><td>100%</td></tr>
</table>

4）融资定价

企业在对客户提供延期付款时，对于资金成本的收取可分为两方式，一种是暗报在产品的价格中，另一种是明报收取一定的融资利息。不管是哪种方法，企业需要计算为客户融资所付出的成本。这个成本包括资金的时间成本（无风险利率）和客户信用风险回报。

案例 25：客户延期付款利率定价。

M企业为客户X提供一年期延期付款。如果客户X的信用等级为A，债券市场信用等级为A的企业融资利率为6%，信用等级为AAA的企业融资利率为3%，一年期国家债券利率为2.5%，计算M企业应向客户X收取的融资利率。

答案：融资利率=无风险利率+信用风险回报=2.5%+（6%−3%）=5.5%。

5）信用交易审批流程

对于不同信用等级的客户的交易申请，可以采用不同审批流程，以平衡交易审批的效率和对客户风险的控制。针对信用等级较高的客户，可以采取简化流程，使用较少的审批环节，甚至不需要审批，直接通过，以最大化减少对销售的影响，提高运作效率。对于信用等级较低的客户，可以采用人工审核，主管审批的方式，确保风险可控。

4. 客户信用等级影响因素

影响信用等级的因素分为两大类，一类是定量因素，一类是定性因素。

定量因素是指可以由客观数据量化的因素。如销售收入的增长、现金流动的比率、偿债能力、企业的利润率、占有的市场份额等决定企业未来的发展和偿债能力的客观的财务数据。定性分析是指不能或很难精确量化的因素。包括客户外部宏观的经营环境、竞争状况、上下游供应链的稳定性、激进或谨慎的财务策略、管理团队状况等内容。

企业通常采用如下的流程来计算确定客户信用风险等级。

（1）计算企业定量指标，并确定所得分值。例如，根据行业特性确定，如企业利润率高于10%，为5分，如利润率在5%～10%之间，得3分，如企业利润率低于5%，得1分。

（2）对定性指标使用文字描述方式，确定具有某种特征的企业所得分值。打分时，可以让有经验的分析人员使用专家打分法，评定分值。为避免个人的好恶，可采用多人打分取平均数的方法。

（3）对每一个因素赋予一定的权重，加权计算平均得分。

（4）主管或经验丰富的专家，对分数结果进行再次审阅，必要时，可对结果进行调整，并说明明确理由。

（5）得分结果匹配企业信用等级，并确定最终结果。信用等级计算过程如图12-4所示。

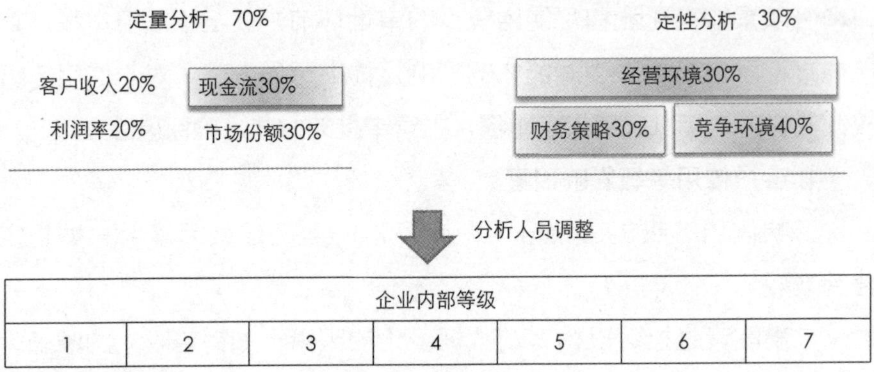

图12-4 客户信用风险等级计算方法

12.5 信用额度与信用条件

客户信用额度的评定是由需求触发的，即并不会对每一个客户自动给予一定的授信额度。当有交易需求后再去评定额度的多少。客户的情况是在不断变化的，所以需要对授信额度进行定期或非定期的回顾，一旦客户风险发生变化，就对额度进行调整。确定额度的具体金额可以使用两个方法，一是根据客户的信用等级确定给予多少的信用额度，二是根据与该客户的历史交易应收敞口数据，调整确定。对客户的授信额度需要遵从一定的审批流程。根据风险水平的不同，由不同层级的主管进行审批。客户信用风险越高，相应的审批层级就越高。

明确客户的信用等级并且授予一定的信用额度后，根据信用等级和授信额度来判断客户所提交的交易申请是否通过。“通过”分两种情况，一种是无条件通过，另一种是有一定的信用附加条件的通过。

信用风险附加条件包括付款期限与条款、限制性指标和信用提升三大类信用风险条款。

1. 付款期限与条款

- 提高首付款比例；

- 提高前期付款里程碑的付款比例；
- 不可撤销的无条件付款责任；
- 收取符合市场风险状况的利息；
- 提高应收账款的偿还优先级；
- 设定触发违约的关键事件；
- 保留产品的产权；
- 反向资产质押；
- 重大负面事件条款；
- 年度重大资产投资预算审批。

2. 限制性指标

- 债务资产比率；
- 债务保障倍数；
- 利息保障倍数；
- 速动比率；
- 经营性利润率；
- 资产出售限制；
- 新增债务审批；
- 分红限制；
- 股权转让限制；
- 对外担保限制；
- 对外收购限制；
- 设立合资公司限制。

3. 信用提升

- 第三方担保；
- 银行保函；
- 还款专用账户；
- 共管账户；
- 信用保险。

12.6 交易预期损失

从概率上看，任何交易的执行都可能会出现坏账。一个交易通过申请审批，并不意味着交易不会存在损失的可能性。所以，信用风险的发生是一个概率事件，每一个交易都可能出现一定的预期损失值。如果只有一个项目，那么这个项目要么出现坏账，要么没有坏账，即出现的概率为100%或0%，不存在出现中间的数值，因而去计算单个项目的预期损失并没有管理意义。虽然预期损失在评估一个客户的时候没有意义，但对于评估一个拥有很多个项目集合在一起的企业，它的数值对于企业经营管理决策就有非常重要的指导意义。

预期损失值=客户违约概率×违约损失率×风险敞口

客户违约概率：指客户在一定时期出现违约的概率；违约损失率：一旦出现风险，风险敞口出现损失的比率；风险敞口：与特定客户相关的风险暴露额。

1）客户违约概率

客户违约概率是指客户在一定时期出现违约的概率。国际信用评级机构，如标准普尔或穆迪，根据大规模企业历史经营数据，计算出不同客户的信用等级，在某一段时期内出现违约的概率，并公布在其发行的刊物和网站上。比如信用等级为A的客户，三年内出现债务违约的概率是5%。或理解为，从历史经验上看，信用等级为A的企业，三年中有5%的企业出现违约的概率。

2）违约损失率

违约损失率是指一旦出现违约，企业风险敞口出现损失的比率。例如，销售一批电视机，如果客户不付款回收后，电视机降价30%出售给市场上其他客户，所以我们真实的损失比率可能是30%，这30%就是企业的违约损失率。

风险敞口。这里的风险敞口不仅指应收账款，同时包括企业为某一特定客户的交付准备好的零部件、原材料、半成品或产成品。把所有的针对某具体客户的资产和应收账款全部加总在一起，构成对该客户的风险敞口。

12.7 风险监控与处理

当企业完成交易后形成应收账款，需要对企业的应收资产进行定期的评估和审阅，确保及时发现其中隐藏的风险，并及时跟踪处理。

应收账款的跟踪和分析通常综合考虑账龄和客户信用等级。

首先是账龄分析。对应收账款进行账龄分析，分析应收账款逾期的金额和逾期的长短。预期的时间越长、金额越大，意味着风险越高，需要重点关注和跟踪。

其次，把客户按信用等级分类，信用等级越差的客户相对的应收账款风险就会越高，需要重点关注。特别是信用等级比较差、逾期天数比较长的企业，发生坏账风险比较高，需要关注并提出解决方案。

对应收资产进行分析，判断哪些会实质性发生逾期，哪些是潜在可能出现违约的客户。对于实质性逾期的客户，要分析逾期的内外部原因，判断是能力问题还是意愿问题，找出原因，从而制定不同的解决方案，降低风险，减少损失。

在组织上，在信用风险发生或可能发生的情况下，会组成一个跨部门的团队，包括信用风险管理人员、商务人员、法务人员、应收回款专员、客户经理等。所有与应收账款风险相关的业务、财务等人员综合在一起，形成小组来对欠款原因进行分析，制定款项追讨方案以及具体执行方案。

13

Chapter 13

银行关系管理

人们常说，银行对企业，只会“锦上添花”，不会“雪中送炭”。意思是在企业遇到危机时，银行不会帮助企业，当企业经营良好，不需要资金时，银行则会大力支持，提供资金。事实上，企业与银行双方处于一种互相需要，又各有利益诉求，心照不宣的微妙关系。如何建立起良好的银企关系，最大化企业利益，或在危机出现时获得资金支持，对企业经营至关重要。

1. 银行与企业的关系

首先，企业与银行是一种互存共生的关系。银行要想有存款与贷款，离不开企业。企业要想发展，必须得到银行的支持。双方都有意愿建立良好的合作关系，达到共赢。

其次，企业需要平衡“骨头”业务与“肉”业务。企业要深刻理解银行的利益需求，了解银行分行、支行的绩效考核指标，银行到底需要什么？哪些业务是银行愿意做的？哪些业务是银行不愿意做却恰恰又是企业需要的？通过了解交易双方的利益诉求，采取合理的博弈策略，最大化企业利益。

一般来说，存款负债业务与结算类中间业务，对银行来说是“肉”的业务，不占用银行信贷额度，是银行的利润来源。而贷款类资产业务，占用银行资本金与信贷额度，对于银行来说是“骨头”业务。企业则需要把“肉”作为资源，尽可能让银行多啃“骨头”，搭配着与银行合作，让银行有付出、有回报，形成稳定的良性合作关系。

再次，银行关系是企业财务管理的难点，管理不好容易滋生腐败。所以，企业应建立公开透明的管理机制，把银企合作过程、规则公开化，接受监督。

最后，银企关系重大，易出现腐败问题，管理的组织应是财务负责人指定专门的人员或独立的组织管理。中小型企业可确定为资金总监或财务总监负责，协调、指导结算、存款、借款等各职能部门与银行的合作。银企关系不宜由与银行进行业务往来的资金人员直接管理。

2. 合作银行定位

如同客户或供应商管理一样，企业可根据银行的业务实力与重要性，对银行实施分类管理。一般可设为，战略性合作银行、一般性合作银行、特殊性合作银行。对战略性合作银行，企业与银行进行存款、贷款、结算、衍生品交易等全方位的合作，建立良好的合作关系，当企业遇到资金困难时，银行能够给予全力的支持。对一般性合作，根据银行的业务特点，进行部分优势业务的合作。对于特殊性合作银行，当需要时，企业与其进行单笔业务、一次性的合作。如果是保理融资操作，银行通常需要企业开立账户，接收保理融资款。

3. 银行合作流程

银行是资金的供应商，管理银行就是管理资金的供应商。如图13-1所示为银行合作的流程包括的主要环节。首先，需要设立银行准入门槛，排除网点覆盖差、业务能力薄弱的中小型高风险银行。特别是对于跨国集团公司，对远离总部、分布在世界各地分子公司设立银行准入标准，可以有效防范银行风险。

其次，根据银行的业务能力、信用承诺、财务实力、区域覆盖率和客户关系，选择存款、贷款、结算等各项业务合作短名单，并给予综合排名。

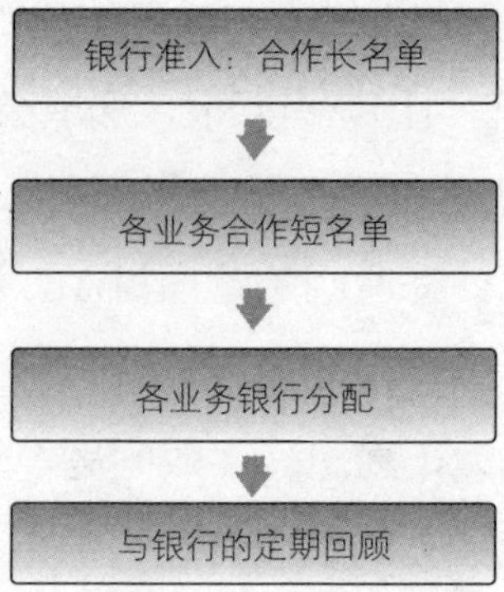

图13-1 银行合作流程图

再次，在实际业务合作中，给予前两名或前三名的银行一定量的业务分配。例如，50%的现金结算业务分配给第一名的银行，35%的业务量分配给第二名，15%的业务量分配给第三名。这样的好处是，既突出了重点合作银行，又对主要合作银行形成一定压力，如果服务质量下降，企业可随时调整业务量分配，甚至停止合作。

最后，定期对合作银行的服务质量进行考核。服务质量包括服务差错率、对企业需求响应速度、银行对企业的风险敞口、服务收费、企业重大需求的满足度等。对于服务质量差的银行，则应考虑调整业务量或排除合作名单，选择新的银行进行合作。

14

Chapter 14

其他

14.1 交易对手风险管理

银行，作为金融机构，是信用风险最低的组织之一。在大多数财务人员的感知中，银行是不会、或很少出现倒闭的。远在20世纪90年代中后期，国内的海南发展银行倒闭，近在2008的金融风暴，雷曼兄弟银行破产，这些案例让企业管理人员认识到，银行的信用风险，比我们想象的高得多，而且一旦出现，对于企业可能是灭顶之灾。所以企业在银行关系管理中，需要正确识别银行的信用风险，远离高风险银行。同时，在业务合作中，应避免出现过于集中于某一家银行的情况，鸡蛋不要放在同一个篮子里，不要因为银行经营不善，而殃及企业。

企业需要正确计算对银行的风险敞口。这个风险敞口包括企业在银行的存款、未结算金融衍生品交易、在银行的投资产品等。企业应根据自己的风险承受度设定针对某一家银行的风险限额，一旦风险敞口超过限额，则调整与这家银行的业务限，降低风险敞口。对于有控股关系的不同银行，应统一合并计算风险敞口，以反映真实的风险。

企业需要根据金融机构的风险状况，设定对该金融机构的风险敞口限额，并制定风险敞口限额的设置与审批流程。风险限额的设定一般基于信用评级机构如惠誉、穆迪或标普对该交易对手发布的信用等级，同时考虑特定信用等级交易对手的违约概率，以及出现一定损失时，对公司资本结构的影响。

此外，企业应根据外部金融环境的变化，动态调整银行风险敞口限额。当金融危机出现时，企业应考虑尽可能分散其银行存款，投资及衍生品交易应分散在多家银行。

14.2 资金灾备

企业的业务连续性风险是企业需要关注的重要风险之一。其中，资金管理的业务连续性风险中需要重点关注。由于资金业务的特性，一旦出现业务功能不能运转时，可能会影响企业的资金收付，直接导致企业的持续经营出现问题，轻则影响业务运转，重则企业停止经营。所以，资金业务的灾备管理尤为重要。确定资金灾备的范围可参考以下几个步骤。

1. 识别“风险失败点”

风险失败点是指资金管理系统中的某一功能或环节，资金管理功能整体功效会发生重要问题的风险点。每一个风险点都需要保证有后备系统或流程备用，通常在判断后进行风险接受。

2. 设定业务优先级

对资金管理的各职能模块的重要性进行评估，确定业务重要性的级别，用于后面的业务影响分析。例如，确保公司资产安全优先级高于银行对账工作。

3. 明确事件影响的标准

明确当某一业务功能无法执行所造成影响的级别。例如，需要考虑是否影响已签订合同的执行，对公司财务结果的影响，公司外部形象，以及外部法规遵从性。

例如，当对外支付的IT系统崩溃时，会影响公司采购付款、合同履行，影响是灾难性的。

4. 识别事件发生的概率

分析、判断导致资金运作危机发生的各项事件的可能性。例如，办公场所发生火灾的可能性。

5. 各项事件灾备决策

根据事件发生对业务的影响以及发生的概率，来确定各项事件是否进行灾备及其优先级。

资金的灾备包括数据、人员、流程、IT系统的备份。企业银行账户、客户和供应商银行账户、资金交易信息都是企业最重要的数据，需要定期备份。资金管理部门应培训能够适应多个岗位的业务人员，能够互相补位。IT系统应有备份服务器，一旦主服务器出现故障，备份服务器应可承接。流程上，可考虑如何备份人工操作流程，一旦网络系统或网上支付功能出现问题，可使用人工操作，保障核心资金收支能力。

14.3 资金中心

海外资金中心是大型跨国企业集团常见的资金管理组织形式。对于大型跨国企业集团，其业务在全球24小时运作，保持全天候的资金管理能力是必然的业务需求。所以，这些企业选择金融中心城市，在全球不同时区设立资金中心，提供区域内资金管理服务。由于金融中心城市拥有良好的金融服务，资金中心的前台部门可以进行大量的金融交易，通常包括现金管理、外汇交易、短期投资、短期融资和债券发行等。

在资金中心的选址上，跨国公司一般会考虑以下因素：综合竞争力排名，融资获取容易度，金融市场成熟度，资本流动自由度，法律体系完善性，聘用及解雇容易度，基础设施（交通）便利度，政策制度的透明度等。根据这些因素，在国际大型金融中心城市中，欧洲的都柏林、布鲁塞尔、日内瓦、苏黎世、阿姆斯特丹、伦敦，亚洲的新加坡和香港，美洲的纽约，是多数跨国公司选择的主要城市。

14.4 资金监控

资金中台负责公司整体操作风险管理。中台必须了解所有的资金业务操作，通过流程规范，能够及时发现资金操作中的问题和潜在风险，并主动加以管理与改进。在资金监控中，主要有以下几个措施与方法。

1. 关键控制点（KCP）

关键控制点是对企业运作效率、财务报告或法规遵从起到关键作用的流程环节。中台需定期（一般按月）监控这些关键控制点的执行情况。如出现关键控制点未被有效执行的情况，则需要向主管汇报。业务部门对关键控制点的添加、修改或删除都需要经过中台的同意。

2. 非关键控制点（Non-KCP）

非关键控制点是对企业运作效率、财务报告或法规遵从起到保障或促进作用的流程环节。中台也需定期（一般按月）监控这些非关键控制点的执行情况。因为是非关键控制点，所以未被执行的情况较多。但非关键控制点仍然较为重要，需要监控与记录，并真实反映业务流程的执行情况。业务部门对非关键控制点的添加、修改或删除都需要经过中台的同意。

3. 强制控制点

在有资金管理系统的情况下，强制控制点是指通过系统功能强制实现的流程控制点。由于是系统自动实现，所以一般情况下，只要初始状态设置正确了，都会得到遵从。业务部门对非关键控制点的添加、修改或删除都需要经过中台的同意。

4. 定期回顾检查

定期检查是资金部门定期评估其业务流程控制情况的活动。其中，主要关注流程设计的合理性、沟通和授权、职责分离、系统控制、遵从性测试等。对于检查结果，要进行独立的评估，并判定其是否合格。

14.5 资金管理信息系统

1. 资金管理系统

资金管理信息系统最初主要服务于银行、财务公司、外汇管理公司等金融机构。在这些金融机构里，资金管理系统用于资金交易，如货币市场短期金融产品、长期有价证券、存贷款、外汇交易、金融衍生品交易等。

随着企业集团资金业务操作量的增加，如果完全采用人工方式进行业务处理则效率低、准确性差、操作风险高。在企业财务管理信息系统建设的过程中，资金管理信息系统（TMS）建设相对较为滞后，多数企业仅使用电子银行来完成银行对账和付款，或使用EXCEL等办公软件来存储、分析数据。对大型企业集团来说，这些IT工具难以满足企业越来越多的复杂业务需求。

20世纪90年代，国外的大型企业集团开始使用IT系统建设。2000年以后，国内的企业集团也开始了IT系统建设。企业资金管理系统可以分为两大类：一类是企业财务ERP系统的资金管理功能模块，这类供应商主要有ORACLE、SAP，国内的金蝶、用友等；另一类是专业的资金管理信息系统供应商，在北美应用较多的WALLSTRETT、在亚太起步的SUNGARD的QUANTUM，以及以欧洲客户为主的THOMSON REUTERS，在国内，应用较多的有深圳的拜特、九恒星、软通动力等供应商。

2. 大型企业财务公司业务需求

一些国内的大型企业如华为、中兴、海尔、TCL、联想等企业采用全球化的经营战略以及一些国内大型集团公司如电力、航空等集团财务集中化管理的需求，需要一套资金管理及交易管理平台帮助企业做好管理。在管理上通常有如下需求。

1）银行账户管理

- 设置合理的银行账户结构。
- 管理所有的开户银行与银行账户。
- 管理银行存量资金额度并与交易对手限额管理关联。
- 与银行账户开立、变更与注销流程关联，确保银行账户信息的准确。

2）现金管理

- 自动获取银行现金余额，经对账分析调整后，统计可动用余额。
- 可与财务ERP系统对接，自动获取收付款预测数据与实际执行数据。
- 使用自动收集和人工收集的现金收支预测数据，生成银行账户维度的资金计划。
- 根据事先预设规则，可自动触发资金交易指令，包括资金调拨、即期外汇交易及关联结算或关联贷款。

3）资金前台

- 根据前端的资金计划交易指令，处理银行贷款、短期投资、外汇交易、票据类融资或贸易类融资。包括交易询价过程记录、交易完成与审批。
- 如需要时，与外部金融交易行情系统（如Currenex或Reuters）连接，确保交易顺畅。

4）资金后台与账务处理

- 接收资金计划调拨指令，通过手工或系统完成调拨。
- 接收资金计划交易指令，通过手工或系统完成交易。
- 日终进行资金账户的对账，确保交易得到监控。
- 从交易完成至结算、对账，按预设规则产生会议分录，并直连至ERP

系统总账。

4）外汇风险管理

- 接收分币种现金流预测信息，生成外汇风险敞口数据。
- 使用VAR等分析工具，分析在险价值及风险敞口。

5）融资管理

- 分类别管理银行授信额度，统一数据接口。
- 记录与银行关系维护与关键事项信息，统一银行关系管理基础。

6）资金中台

- 结构化分析、配置与管理交易对手限额。
- 通过系统设置等“硬控制”，实现职责分离及用户管理。
- 实现系统实时监控，例外事项管理、日清日结报告等方式，保证资金有效监控。

3. 资金管理系统功能

资金交易系统一般由现金与流动性风险管理、资金交易管理（前台）、资金风险管理、资金结算管理（后台）完成。

现金与流动性管理的功能包括：银行账户管理、账户余额管理、现金流预测、现金流动性分析、资金集中管理。资金集中管理可以通过资金调拨管理、现金池、内部银行、支付中心、关联轧差等。

资金交易管理（前台）功能包括：投资、融资和金融衍生品交易。投资功能包括银行定期存款、理财产品、货币市场产品、企业债、股票等金融产品交易以及即期货币交换等。融资功能主要包括贷款、票据类融资、信用证等贸易类融资。金融衍生品交易包括外汇远期、利率互换、货币互换等保值交易。

资金风险管理功能包括外汇风险、利率风险、交易对手风险等。

资金结算管理（后台）功能主要是指资金交易的后期结算与记录，包括交易的审核与确认、资金交割、日常对账、会计记录和报告。

为完成资金系统功能，资金管理系统需要与外部进行大量的数据交换。如图14-1所示，资金管理系统（TMS）与财务ERP系统，以及外部金融机构（有些情况下，通过SWIFT全球银行数据交互系统）进行数据交互，以获取所需要的数据，或对外发送数据。

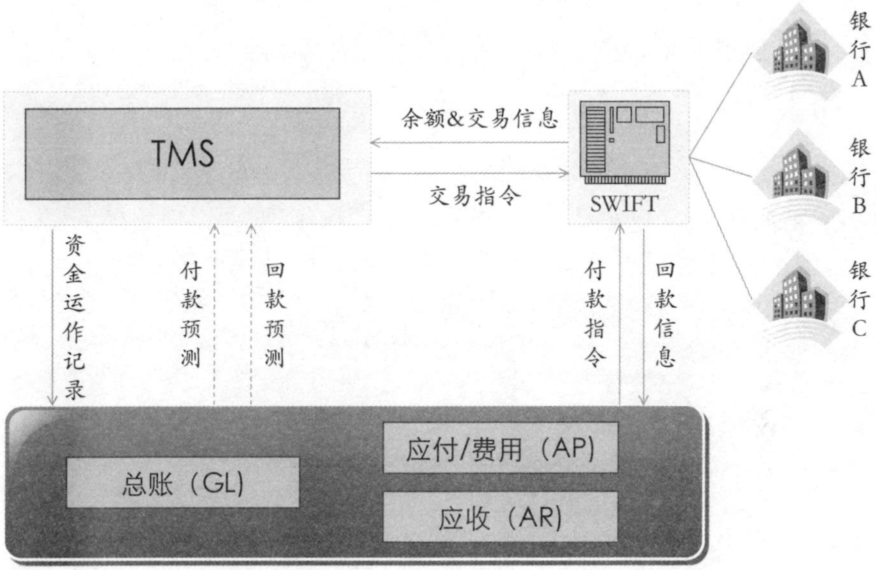

图14–1　资金管理系统信息交互图

4. 资金管理系统实施步骤

- 内部业务对IT系统的需求分析。
- 发出需求分析报告，征集供应商。
- 进行系统选择。
- 系统实施。

15

Chapter 15

中小型企业资金管理

在中国的经济社会中，数百万计的中小型企业是一个作用极为重要、得到的支持极少，并被中国经济主流“遗忘”的群体。这个群体在行政管理较松、利润微薄、充分竞争的行业中蓬勃发展，展现出极强的生命力和竞争力。按照国家统计局、计划委员会、财政部的标准，中型企业是指年销售收入或资产总额在5000万元~5亿元之间的企业，小型企业的标准为年销售收入或资产在5000万元以下的企业。在中国企业中，中小企业占企业总数的99%，利税占20%~30%，就业人口占总就业人口的80%以上。

中国的中小型企业在政策、融资、人才无法得到政策、金融机构的支持的情况下，解决了大部分中国人的就业需求，并涌现出一大批有强大竞争力的企业。充分的市场竞争带来的生存压力也给予它们强大的成长动力。简而言之，这是一个代表了未来中国经济希望的群体。

15.1 中小型企业特点与挑战

在美国，70%的中小型企业的寿命短于5年，只有13%的企业能够存活10年以上。在中国，中小型企业的寿命更短，大多数企业的寿命为2~3年。中小型企业生存期有其内在和外在的原因，主要体现在以下几个方面。

1）没有战略或战略不清晰

很多中小型企业是依靠一个偶然的机遇，进入一个行业，开始生产产品。创业之初并没有明确的发展方向，大多是“走一步、看一步”的机会主义，更不要提企业发展战略。

2）风险抵御能力弱，处于生死存亡线

（1）中小型企业所处行业以传统行业为主，行业本身多为夕阳行业，行业变迁需求明显。特别是互联网等新技术的催化，大大加快了这一进程。

（2）中小型企业行业与产品相对单一，行业风险与产品单一性风险高。发展较好的企业，大多谋求产品升级与转型，然而过程风险高，一旦转型失败，将面临破产风险。

（3）企业规模小，任何内部产品质量问题、行业波动、宏观经济周期，都会让小企业经受冲击，可能会超出企业承受能力。

3）外部可获资源少，给予支持少

（1）一、政策支持少。中国经济是以国有企业为主体的经济社会，大量资源给予了规模大、盈利能力强的垄断型国企。另外，由于国企管理者与政府管理者之间的流动与关联，使得倾向性的支持更加明显，某种程度上，国企成为政府的企业。中小型企业与之相比，地位明显不平等，难以获得平等对待与支持。

（2）融资支持少。银行本性是“扶强不助弱”，不但不会“雪中送炭”，某些情况下，还会“釜底抽薪”、“推波助澜”。中小型企业规模小，难以得到银行的青睐。此外，政策在金融政策上，对中小型企业的实质倾斜不足，中小型企业融不到钱是普遍现象。

（3）整体环境不利于创业与小企业发展。在企业经营中，小企业通常是一块“唐僧肉”，在很多地方，税务、工商等相关政府部门不作为，“吃拿卡要”之风盛行，杀鸡取卵，过度消费中小型企业，使得企业发展艰难。

基于中小型企业的特点，有针对性地制定相应财务管理策略与措施，有效利用资金，拓宽融资渠道，提高企业在风险中的存活能力，是中小型企业财务管理的核心问题。

案例26：东北万集源超市倒闭

2012年7月，哈尔滨万集源超市突然停业。倒闭的原因并非经营不善，而是企业使用应付供应商的货款，建设万集源超市大厦，资金链断裂所致。在开业初期，企业真实用于经营周转的资金仅有700余万元，同时，还要开工建设1.5万平方米的大商场，资金风险高，出现资金链断裂也不足为奇。

在中小型企业经营中，类似万集源超市的案例数不胜数。这其中，不全都是经营状况不好的企业，也包括很多有利润、经营前景良好的企业。出现这种情况的直接原因就是企业的现金流管理不善。企业经营的目的是为了获取利润，然而现金流的重要性绝不能忽视和低估，特别是对抗风险能力弱的中小型企业，现金流更是企业的生命线。

在本书其他章节，已系统论述了企业的现金流管理。然而，中小型企业的现金流管理并不仅仅是资金管理的问题，还包括企业战略规划、公司治理、组织架构、财务管理等全方位的职能缺失，以及如何应对更加严苛的外部环境。本书将从中小型企业战略、投资、融资、资金存量、财务管理组织等几方面给出管理建议。

15.2 业务战略与投资决策

在近三十年里，统观中国中小型企业的发展过程，创业者通常是依靠偶然的机遇，开始生产产品，进入一个行业。很少有机会，去思考什么战略和选择。当企业度过最初的生死期，步入正轨之后，多数企业家仍习惯于过去的机会主义者的投机思维，什么赚钱做什么，什么容易做什么，习惯于打哪指哪，走一步看一步。本质上，这是“做生意”的思维，而不是“经营企业”的思维。企业要想长期稳定发展，这样的思维是不可取的。纵观社会成功的企业，无一不是经营者有坚定清晰的目标与方向，能够拒绝短期利益的诱惑，才能最终成就大事业。

战略即选择，对于发展中的中小型企业而言，应尽早明确企业定位，明确进入哪个行业，选定哪一个客户群，提供什么样的产品与服务，选择经营区域，并长期坚持，聚全力于一点，方可能形成产品优势或成本优势，建立自己的核心竞争力，快速成长或成为小而强的企业。这样的企业经营战略也是企业业务计划与财务规划的基础。基于清晰的业务计划，财务人员才能进行合理的财务规划与现金流规划。

1. 中小型企业投资的分类

中小型企业投资可分为固定资产投资和产业投资两类。无论哪一种，对中小型企业而言，都是企业的核心战略之一。

固定资产投资决策相对简单。在企业经营策略没有发生方向性改变时，根据企业经营预期即可做出固定资产投资决策。例如，下年预计销售500万台冰箱，目前产能450万台，需要扩建生产线。这部分内容在之前章节有详细描述，此处不再重复。

新产业投资对企业而言，是进入新的领域，是企业经营方向的重大变化，需要从产业投资的角度去思考、分析和决策。

如图15-1所示，企业产业发展方向一般有三种类型。单核，即企业只有一个主要的产品类型，如苹果、思科、2010年以前的华为。苹果产品线聚焦在有限的消费者电子产品及其衍生服务上。思科多年一直生产企业用户的通信产品。2010年以前，华为主要为电信运营商提供通信设备。它们都有明确的产品界限，甚至用企业内部法规的形式规范（华为基本法第一条明确，永不进入电信服务业，不与客户竞争），抑制投资冲动，极少跨界。

第二类企业为多核。即企业同时有多个产业核心，每个核心发展成为产业集群。典型代表包括三星、西门子、春兰等。这样的好处是企业同时进入多个产业，形成产业组合，有效降低单一产业周期波动的风险，抗风险能力大大提高；其弊端是企业经营具有先天的基因，一个产业的成功不代表在其他产业同样能够成功。处理不好，会影响企业管理精力，每一个产业都做不好。在中国过去十多年的经济发展中，多核式的发展鲜有成功案例，更多的成功企业还是长期坚持，在主业上获得成功。

第三类企业为卫星式发展。即企业在坚持核心主业的基础上，不排斥在其他行业的一些好的投资机会。典型的企业是联想控股和GE。

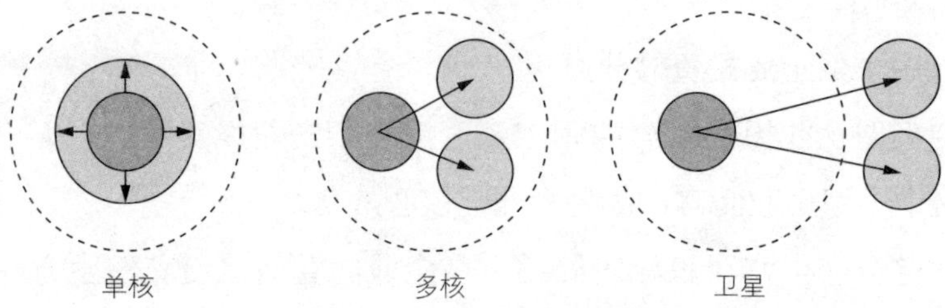

图15-1　企业产业发展模式图

对于中小型企业来说，发展模式的选择标准是：看哪一种模式能够增长企业核心竞争力，有利于生产销售规模的扩大。不同的行业可以有不同的选择，对技术研发、生产制造类企业来说，是看新的产业投资能否有利于巩固技术优势、扩大成本优势。这类企业一般向单核方向发展，选择做“强”。对于房地产、贸易、酒店、旅游类企业，属于人力与资本密集型企业，利用行业协同优势、跨行业经营做“大”企业规模，多核心方向发展，是常见的选择。

2. 投资分析方法与决策要素

投资决策分析有多种方法，常见的有“自上而下”（Top-down）和

“自下而上”（Bottom-up）等。企业创业初期，可选择机会少，比较适用于自下而上的分析方法，即从具体的产品分析，再到行业分析，来决定是否投资。对于已经存在的企业进行新的产业的投资分析，适合使用“自上而下”的分析方法。即从宏观经济分析，到行业分析，再到具体的产品分析。

无论使用哪种方法，决策与否的主要因素有以下几点，这些要素是评估未来产业竞争能力和成长性的关键。

- 技术是否领先，是否有创新；
- 下游市场成长空间如何，有限还是无限；
- 是否成熟的经营模式；
- 未来能否形成细分市场的垄断；
- 上游供应是否会形成垄断或不稳定；
- 是否有稳定的管理与技术团队。

如图15-2所示，根据波士顿模型，按企业的市场占有率和成长性两个因素，可以把企业进行分类。决定产品前景的基本因素有两个：即市场引力与企业实力。市场引力包括企业销售量（额）增长率、目标市场容量、竞争对手强弱及利润高低等。其中最主要的是反映市场引力的综合指标——销售增长率，这是决定企业产品结构是否合理的外在因素。企业实力包括市场占有率、技术、设备、资金利用能力等，其中市场占有率是决定企业产品结构的内在要素，它直接显示出企业竞争实力。销售增长率与市场占有率既相互影响，又互为条件。

金牛型产品，是指占有率高、但成长空间有限、能够为企业带来持续现金流的产品。瘦狗型产品是指占有率低、要消耗资金与精力维持占用率、未来成长空间有限的产品。明星型产品是指目前占有率高，成长前景好的产品。问题型产品是指有成长前景、但多种原因导致市场占有率低的产品类别。

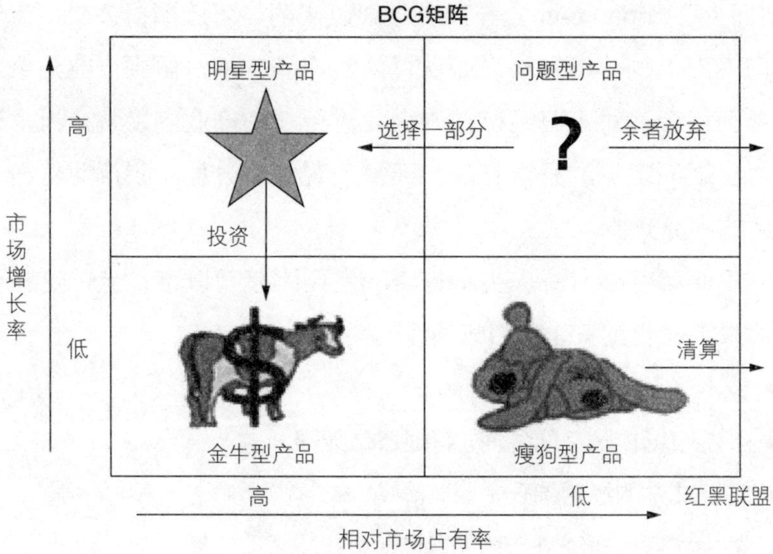

图15-2 波士顿矩阵分析图

从中小型企业产业投资的角度讲，要避免收购或进入价值不大但会消耗大量精力和资源的瘦狗型产品。金牛型产品都不会轻易放弃，进入代价会较高，需要谨慎。明星产品前景广阔，一旦发现要全力追逐。问题型产品存在分化趋势，如果方法得当，能够以较低成本获得大收益，需要重点关注。

15.3 融资管理

中小企业融资难是一个普遍存在的现象。据统计，三分之二的中小型企业无法得到外部金融机构的融资服务。据世界银行国际金融中心对中国中小企业抽样调查，其融资构成如下：

- 依靠内部积累占78%。
- 银行贷款仅占10%。
- 亲友借贷、内部集资及民间借贷等非正规融资渠道占5%。
- 商业信用占3%。

中小企业融资难是自身制度的缺陷、经营的问题，以及中国金融体系弊端共同作用的结果。主要原因有：

- 中小企业存续的变数大、风险大、停业歇业频率高。
- 实物资产少，流动性差，承担债务的能力有限。
- 资金需求一次性量小，而且频率高，相应融资的成本高。
- 企业信用信息不对称、不透明，财务不真实，金融机构评估难度大。
- 现有金融体制方面中，银行对中小型企业产品小，服务不到位，利率市场化程度低，营销手段落后。

1. 中小型企业融资渠道

对于中小型企业，市场上可行的融资渠道如表15-1所示。

表15-1　中小型企业融资渠道表

	间接融资	1	银行贷款
		2	资产抵押融资
		3	信用担保融资
		4	信托贷款
		5	融资租赁
		6	票据融资
		7	国际贸易融资
		8	商业信用融资
		9	产业扶持政策融资
		10	民间借贷
		11	典当融资
	直接融资	12	企业债
		13	公司债
		14	中小企业债
股权融资	私募融资	15	自筹资本
		16	天使投资
		17	风险投资
		18	私募股权资本
	公开市场融资	19	上市中小企业融资
		20	定向增发
		21	公开增发

1）银行贷款

银行贷款是银行为借贷主体，按信贷规则运作，注重信贷资产的安全性，是企业最常用的融资渠道。中小企业银行贷款中，一方面中小企业经营风险高，另一方面，银行贷款利率受央行法规约束，最高上浮40%，风险与收益不对等。另外，中小企业贷款规模小。这些决定了银行对中小企业贷款的态度不是很积极。相反，实力雄厚、收益或现金流稳定的企业是银行欢迎的贷款对象。所以，中小企业期望通过银行解决企业发展所需要的全部资金相对困难。特别对于在起步和创业阶段的企业，很难获得银行的贷款。

近几年，由于金融行业竞争日益激烈，以及政策性银行导向的改变，政策性银行和股份制商业银行推出了不同种类的中小型企业贷款。例如，工商银行推出小企业周转贷款、小企业循环贷款、小企业网络循环贷款、小企业经营性物业贷、网商微型企业贷款、小企业标准厂房按揭贷款、个性化融资服务方案等。中小企业应根据自身特点，积极寻找适合企业的贷款类别。

2）资产抵押融资

资产抵押融资包括应收账款抵押贷款和存货担保融资。应收账款抵押贷款是融资方将应收账款抵押给金融机构，从而取得抵押贷款。但应收账款仍由融资方去负责追索，这种融资方式也叫可追索保理。存货担保融资是通过仓储物品进行质押贷款。企业的存货必须是市场上相对畅销、不易腐坏、市场价格相对稳定的存货资产。

3）信用担保融资

信用担保融资是商业银行在为企业提供借款时引入的第三方担保机构，当企业不能还本付息时，由担保机构承接对银行的还款义务，企业需要支付一定的担保费用。信用担保分散银行贷款风险，收取一定比例的担保费用，实现企业、银行、担保机构的“三赢”。在进行担保融资时，要充分估计企业所能够承担的成本上线，同时，应避免过度使用担保融资，避免累积过高的融资风险。

4）信托贷款

信托贷款是指信托机构在国家规定的范围内，运用信托存款等自有资金，对自行审定的单位和项目发放的贷款。信托贷款按贷款的用途分，可划分为固定资产信托贷款、流动资金信托贷款和临时周转信托贷款。信托贷款的利率一般要比银行贷款高，但手续简便、机制灵活。信托贷款适合那些企业经营和资产质地比较好、需要较灵活贷款的企业。

5）融资租赁

中小企业融资租赁是一种集信贷、贸易、租赁于一体，以租赁物的所有权与使用权相分离为特征的新型融资方式。出租人根据承租人选定租赁设备和供应厂商，以对承租人提供资金融通为目的而购买该设备，承租人通过与出租人签订金融租赁合同，以支付租金为代价，从而获得该设备的长期使用权。

融资租赁业务为中小企业技术改造开辟了一条新的融资渠道。采取融资融物相结合的新形式，中小企业不仅能提高生产设备和技术的引进速度，还可以节约资金，提高资金利用率。对于很多投资风险小、现金流稳定、投资回报高的项目，中小企业可以通过租赁公司筹措资金，即租金的偿还根据项目的收益或现金流的百分比提取，一直达到双方约定的租金总额或出租方的收益率为止。这样一来，出租人实际上承担了一定程度的项目风险，是一种使承租人、出租人、设备出卖人和出资人共赢的中小企业融资模式。

6）票据融资

票据融资是指票据持有人在资金不足时，将商业票据转让给银行，银行按票面金额扣除贴现利息后将余额支付给收款人的一项银行授信业务。

7）国际贸易融资

国际贸易融资通常指信用证开立融资。

8）商业信用融资

商业信用融资是指在商品交易中，交易双方通过延期付款或延期交货形成的一种商业信用为基础的资金融通形式。

9）产业扶持政策融资

产业政策投资，是指政府为了优化产业结构，促进高新技术成果产业化而提供的政策性支持投资。例如，长三角地区多个城市，针对由“国家千人计划”中的人物领军创办的高新技术企业提供无息贷款、股权投资，以及免费办公生活场所，以吸引高新技术企业落户其高新园区。常州市推出类似的“龙城英才计划”，也给企业提供全方位的支持。有发展潜力的高新技术企业应关注各个城市的产业优惠政策，争取获得政府优惠政策支持。

10）民间借贷

民间借贷融资是指自然人之间不通过金融机构而私下进行的资金借贷活动，是一种原始的直接信贷形式，在早期也叫高利贷。民间借贷从法律地位上，一直处于合法与非法之间的模糊地带。存在即合理，千百年间一直存在的民间资金借贷有着天然的合理性，简单的法规管制是行不通的。

1999年中国人民银行发布的《贷款通则》规定：委托贷款是由政府部门、企业事业单位以及个人委托人提供资金，由贷款人（委托人）根据委托人确定的对象、用途、金额、期限、利率等代为发放、监督使用并协助收回贷款。商业银行和信托投资公司都可以开办委托贷款业务。2002年1月中国人民银行批准中国民生银行正式开办个人委托贷款业务。至此，民间借贷通过委托贷款的形式成为合法的融资品种。

然而，由于委托贷款利率受央行管制要求，还不能完全满足民间市场化的利率定价需求，私下的民间借贷仍将会长期存在。

11）典当融资

资产典当融资，是指资产所有者将其资产抵押给典当行而取得当金，然后按约定的期限支付当金利息、偿还当金、赎回当物的融资行为。我国2001年8月正式实施《典当行管理办法》。对于急需流动资金的企业来说，典当是一种比较合适的手段。与银行贷款相比，除贷款利息外，典当贷款还需要缴纳较高的综合费用，包括保管费、保险费、典当交易的成本支出等，因此典当贷款成本较高。此外，受典当物价值的限制，贷款的规模也相对较小。但典当贷款具有银行贷款无法相比的优势。第一，它方便快捷，能够迅速及时地解决当户的资金需求；第二，经营产品灵活机动；第三，期限短，周转快；第四，由于它是实物质押、抵押，因此不涉及信用问题。这几点都十分适合中小企业的资金需求特点。

12）企业债

指企业依照法定程序发行、约定在一定期限内还本付息的有价证券。

13）公司债

指公司依照法定程序发行、约定在一年以上期限内还本付息的有价证券。

14）短期中小企业融资债

短期中小企业融资债券是指具有法人资格的非金融企业，依照规定的条件和程序在银行间债券市场发行并约定在一定期限内还本付息的有价证券，是企业筹措短期资金的直接融资方式。短期融资券筹资的优点主要有：

- 短期融资券的筹资成本较低；
- 短期融资券筹资数额比较大；
- 发行短期融资券可以提高企业信誉和知名度；
- 发行短期融资券的条件比较严格，要求企业经营状况和资信情况较好的企业才能发行成功。

如图15-3所示，企业股权投资按企业发展阶段排序，分为自筹资本、天使投资、风险投资（VC）、私募股权资本（PE）、IPO、定向增发，公开增发等。在不同阶段，企业适合不同性质的股权融资。

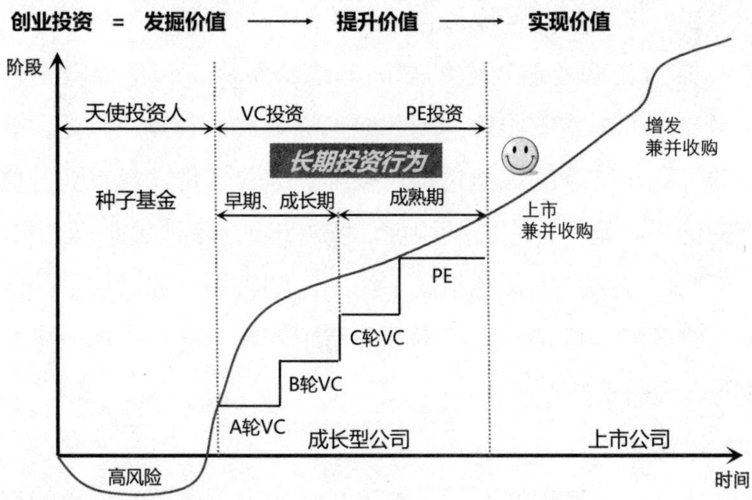

图15-3 不同阶段中小型企业股权融资图

15）自筹资本

创业初期主要是创业团队自筹资金，作为项目的企业资金。多数情况下，项目启动时仅靠一纸商业计划书，难以获得投资者的信任，获得资金。这个阶段的资金需求，大多靠项目创始人自筹满足。当然，不排除少数项目发展潜力大、风险低的项目在初始阶段就获得天使投资。

16）天使投资

天使投资，指个人或天使基金出资协助具有专门技术或独特概念同时缺少自有资金的创业者进行创业，同时承担创业中的高风险并享受创业成功后的高收益。它是自由投资者或风险投资机构对原创项目构思或小型初创企业进行的一次性前期投资。天使投资人可能是创业者的朋友、亲戚或商业伙伴，出于对创业者的能力和创意的信任，愿意在业务未开展之前，投入资金。天使投资一般适合那些拥有较好的商业构思或核心技术初创企业。

17）风险投资（VC）

风险投资是由专业投资机构对新兴的、发展迅速的、具有竞争潜力的企业的股权投资行为。VC阶段的投资对象主要是那些处于发展初期的、具有发展潜力的中小型高科技企业。风险投资通常以参股的形式进行，能够承受较高的风险，以获取中长期高额收益的机会。

18）私募股权资本（PE）

私募股权资本指的是由专业投资机构投入到成熟产业或者快速增长产业的一种投资行为。这些权益资本主要目的是通过投资、管理和退出获得资本增值，通常会在公司的战略、市场和技术等方面为公司提供支持。私募股权资本通过兼并收购、公开上市等方式退出所持有的股份，获得资本的增值。私募股权资本适合那些公司业务成熟稳定、需要大量资金或需要引进战略资源的企业。

19）上市融资

上市中小企业融资指的是公司在证券市场公开发行股票，募集资金。股票可以在国内上市，也可选择境外上市，可以在主板上市，也可以在高新技术企业板块上市，如美国（NASTAQ）和香港的创业板。对于中小型企业而言，企业上市具有以下优点：

（1）所筹资金具有永久性，无到期日，没有还本压力。

（2）一次筹资金额大。

（3）提高企业的知名度，为企业带来良好声誉。

（4）有利于帮助企业建立规范的现代企业制度。

企业上市也有不利之处：

（1）上市的条件过于苛刻。由于中国目前股票市场还处于发展初期，市场容量有限，想上市的各种类型的候选企业又很多，因此上市门槛较高，而每年真正能上市的也就是很有限，一些企业很难具备主管部门规定的上市条件。

（2）上市时间跨度长，竞争激烈，无法满足企业紧迫的中小企业融资需求。

（3）企业要负担较高的信息报道成本，各种信息公开的要求可能会暴露其商业秘密。

（4）企业上市融资必须以出让部分产权作为代价，分散企业控制权，从而出让较高的利润收益。

20）定向增发

对于上市成功的中小型企业，在满足法律法规要求的条件下，可以在适当时机向特定的投资者定向增发股票，获取股权融资。由于定向增发会改变公司的股东结构，因此募资对象一般要选择公司利益相关者、共同行动人或者战略投资者。

21）公开增发

对于上市成功的中小型企业，在满足法律法规要求的条件下，也可向证券市场投资者公开增发股票，获取股权融资。

2. 中小型企业融资渠道的选择

从融资可获得性与融资成本角度考虑，中小型企业的融资顺序一般是，先靠内源性融资，即企业未分配利润的积累，再选择低成本的债权融资，最后选择成本高、操作相对复杂的股权融资。在具体的融资产品选择上，需要遵守以下几个原则：

（1）现金流入与流出的匹配。即融资产品的现金流出期限结构与企业预期现金流入相匹配。

（2）保持后续融资能力。维护合理的资信水平，保持财务灵活性和持续中小企业融资能力。

（3）低成本。满足两大条件的前提下，尽可能降低中小企业的融资成本。其他融资产品选择方法可参考本书融资部分内容。

3. 不同阶段的融资选择

由于企业产品的市场竞争结构不同，企业所处的成长阶段、业务战略和竞争战略有别，企业中小企业融资方式与资本结构也存在差异。

1）初创企业

初创企业往往采用股权融资方式，先获得创始人投入的股权资本，同时增资扩股，吸引天使投资。除较高成本的民间借贷以外，债务融资较难获取，长期债务比例非常低，这个阶段一般不支付现金红利，有利润会投入企业经营中。初创型企业高利润留存的原因有：①初创型企业一般资金需求量大；②出于持续发展的需要，需要一定财务储备，增强财务弹性，减少发生财务危机的可能性；③高成长型企业一旦成功，投资收益往往大大超过市场资金的平均投资回报率。

2）高成长阶段企业

高成长阶段企业通常以股权融资为主，其长期债务比例和现金分红比例都非常低。在高成长阶段，竞争优势的形成需要持续的产品开发投入，而市场份额获取和价格竞争等因素又容易消耗大量企业现金，如果进行过多债务融资，容易因经营现金流波动而引起财务支付危机，轻则损害企业资信，重则危及企业生存。因此，高成长型企业的中小企业融资决策中，降低成本不是首要问题，而是要考虑如何匹配企业的现金流入流出、保持财务灵活性和良好的资信等级，降低财务危机的可能性。在这样的指导原则下，企业应优先选择股权融资，其次是长期债务融资，再次累积备用授信额度，最后使用短期融资。

3）成熟期企业

现金流稳定的成熟企业通常以长期债务融资优先，具有较高的长期债务比例和现金红利支付率，谨慎使用股权融资。这类企业包括在所经营领域具有较强的竞争能力和较高而稳定市场份额的企业“现金牛”企业、实现规模经济的企业、垄断经营的公用事业公司，如电力公司和商业零售业公司等。在现金流稳定性较高时，可以通过增加长期债务或用债务回购公司股票来增加财务杠杆，在不降低资信等级的同时，可以有效降低资本成本。从而在保证债权人权益的同时，增加股东价值。

综上所述，企业选择中小企业融资渠道需要从企业的现状、未来发展计划，测算企业中小企业融资额度、中小企业融资成本和中小企业融资风险，选择适合企业发展中小企业融资渠道，实现股东价值最大化。

15.4 管理组织与职能

中小型企业的资金管理模式基本与大中型的资金管理模式相似。受中小型企业规模的限制、人员的制约，中小型企业难以制定完整严格的资金管理制度与流程，难以建立起全面的资金管理职能体系。为了有效防范风险，提高资金运作效率，中小型企业还需要建立起最基本的现金管理、资金计划等基本职能。这些职能主要有：

（1）现钞与银行账户管理制度。

（2）短期资金预测与资金计划。

（3）对外支付日清日结。

如果企业财务管理能力较强，还应包括：企业年度财务报表、现金流的预算与预测。

附录A

Appendix A

企业财务指标集

类别	代码	指标	公式	确定方法	指标含义	指标较高含义	指标较低含义
货币资金	A1	N1	现金、银行存款和其他货币资金之和	根据经验、日均支付额方式确定	公司货币资金储备，反应公司直接支付能力		
	A2	N2	N1+应收票据+短期金融产品投资		公司货币性资金储备，反映公司直接支付能力		
	A3	N1占总资产比重	N1/总资产		资金使用效率	可能说明资金使用效率低	可能导致支付险
	A4	N2占总资产比重	N2/总资产		资金使用效率	可能说明资金使用效率低	可能导致支付险
	A5	货币性资产（N1）周转率	销售收入/货币资金（N1）		货币资金在本经营周期中的使用效率，表明每元现金支持多少元的销售	资金使用效率较高	可能导致支付险
	A6	货币性资产（N2）周转率	销售收入/货币资金（N2）		货币性资金在本经营周期中的使用效率，表明每元货币性资金支持多少元的销售	资金使用效率较高	可能导致支付险
资产结构	B1	流动资产与总资产比率	流动资产/总资产		反映资产结构与行业特点关系密切	资金流动性较好	资金流动性较差
	B2	存货占流动资产比率	存货/流动资产	根据销售政策、行业特点，采用趋势分析、结构分析法	反映流动资产结构与行业特点、公司经营策略关系密切	流动性资产的流动性较差，公司产品可能存在积压，或公司过于注重缩短产品交付时间	流动性资产的流动性较好，但对产品交付能力可能会有影响
	B3	存货占总资产比率	存货/总资产	根据销售政策、行业特点，采用趋势分析、结构分析法	反映资产结构与行业特点、公司经营策略关系密切	资产的流动性较差，公司产品可能存在积压，或公司过于注重缩短产品交付时间	资产的流动性较好，但对产品交付能力可能会有影响
	B4	应收账款占流动资产比率	应收账款/流动资产		反映资产结构与行业特点、公司经营策略相关	坏账风险较高，影响公司利润和现金流	坏账风险较低
	B5	应收账款占总资产比率	应收账款/总资产		反映资产结构与行业特点、公司经营策略相关	坏账风险较高，影响公司利润和现金流	坏账风险较低
	B6	固定资产占总资产比率	固定资产/总资产	根据行业特点和固定资产管理策略	反映资产结构与行业特点、公司经营策略相关	资产流动性低，产品固定成本高	资产流动性低，产品固定成本可能较低
	B7	长期适合比率	长期资产/（自有资本+长期负债）		反映公司长期资产资金来源适合度，小于1为佳	大于1，说明部分长期资产由流动负债来提供资金来源，在未来需要为固定资产再融资	小于1，说明全部固定资产由长期负债和自有资本提供资金来源，公司没有固定资产再融资风险

续表

类别	代码	指标	公式	确定方法	指标含义	指标较高含义	指标较低含义
负债结构	C1	短期负债与长期负债比率	短期负债/总负债	根据企业经营特点和发展阶段，按照趋势分析、对比分析等方式	反映对公司资产流动性的要求，应与资产结构对比得出结论；受当地融资环境和利率水平、公司经营、融资策略影响	对资产的流动性要求较商	对资产的流动性要求较高
	C2	应付账款占流动负债比率	应付账款/流动负债		经营性流动负债结构		
	C3	应付账款占总负债比率	应付账款/总负债				
	C4	有息债务占总负债比率	有息债务/总负债	不宜过高	非经营活动负债比率，反应具有成本的负债比率	资金占用成本较高，借款权益人对公司经营关注度高	资金占用成本较低，借款权益人对公司经营关注度低
偿债能力	D1	货币资金与流动负债比率	N1/流动负债		反映现时直接偿债能力	偿债能力强	支付、偿债风险高
	D2	货币性资金与流动负债比率	N2/流动负债	根据企业特点，采取经验取值法、专家调查法等确定	反映企业直接偿债能力，部分货币性资金可能需要一定时间转化才能使用	偿债能力强	支付、偿债风险高
	D3	速动比率	（流动资产−存货）/流动负债	一般为1，根据企业特点，结合资产结构，采用趋势分析法	反映企业偿债能力	偿债能力强	支付、偿债风险高
	D4	流动比率	流动资产/流动负债	一般为2，根据企业特点，采用趋势分析法	反映企业偿债能力	偿债能力强	支付、偿债风险高
	D5	资产负债率	总负债/总资产	根据行业特点，采用比较分析法、趋势分析法、专家调查法确定	反映企业偿债能力、资本构成、筹资策略等	清偿债务风险高、可能影响未来融资能力	偿债能力强、自有资本充足
	D6	利息倍数1	EBIT/I	对比分析法、趋势分析法	反映企业偿还利息能力	偿还利息能力强	偿还利息能力弱
	D7	利息倍数2	EBITDA/I		反映企业偿还利息能力	偿还利息能力强	偿还利息能力弱
	D8	还贷年限	借款额/EBITDA		反映企业偿还本金能力	偿还本金能力强	偿还本金能力弱

续表

类别	代码	指标	公式	确定方法	指标含义	指标较高含义	指标较低含义
盈利能力	E1	销售毛利率	销售利润/销售收入	行业平均费用率为30%	销售利润比率	盈利能力强	盈利能力弱
	E2	销售成本率	销售成本/销售收入		销售成本率	盈利能力弱	盈利能力强
	E3	管理费用率	管理费用/销售收入		管理费用率	管理费用高，盈利能力弱	管理费用低，盈利能力强
	E4	研发费用率	研发费用/销售收入		研发费用率	研发费用高，盈利能力弱	研发费用低，盈利能力强
	E5	营业费用率	营业费用/销售收入		营业费用率	营业费用高，盈利能力弱	营业费用低，盈利能力强
	E6	财务费用率	财务费用/销售收入		财务费用率	财务费用高，盈利能力弱	财务费用低，盈利能力强
	E7	销售税金率	税金/销售收入		销售税金率	销售税负高，盈利能力弱	销售税负低，盈利能力强
	E8	营业利润率	营业利润/销售收入		营业利润率	盈利能力强	盈利能力弱
	E9	所得税金率	所得税/利润总额		所得税金率	所得税负高，盈利能力弱	所得税负低，盈利能力强
	E10	净利润率	净利润/销售收入		净利润率	盈利能力强	盈利能力弱
	E11	ROE	净利润/所有者权益		权益回报率	本期对股东的回报率高	本期对股东的回报率低

续表

类别	代码	指标	公式	确定方法	指标含义	指标较高含义	指标较低含义
资产利用效率	F1	存货周转天数	365/存货周转率	从ITO转换	平均存货量销售所需时间	存货相对于采购存量高，资金占用量高，存货利用效率低	存货相对于采购存量低，资金占用量低，存货利用效率高
	F2	应收账款周转天数	365/应收账款周转率	从DSO转换	平均AR回收所需时间	AR相对于销售存量高，货款未能及时收回，资金占用量高	AR相对于销售存量低，货款能够及时收回，资金占用量低
	F3	应付账款周转天数	365/应付账款周转率	从DPO转换	平均AP付清所需时间	AP相对于采购存量高，支付赎期较长，占用供应商资金量高	AP相对于采购存量低，支付赎期较短，占用供应商资金量低
	F5	营运资金周转天数	365/营运资金周转率	从以上三者转换	一个营运循环完成所需时间	资金投入运营后，完成一个运营周期所需时间较长，利用效率低	资金投入运营后，完成一个运营周期所需时间较短，利用效率高
	F6	存货周转率	当期销售收入/平均存货余额		当其存货周转天数	存货相对于采购存量低，资金占用量低，存货利用效率高	存货相对于采购存量高，资金占用量高，存货利用效率低
	F7	应收账款周转率	当期销售收入/平均应收账款余额		当期AR周转天数	AR相对于销售存量低，货款能够及时收回，资金占用量低	AR相对于销售存量高，货款未能及时收回，资金占用量高
	F8	应付账款周转率	当期销售收入/平均应付账款余额		当期AP周转天数	AP相对于采购存量低，支付赎期较短，占用供应商资金量低	AP相对于采购存量高，支付赎期较长，占用供应商资金量高
	F9	流动资产周转率	当期销售收入/平均流动资产余额		当期流动资产周转天数	流动资产利用效率高	流动资产利用效率低
	F11	固定资产周转率	当期销售收入/平均固定资产余额		当期固定资产周转天数	固定资产利用效率高	固定资产利用效率低
	F12	总资产周转率	当期销售收入/平均总资产余额		当期总资产周转天数	总资产利用效率高	总资产利用效率低
	F13	存货周转率变化	（本期存货周转率/上期存货周转率）-1	从ITO转换			
	F14	应收账款周转率变化	（本期应收账款周转率/上期应收账款周转率）-1	从DSO转换			
	F16	应付账款周转率变化	（本期存货应付账款率/上期应付账款周转率）-1	从DPO转换			
	F15	流动资产周转率变化	（本期流动资产周转率/上期流动资产周转率）-1				

续表

类别	代码	指标	公式	确定方法	指标含义	指标较高含义	指标较低含义
资金支付能力	X1	烧钱率（Cash Burn Rate）	当年月采购与费用发生额（来自PL或CFS）		月均资金支出额	月均资金需求高	月均资金需求低
	X2	现金/CBR	N1/X1		现有资金存量所能支持资金消耗的月数	现有资金存量所能支持资金消耗的时间长	现有资金存量所能支持资金消耗的时间短
	X3	N2/CBR	N2/X1		现有货币性资金存量所能支持资金消耗的月数	现有货币性资金存量所能支持资金消耗的时间长	现有货币性资金存量所能支持资金消耗的时间短
	X4	资金存量支撑采购天数	资金存量/当年日均采购额		现有资金存量所能支持采购消耗的天数	现有资金存量所能支持采购消耗的时间长	现有资金存量所能支持采购消耗的时间短
	X5	资金存量支撑费用天数	资金存量/当年日均费用额		现有资金存量所能支持费用消耗的天数	现有资金存量所能支持费用消耗的时间长	现有资金存量所能支持费用消耗的时间短
	X6	资金存量支撑采购与费用天数	资金存量/当年日均采购与费用额		现有资金存量所能支持资金消耗的天数	现有资金存量所能支持资金消耗的时间长	现有资金存量所能支持资金消耗的时间短
	X7	资金存量支撑营运循环次数	X4/F5		现有资金存量能够支持营运循环的次数	现有资金保障营运循环的能力强	现有资金保障营运循环的能力弱

续表

类别	代码	指标	公式	确定方法	指标含义	指标较高含义	指标较低含义
可持续增长能力	G1	销售收入增长率	（本期销售收入/上期销售收入）-1	根据趋势分析，低于正常增长率或超常增长	公司销售增长速度，正常情况下，资产、成本、费用要以接近或等于销售收入增长	销售状况较好，但过高可能会带来管理成本提高、失去对企业的控制或影响后续增长能力	过低或为负数可能表明公司增长能力不足
	G2	利润增长率	（本期净利润/上期净利润）-1		公司利润增长速度，需与收入增长进行对比	高于销售增长速度，说明公司盈利能力增强	低于销售增长速度说明公司盈利能力减弱
	G3	资产增长率	（本期总资产/上期总资产）-1		反映公司资产规模增长情况，不同市场环境和行业周期有不同要求，应保持适度的增长	过高可能会带来管理成本提高、失去对企业的控制或影响后续增长能力	过低或为负数可能表明公司增长能力不足
	G4	固定资产增长率	（本年固定资产净值/上年固定资产净值）-1		反映公司固定资产投资规模增长情况，一般应与收入增长相适应	过高可能会影响公司现金流量，导致未来几年公司资金紧张，失去对企业的控制或影响后续增长能力	过低或为负数可能影响公司未来增长能力
	G5	在建工程增长率	（本年在建工程净值/上年在建工程净值）-1		反映公司固定资产投资规模增长情况，一般应与收入增长相适应	过高可能会影响公司现金流量，导致未来几年公司资金紧张，失去对企业的控制或影响后续增长能力	过低或为负数可能影响公司未来增长能力
	G6	有形净资产增长率	（本期有形净资产/上期末有形净资产）-1	大幅度下降	反映公司资产净值，与所有者权益具有较高相关性，通常意味着公司可变现资产价值	间接说明公司经营成果较好，公司净值增长较快	过低或为负数意味着公司可能出现亏损，并可能影响公司未来增长能力
	G7	所有者权益增长率	（本期所有者权益/上期所有者权益）-1		反映股东在公司中的权益，是公司最终经营成果，部分体现公司市场价值	间接说明公司经营成果增长较快，提高公司市场价值	过低或为负数说明公司经营成果不佳，降低公司市场价值
	G8	固定资产增长与销售收入增长比率	固定资产增长率/销售收入增长率	应小于1，基本平稳	反映固定资产投资适合比率	说明固定资产投资过快，可能导致未来公司现金流紧张	说明固定资产投资不足，可能影响未来发展能力
	G9	在建工程增长与销售收入增长比率	在建工程增长率/销售收入增长率		反映固定资产投资适合比率	说明固定资产投资过快，可能导致未来公司现金流紧张	说明固定资产投资不足，可能影响未来发展能力
	G10	利润增长/收入增长	当期利润增长率/当期收入增长率	应大于1，基本平稳	反映利润与收入适合度，间接反映公司盈利状况	可能是由于公司利润率上升，也有可能其他例外事项引起	可能是由于公司利润率下降，也有可能由其他例外事项引起
	G11	利润增长/资产增长	当期利润增长率/当期资产增长率	同上	反映利润与资产适合度，间接反映资产使用效率（周转率）状况	可能是由于公司资产周转率上升，也有可能由其他非常事项引起	可能是由于公司资产周转率下降，也有可能由其他非常事项引起
	G12	下期可持续增长率	当期利润增长率×（1-分红比率）		反映公司下年度可持续增长能力，与公司分红政策密切相关	反映公司下年度可持续增长能力强	反映公司下年度可持续增长能力不足
	G13	实际增长率/可持续增长率	当期实际增长率/可持续增长率	1左右，相差悬殊预警	留存收益产出效果	说明企业实际产出高于前期，收益实际增长大于预期增长	说明企业实际产出低于前期，收益实际增长小于预期增长

续表

类别	代码	指标	公式	确定方法	指标含义	指标较高含义	指标较低含义
现金流指标	H1	回款计划执行率	实际回款额/计划回款额		贷款回收状况，如果与计划出现偏差，会影响相关财务指标	表明货款提前回收，提高应收账款周转率和经营性现金流	表明货款未能按期回收，降低应收账款周转率和经营性现金流
	H2	票据回款比例变动	当期票据回款/当期总回款		贷款回收状况，如果与计划出现偏差，会影响相关财务指标	表明货款提前回收，提高应收账款周转率，但对经营性现金流没有影响	表明货款未能按期回收，降低应收账款周转率，但对经营性现金流没有影响
	H3	采购计划执行率	当期实际采购额/当期计划采购额				
	H4	采购开票比率变动	当期采购开票回款/当期采购额				
	H5	CFO占收入比重	CFO/销售收入		收入变现能力	收入转化为经营性现金流能力强	收入转化为经营性现金流能力弱
	H6	收入变现率	CFO/营业利润		营业利润变现能力	营业利润转化为经营性现金能力强	营业利润转化为经营性现金能力弱
	H7	现金变现能力	CFO/NP	反映企业经营收益现金回收情况，一般以1为标准	净利润变现能力	净利润转化为经营性现金能力强	净利润转化为经营性现金能力弱
	H8	现金流动效率1	CFO/经营性流入流出之和		每元现金流量对现金净流入的贡献率	现金流动的效率高，每元流量对CFO贡献大	现金流动的效率低，每元流量对CFO贡献小
	H9	现金流动效率2	净利润/经营性流入流出之和		每元现金流量对净利润的贡献率	现金流动的效率高，每元流量对净利润贡献大	现金流动的效率低，每元流量对净利润贡献小
	H10	经营性现金流（CFO）适当率	CFO/（固定资产投资+基建投资+长期投资+股利）		反映企业经营产出的现金来源与现金使用的适当率	说明企业产出的现金能够保证长期资金占用和对外部股东的回报	说明企业产出的现金不能够保证长期资金占用和对外部股东的回报，需使用其他渠道来源的资金
	H11	自由现金流（FCF）	税后利润+折旧+−营运资金变动−必要资本性支出		反映企业在投入必要的营运资产、资本性支出后余下的资金额		
	H12	自由现金流（FCF）适当率	FCF/（长期投资+股利）		FCF与长期投资、对外股利分配的适当率	企业留存未指定用途的资金较多	说明企业产出的现金不能够保证长期投资和对外部股东的回报，需使用其他渠道来源的资金
	H13	现金流动负债比	CFO/流动负债		偿债能力比率	偿债能力强	偿债能力弱
	H14	现金债务总额比	CFO/负债总额	根据历史和行业数据，结合资金成本确定，一般以利息率为限。	偿债能力比率	偿债能力强	偿债能力弱

续表

类别	代码	指标	公式	确定方法	指标含义	指标较高含义	指标较低含义
现金流指标	H15	现金利息支付保障倍数	CFO/I		偿付利息能力比率	偿付利息能力强	偿付利息能力弱
	H16	流动资金投资和支付利息前的营业现金流量（X1）	X1=净利润+折旧+其他非营损失+利息	为净利润加非付现费用、非经营损失，不包括利息收入和利息费用	该指标反映企业销售收现补偿经营成本费用后的流量；该指标应大于0，企业科根据发展战略、经营决策、行业特点和销售政策确定报警口径		
	H17	X1适当率	X1/（运营资金变动+利息+必要资本性支出+股利）		与公司现金流量比较，公司能否支撑流动资金支出、资本性支出、利息和股利的指标	如果大于1，说明公司上年产生的现金流充足，可以保证流动资金增加、利息支付、资本性支出和股利	如果小于1，说明公司现金流不足以支撑流动资金增加、利息支付、公司的资本性支出和股利分配，不足部分需考虑其他资金来源
	H18	流动资金投资后的营业现金流量（X1）	X2=X1−营运资金变动	X1减流动资金投资额，反映X1用于流动资金投资后的现金流量	该指标一般根据企业的利息支付额确定。如果该指标小于利息支付额，企业将变卖资产或筹资支付利息		
	H19	X2适当率	X2/（利息+必要资本性支出+股利）		与公司现金流量比较，公司能否支撑流动资金支出、利息和股利的指标	如果大于1，说明公司金流充足，可以保证利息支付、资本性支出和股利	如果小于1，说明公司现金流不足以支撑利息支付、公司的资本性支出和股利分配，不足部分需考虑其他资金来源
	H20	流动资金投资后支付利息后的营业现金流量（X3）	X3=X2−利息支出	为X2减支付利息后的现金流量	反映企业用于满足长期投资的现金，一般可与长期投资资金需求比较确定。如果X3小于长期投资资金需求，意味着企业需要外部筹资来保证增长		
	H21	X3适当率	X3/（资本性支出+股利）		与公司现金流量比较，公司鼓励与资本性支出是否适当的指标	如果大于1，说明公司现金流充足，可以进行资本性支出和发放股利	如小于1，说明公司现金流不足以支撑公司的资本性支出和股利分配，不足部分需考虑其他资金来源
	H22	支付固定资产投资后的现金流量（X4）	X4=X3−资本性支出	为X3减长期投资资金后的流量	该指标一般与需要支付的股利比较；如果该指标小于支付的股利，企业需要借款发放股利或者改变股利政策，如果该指标大于股利，可用来还款或回购股票		
	H23	X4适当率	X4/股利		与公司现金流量比较，公司发放股利是否适当的指标	如果大于1，说明公司现金流充足，可以发放股利或回购股票	如小于1，说明公司现金流不足以支撑公司的股利分配，不足部分需考虑其他资金来源

附录B

Appendix B

案例27——中兴通讯业务基本情况

1. 公司基本信息

中兴通讯股份有限公司（以下简称中兴公司）成立于1995年，注册地位于广东，主营业务为通信设备制造，是全球领先的综合通信解决方案提供商。1999年11月，公司首次公开发行A股并在深圳交易所上市。

中兴致力于设计、开发、生产、分销及安装各种先进的电信设备，是一家从事数字程控交换、移动通信、多媒体通信、光纤通信等各类通信产品和信息系统集成技术的研制、生产与销售的高科技企业。公司产品涉及移动通信系统及无线通信、数据通信、手机、传输、电源、视讯等类别。

2. 行业发展环境

从目前来看，国际和国内经济环境均呈向好趋势，通信设备制造业明年将恢复正增长。

现阶段，通信设备支撑点主要有两个。一是电子信息产业振兴规划带来的投资机会。从产业的角度来看，电子信息产业振兴规划将有利于通信业的升级，有利于通信业通过产业结构调整把握住行业的发展机会，从而牵引着通信设备行业盈利能力的提升。二是电信业重组和 3G 牌照的发放将加大运营商对通信设备的采购量。另外，伴随着国内电信重组及3G牌照发放，国内电信投资开始加速。

3. 国家的政策

2009年国务院组织编制了《电子信息产业调整和振兴规划》。《规划》强调，通信设备产业要抓住3G网络和下一代互联网建设的市场机遇，推进产品和服务的融合创新，以新应用、新业务带动新增长，积极促进通信设备制造业发展。为此，《规划》明确提出大力发展第三代移动通信产业主要从以下几方面着手：一是落实扩大内需政策；二是加强研发与产业化投入，突破关键技术，增强企业竞争力；三是进一步开拓国际市场；四是强化自主创新能力建设；五是以"TD-SCDMA第三代移动通信产业新跨越"和"下一代互联网应用"重大工程为契机，带动通信设备制造业发展。

4. 公司业务基本情况

1）主要产品品种

中兴主要业务是致力于设计、开发、生产、分销及安装各种先进的电信设备，包括：运营商网络、终端、电信软件系统、服务及其他产品等。主要产品类别包括数字程控交换机和接入网、移动通信产品、移动电话、光纤传输产品和数据通信产品以及其他网络产品。

2）企业事业部

- 运营商网络

2011年，中兴在运营商网络产品上继续保持稳健的突破和增长。主打产品在提升盈利水平上为运营商带来了新的价值，获得客户的一致认可，并在欧洲实现了规模部署。总体上看，中兴着眼于主流运营商的战略取得了成功。

在公司产品获得市场突破的同时，中兴高度重视技术和工程层面能力的提升，持续提高工程交付能力与服务质量，并围绕降低运营成本、低碳、环保等要素不断满足客户需求。

● 手机终端

2011年，中兴终端产品实现跨越式发展，出货量继续保持较高增速。同时积极参与国内市场全产业链资源整合；中兴目前已经和全球排名前30位的运营商中的绝大部分达成合作，全面进入欧美主流运营商。

● 电信软件系统、服务及其他产品

报告期内，中兴的电信软件系统、服务及其他产品营业收入的增长主要是由于欧美地区视讯及网络终端以及亚洲服务收入增长所致。

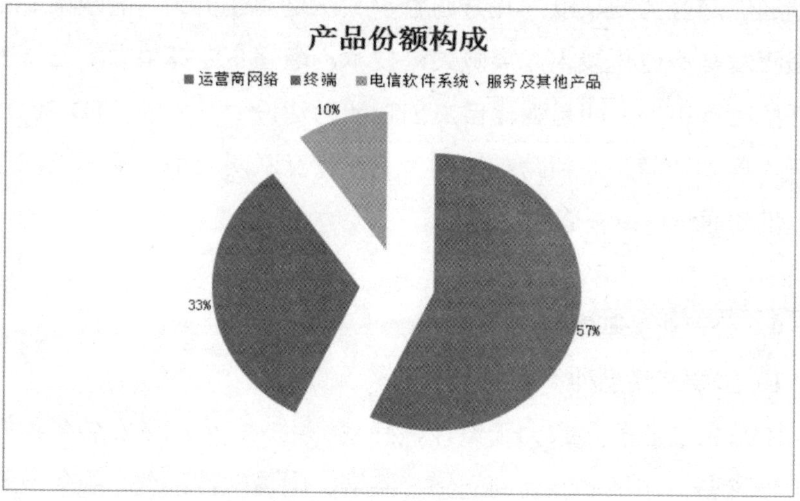

图B-1 产品份额构成

3）市场区域

根据公司业务分布和市场的重要性，可选取以下区域（即中兴通讯的主要国际市场）：国内、东南亚、欧洲、非洲、南美和其他。

国内市场方面，中兴国内市场同比增长15%。

国际市场方面，中兴国际市场同比增长28%，占整体营业收入的比重达55%。面对外部激烈的市场竞争，中兴聚焦主流运营商，取得了国际市场业绩的持续增长。

4）重点经营国家

根据业务量排序，中兴通讯公司重点经营国家包括：泰国（东南亚）、印度（东南亚）、哈萨克斯坦（其他）、荷兰（欧洲）、刚果金

（非洲）、美国（其他）、巴西（南美）。对于不同的国家需要考虑各种不同的因素，如表B-1~表B-5所示。

表B-1　政局是否稳定

国家	政局是否问题
泰国	自他信下台后，国内政局趋于稳定
印度	稳定
哈萨克斯坦	稳定
荷兰	稳定
刚果	2001年约瑟夫·卡比拉上任后，政局趋于稳定，东北部有反政府武装，但国内战争可能性极小
美国	稳定
巴西	稳定

表B-2　行业政策

国家	政府行为及基本政策对企业的影响
泰国	近年来，为加快电信业和国民经济的发展，在未来的国际竞争中占领战略制高点，泰国政府对本国电信市场体制进行了一系列改革。通过推行电信经营主体改革，逐步实现了民营化。同时，进行市场准入制度改革，使更多中小企业可以参与市场竞争。根据1997年达成的ＷＴＯ《基础电信协议》，泰国逐步开放包括基础电信业务和增值电信业务在内的电信服务业市场，允许外资经营
印度	自1994年起，印度采取一些措施，放开国内电信市场，允许外商在国内长途电话、基础电话、移动电话以及其他增值电信服务企业的投资，同时允许外资在因特网、电信基础设施、电台传呼服务、电信设备制造、电子邮件服务等方面加大投资
哈萨克斯坦	电信基础设施有待发展，且主要依靠政府支持
荷兰	通常出于国家安全和高新技术保护的角度阻止国外电信设备企业的进入
刚果	电信基础设施有待发展，且主要依靠政府支持
美国	通常出于国家安全和技术保全的角度阻止国外电信设备企业的进入
巴西	巴西电信的政府主管部门为巴西通信部，通信部负责制订电信政策。1998年，依据《电信基本法》设立了新的电信独立监管主体ANATEL，其基本职能是贯彻和执行通信部制定的电信政策，但作为独立行使电信监管权的机构，在组织体制上并不隶属通信部，依法行使职权； 在电信监管方面，ANATEL拥有非常大的自主权，不仅可以根据监管工作的需要制定具体的监管办法和制度，确定有关标准和规则，还有权对电信运营企业直接行使法律赋予的处罚权

表B-3 社会经济结构

国家	社会经济结构
泰国	实行私人所有制，以中低端产业为主
印度	实行私人所有制，整体上以中低端产业为主，有软件等高新技术产业
哈萨克斯坦	实行私人所有制，以农业和基础加工业为主
荷兰	实行私人所有制，以高端产业为主，技术发达
刚果	实行私人所有制，以农业和基础加工业为主
美国	实行私人所有制，以高端产业为主，技术发达
巴西	实行私人所有制，整体上以中低端产业为主，有个别高端产业

表B-4 经济发展水平

国家	经济发展水平
泰国	发展中国家，2010年人均GDP为4613美元；2010年GDP为318,846,998,674美元，经济发展速度较快
印度	发展中国家，2010年人均GDP为1477美元；2010年GDP为1,729,010,242,154美元，经济总量相对较大，发展速度快
哈萨克斯坦	发展国家，2010年人均GDP为8764美元；2010年GDP为142,986,931,560美元，经济发展速度较快
荷兰	发达国家，2010年人均GDP为47,159美元；2010年GDP为783,413,245,033美元，经济发展水平高
刚果金	贫困国家，2010年人均GDP为199美元；2010年GDP为13,145,120,705美元，经济总量和水平都较低
美国	发达国家，2010年人均GDP为47184美元；2010年GDP为14,582,400,000,000美元，经济规模和水平均处于世界领先地位
巴西	发展中国家，2010人均GDP为10710美元；2010GDP为2,087,889,553,822美元，经济总量相对较大，发展速度快

表B-5 经济发展趋势

国家	当前经济状况
泰国	当前经济状况稳定
印度	当前经济状况稳定

续表

国家	当前经济状况
哈萨克斯坦	当前经济状况稳定
荷兰	当前经济状况稳定
刚果	经济较落后
美国	面临衰退风险
巴西	当前经济状况稳定

5. 公司组织

1）组织架构

公司组织架构如图B-2所示。

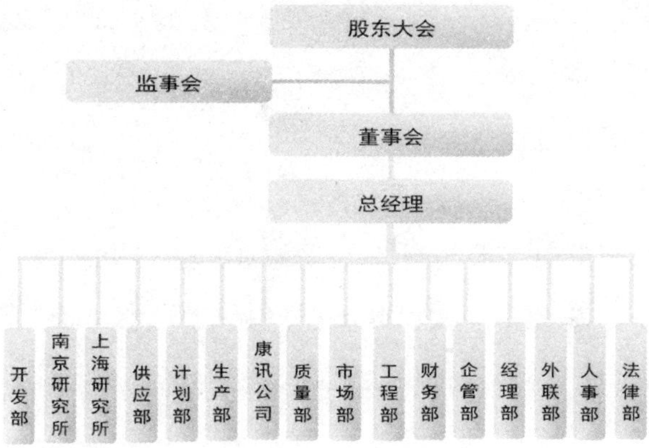

图B-2　组织架构图

2）管理人员情况

公司董事会由14位董事组成，设董事长一名，副董事长两名，所有董事（行政总裁和两名执行董事除外）均为独立于管理层的非执行董事，其中包括五位分别在电信、财务、法律、金融等方面拥有丰富经验、学术造诣及专业资历，且具影响力及积极主动的独立非执行董事，6位拥有广泛而丰富的业务和管理经验的非执行董事，这有助于严格检讨及监控管理程序，确保包括中小股东在内的全体股东的利益。

6. 企业经营模式

公司产品的销售主要采取直销方式，在全国设有26个销售处和用户服务处，以及7个专网营销工程服务处，同时在海外还设立了40余个营销、工程服务处，为公司在国内外市场的拓展提供全面的支持和服务。另外，也有一些产品通过代理商进行分销，如手机等。

1）产品质量保证

公司自诞生伊始就走上了振兴民族通信产业、以科技和质量为核心动力的发展之路，尤其近几年面对国际化竞争的态势，始终坚持“质量第一”和“预防为主”的指导思想和准则，公司从企业生存和发展的根本出发，建立健全了质量管理体系，同行业中率先通过ISO 9001国际认证，并于1998年顺利通过认证机构的复审。几年来公司严格依据ISO 9001国际标准，在设计开发、生产、安装和服务过程中实施标准化管理和控制，逐步建立了一套较为完善的企业标准和企业制度，使质量管理体系不断得到持续改善。

2）工程维护及售后服务

公司一贯坚持以“精诚服务，凝聚顾客身上”、向客户提供最满意的服务为已任，在向客户提供高品质产品的同时，通过强大的市场服务网络体系，向各类客户提供规范化、专业化、多元化、全方位的优质服务。

公司在国内主要城市设立了26个用户服务处和7个专网营销工程服务处，全面负责国内市场中兴产品的工程维护和技术咨询等服务；在东南亚、南亚、中东、拉丁美洲、东欧、非洲和美洲等地设有40余个营销工程服务处，负责国外市场中兴产品的工程维护和技术咨询等服务。

所有客户服务人员均具有大学本科以上学历及丰富的设备工程维护经验。各地用户服务处均配有全套中兴产品的维修备板和各种备件，随时为客户提供最优质的服务。完善的本地化服务，使本公司客户可以最大限度地降低费用、提高效率，满足通信运营业快速、多变的发展需求。

3）产品市场推广（主要供应商、客户）

为了确定公司所生产的通信产品的需求情况，公司与中国电信、中国移动、中国联通及广电等通信运营商保持紧密联系，使公司能提前预测通信运营商的产品需求，及时调整销售及市场策略。

2011年，公司向最大供应商的采购金额为4.9亿元人民币，占公司年度采购总额的12.25%；向前五名最大供应商合计的采购金额为77亿元人民币，占公司年度采购总额的19.41%。

公司在2010年度内向最大客户的销售金额为101亿元人民币，占公司年度销售总额的14.36%；向前五名最大客户合计的销售金额为287亿元人民币，占公司年度销售总额的40.85%。

4）主要原材料的供应、自然资源的耗用情况及外汇平衡问题

公司主导产品的原材料为电子元器件及电子线路板、大中规模集成电路和部分金属型材。

所需电子元器件及金属型材国内生产厂家众多，均通过国内市场采购来满足生产的需要；电子线路板主要由公司的控股子公司康讯公司供应；大中规模集成电路通过境内代理商由国外进口。

公司一方面需要从国外购买大量的设备、原材料以及元器件，而另一方面公司出口产品一般采取分期收款的方式，并给国外进口方提供中长期融资渠道，从而造成本公司出口产品收汇不能及时满足进口设备、原材料、元器件等的付汇需求。在此情况下，公司一般采取向银行购汇的方式来满足外汇收支平衡。

5）无形资产的有关情况

目前公司在国内所使用的商标已近二十项，已在三十多个国家注册。在技术方面，公司有160多项专利申请，其中发明占60%以上。在软件方面，公司已有六项软件著作权在中国软件登记中心登记。

7. 重要会计政策

1）会计期间

公司会计年度采用公历年度，即每年自1月1日起至12月31日止。

2）记账本位币

公司记账本位币和编制本财务报表所采用的货币均为人民币。除有特别说明外，均以人民币千元为单位表示。

公司下属子公司、合营企业及联营企业，根据其经营所处的主要经济环境自行决定其记账本位币，编制财务报表时折算为人民币。

3）合并财务报表

合并财务报表的合并范围以控制为基础确定。子公司采用与本公司一致的会计年度和会计政策。公司内部各子公司之间的所有交易产生的余额、交易和未实现损益及股利于合并时全额抵消。

4）外币业务和外币报表折算

公司对于发生的外币交易，公司将外币金额折算为记账本位币金额。

外币交易在初始确认时，采用当月月初中国人民银行公布的中间汇率将外币金额折算为记账本位币金额。于资产负债表日，对于外币货币性项目采用资产负债表日即期汇率折算，由此产生的汇兑差额，均计入当期损益。

5）金融工具

金融工具，是指形成一个企业的金融资产，并形成其他单位的金融负债或权益工具的合同。

6）应收款项

- 单项金额重大并单项计提坏账准备的应收款项；
- 按组合计提坏账准备的应收款项。

7）存货

存货按照成本进行初始计量。存货成本包括采购成本、加工成本和其他成本。发出存货，采用移动加权平均法确定其实际成本。

存货的盘存制度采用永续盘存制。

8）固定资产

固定资产的折旧采用年限平均法计提，各类固定资产的使用寿命、预计净残值及年折旧率如表B-6所示。

表B-6　各类固定资产折旧率

	使用寿命	预计净残值率	年折旧率
房屋及建筑物（不含临时厂房）	30年	5%	3.17%
电子设备	5～10年	5%	9.5%-19%
机器设备	5～10年	5%	9.5%-19%
运输工具	5～10年	5%	9.5%-19%
其他设备	5年	5%	19%

9）无形资产

无形资产按照其能为本集团带来经济利益的期限确定使用寿命。

各项无形资产的使用寿命如表B-7所示。

表B-7　各项无形资产的使用寿命

项　目	年　限
软件	5年
专有技术	10年
土地使用权	50年
特许经营权	20年

10）收入

当收入在经济利益很可能流入本集团、且金额能够可靠计量，并同时满足下列条件时予以确认。

销售商品收入：本集团已将商品所有权上的主要风险和报酬转移给购货方，并不再对该商品保留通常与所有权相联系的继续管理权和实施有效控制。

提供劳务收入：于资产负债表日，在提供劳务交易的结果能够可靠估计的情况下，按完工百分比法确认提供劳务收入。

建造合同：于资产负债表日，建造合同的结果能够可靠估计的情况下，按完工百分比法确认合同收入和合同费用。

利息收入：按照他人使用本集团货币资金的时间和实际利率计算

确定。

11）职工薪酬

设定提存计划：本集团的职工参加由当地政府管理的养老保险、医疗保险、失业保险费等社会保险费和住房公积金，相应支出在发生时计入相关资产成本或当期损益。

设定福利计划：本集团向2002年1月1日前加入本集团的若干雇员发放退休后的每月退休金。本集团设定福利计划的有关福利成本采用精算技术计算，并运用预期累积福利单位法于雇员在职期间确认。本集团目前每月向符合资格的退休职员发放退休金。自设定福利计划开始，本集团并无计划资产，因此不需要做资产回报的预测。

12）税项

增值税：国内产品销售收入及设备修理收入按17%的税率计算销项税，并按扣除当期允许抵扣的进项税额后的差额缴纳增值税。

营业税：根据中国有关税务法规，公司按照属营业税征缴范围的销售收入及服务收入的3%和5%计缴营业税。

城市维护建设税：根据国家有关税务法规及当地有关规定，应公司内各分、子公司的个别情况按国家规定的比例计缴城市维护建设税。

教育费附加：根据国家有关税务法规及当地有关规定，应公司内各分、子公司的个别情况，按国家规定的比例计缴教育费附加。

个人所得税：根据国家有关税务法规，公司支付予职工的所得额由本集团按超额累进税率代为扣缴所得税。

海外税项：海外税项根据境外各国家和地区的税收法规计算。

企业所得税：公司依照2008年1月1日起实施的《中华人民共和国企业所得税法》，按应纳税所得额计算企业所得税。

13）税收优惠及批文

公司于深圳经济特区注册成立，是国家级高新技术企业，企业所得税税率为15%。

附录C

Appendix C

定义表

（1）资金管理：管理企业“资金”，以及与“资金”相关的风险的职能模块。

（2）资产负债表管理：对资产负债表结构及资产负债表内具体项目的管理与控制。

（3）资本架构管理：对企业股权资本与债权资本的比例结构的管理与控制。

（4）现金流管理：对企业经营性、投资性和投资性现金流入流出管理，通常聚焦在经营性现金流管理。

（5）营运资金管理：与经营相关的短期经营性资产和经营性负债的管理，通常指应收资产、应付负债与存货的管理。

（6）现金流预算：指用直接现金流量表方法编制的年度现金流规划，其中包括经营性的收支预测以及融资性的资金安排。

（7）现金管理：对企业库存现金、短期现金收支、资金平衡及短期投融资计划和银行账户管理等。

（8）资金计划：对短期现金收支预测和资金平衡及短期投融资计划的管理，是现金管理的一部分。

（9）前台：负责与外部金融机构对金融产品的询价与交易的达成的职能部门。

（10）中台：负责流程的遵从与风险的管控的部门。

（11）后台：负责交易的确认及资金交割的部门。

（12）资金的安全性：指资金在到期能够安全回收的可能性。

（13）资金的收益性：指资金使用后获得回报水平的高低。

（14）资金的流动性：指非现金资产在市场能够变现的能力。

（15）管理体系：指一项业务能够长期持续规范运行所需要所有要素的组合。

（16）业务风险：由企业所处的行业、所经营的产品和服务、销售区域、客户类别等基本的业务属性的变化，对企业经营结果带来的波动性。

（17）财务风险：指企业的财务策略和财务措施对企业经营结果带来的波动性。

（18）通知存款：存入款项时不约定存期，支取时事先通知银行，约定支取存款日期和金额的一种个人存款方式。

（19）银行理财产品：商业银行在对潜在目标客户群分析研究的基础上，针对特定目标客户群开发设计并销售的资金投资和管理计划。

（20）资产管理计划：集合客户的资产，由专业的投资者（券商）进行管理。

（21）信托计划：由信托公司担任受托人，按照委托人意愿，为受益人的利益，将两个以上（含两个）委托人交付的资金进行集中管理、运用的资金信托业务活动。

（22）项目贷款：为某一特定工程项目而融通资金的融资方式，是国际中、长期贷款的一种形式。

（23）流动资金贷款：流动资金贷款是为满足生产经营者在生产经营过程中短期资金需求，保证生产经营活动正常进行而发放的贷款。

（24）银行承兑汇票：企业向开户银行申请并经银行审查同意承兑的，保证在指定日期无条件支付确定的金额给收款人或持票人的票据。

（25）商业承兑汇票：企业开立的保证在指定日期无条件支付确定

的金额给收款人或持票人的票据。

（26）票据贴现：银行将未到期的票据，根据贴现率，扣去自贴现日至到期日的贴现利息，然后将票面余额付给持票人。

（27）信用证开立：指开证银行应申请人的要求并按其指示向第三方开立的载有一定金额的、在一定的期限内凭符合规定的单据付款的书面保证文件。信用证是国际贸易中最主要、最常用的支付方式。

（28）福费廷（Forfeiting）：金融机构无追索地购买出口商已经承兑的、并通常由进口商所在地银行担保的远期汇票或信用证的业务。

（29）保理：保理（Factoring）又称托收保付，卖方（融资企业）将其现在或将来的基于其与买方订立的货物销售/服务合同所产生的应收账款转让给保理商（提供保理服务的金融机构），由保理商向其提供资金融通、买方资信评估、销售账户管理、信用风险担保、账款催收等一系列服务的综合金融服务方式。

（30）固定资产贷款：金融机构为解决企业固定资产投资的资金需求而发放的贷款，主要用于固定资产项目的建设、购置、改造及其相应配套设施建设的中长期本外币贷款。

（31）租赁：商业银行作为出租人，向客户提供租赁形式的融资业务，包括融资性租赁和经营性租赁。

（32）银团债款：由两家或两家以上银行基于相同贷款条件，依据同一贷款协议，按约定时间和比例，通过代理行向借款人提供的本外币贷款或授信业务。

（33）企业债：指企业依照法定程序发行、约定在一定期限内还本付息的有价证券。

（34）中期票据：指具有法人资格的非金融企业在银行间债券市场按照计划分期发行的，约定在一定期限还本付息的债务融资工具。

（35）公司债：指公司依照法定程序发行、约定在一年以上期限内还本付息的有价证券。

（36）短期融资券：指具有法人资格的非金融企业在银行间债券市

场发行的、约定在1年内还本付息的债务融资工具。

（37）国内商票代理贴现：采购方采购以商票付款，并联系银行办理商票兑现，采购方支付贴息，供应商按期拿到全款，商票到期采购方付款给银行。

（38）联动保理：由银行境内分行为境内公司提供进口保理项下信用担保，离岸部或境外分行作为出口保理上为境内公司的国外供应商提供保理项下的融资，从而扩大境内公司的竞争力和进口规模。

（39）海外代付融资：海外代付即为买方付息贴现业务，是在不同结算方式下境外银行根据境内的指示，先行替境内进口商支付贷款，进口商在融资到期日将融资本息还给境内银行，境内银行归还境外银行的一种贸易项下的短期资金融通。

（40）供应商保理：采购企业帮助供应商把对企业的应收账款卖断给银行，获得银行融资的行为。

（41）资金成本：企业为筹集和使用资本所付出的代价，包括为筹集资金而发生的费用。

（42）增量现金流（Incremental Cash Flow）：当企业接受或否决一个项目时，企业增加或减少的现金流。

（43）沉没成本（Sunk Cost）：在项目投资决策前，已经发生或支付的成本。

（44）机会成本（Opportunity Cost）：如果企业选定投资某个项目，企业将要放弃的本来可以获得的收益。

（45）外部效应（Side Effects）：新项目的启动对企业现有业务，以及企业整体现金流动带来的影响。

（46）净现值（Net Present Value）：项目全过程中所有现金流入与流出折现后相加的总和。

（47）内含收益率法（Internal Rate of Return）：当企业的净现值等于零时的折现率。

（48）修正内含收益率法（Modified Internal Rate of Return）：确定

更加合理的中间现金流出再投资收益率假设之后，计算的IRR。

（49）回收期：指项目产生的现金流能够收回原始投资的年限。

（50）平均收益法：项目年平均现金净流量与初始投资额的比值。

（51）运营资金：流动资产减去流动负债之后的差额。

（52）存货周转周期：企业生产销售过程中，从原料到货至销售产品，形成存货的期间。

（53）应收账款周期：销售产品至收回货款的期间。

（54）应付账款周期：原料到货至支付原料款的期间。

（55）经营周期：存款周期加上应收账款周期，是企业生产、销售、回款整个周期。

（56）现金周期：经营周期减去应付账款周期，是企业为完成一个经营循环真正需要付出现金的现金周期。

（57）回款率：当期确认的销售收入中，当期实现回款的比率。

（58）横向比较分析：一般可能通过与行业平均指标，或行业内领先企业的指标，作为参照物进行比较，以此判断企业与行业平均或业内领先企业的差距。

（59）纵向比较分析：企业可以通过历史营运资金效率情况进行纵向对比，判断企业营运资金管理效率的变化。

（60）分解分析：对企业的营运资金分产品、分区域、分资产类型、分期间、分账龄的细化分析比较，以反应企业各经营组织的管理质量的变化。

（61）收支预测：在特定时点对企业未来一段时间的现金流入与流出的预测。

（62）统收统支：企业的现金收付活动集中在集团或某一主体的财务部门和统一的银行账户的管理模式。

（63）收支两条线：企业的资金收入和资金支出分别使用互相分离的流程、或组织、或资金流动路径的资金管理模式。

（64）备用金：企业按照一定的期限或金额，拨给所属分支机构和子公司一定数额的现金以备使用的资金管理模式。

（65）结算中心：在集团财务部门内设立，是办理集团内部各成员企业或分公司现金收付及往来结算业务的专门机构。

（66）内部银行：企业集团借鉴金融机构资金管理方式而建立的集团内部资金管理机构。

（67）财务公司：专门从事集团公司内部资金融通业务的非银行性金融机构。由政府监管机构批准，作为集团的子公司设立，是大型企业集团或跨国公司投资设立的一个独立的法人实体。

（68）资金池（Cash Pooling）：由跨国公司的财务部门与国际银行合作开发的资金管理模式，以统一调拨集团的全球资金，最大限度地降低集团持有的净头寸。

（69）现金流债务比值：经营性现金流/计息债务，反映企业当期经营性现金流偿还债务的能力。

（70）杠杆系数：股东权益/（股东权益+计息债务），反映总资本中使用债务融资的比例。

（71）利息保障倍数：EBITDA/利息支出，反映企业使用息税前利润对利息的偿还能力。

（72）资产负债率：总负债/总资产，反映公司外部所有债务人占公司总资产的比例。

（73）资本结构：企业所使用的长期资本中，长期债权融资的比例。

（74）杠杆比率：长期计息债务/（长期计息债务+股东权益），企业可利用的长期资本中，长期计息债务的比例。

（75）流动比率：流动资产/流动负债，反映短期资产对短期负债的偿付能力。

（76）速动比率：（流动资产−存货）/流动负债，反映剔除变现所需时间较长的存货之后企业短期的偿债能力。

（77）净现金：现金−有息流动负债，反映企业真实的现金存量与支付能力。

（78）现金/总资产：从资产结构的角度反映企业的流动性。

（79）烧钱率：现金/月平均运营支出，反映企业持有现金能够支持多长时间的运营支出。

（80）自由现金流：经营性现金净流量−必要资本性支出，是在不影响公司持续发展的前提下可供分配的现金流。

（81）现金流保障倍数：经营性现金净流量/有息债务，反映经营性现金流对有息负债的保障能力。

（82）日常资金：为各运营主体日常资经营性需求之和。

（83）风险储备：为集团留存用于防范各主体短期资金需求的储备资金。

（84）专项储备：为资本运作、分红奖金、还贷等大额专项需求，需要专门进行的资金储备。

（85）资金盈余：由于企业盈利能力强或战略资源储备，企业超出企业短期资金流动性需求以外的长期资金储备或资金盈余。

（86）市场风险：由市场中的商品、资金、资产的价格波动对企业资产或价值的影响，包括利率风险、外汇风险、商品价格风险、企业价值风险等。

（87）交易对手风险：企业在交易过程中，交易对手没有或未及时履行合同约定的义务给企业带来的损失，包括银行信用风险、结算风险、客户信用风险和供应商风险。

（88）流动性风险：由于企业现金流入和流出在时点或数量的不匹配，是当前或未来某一时点或时期，不能足额偿付到期债务的可能性，包括现金流风险与融资风险。

（89）经营风险：公司管理人员在经营管理中出现失误而导致公司盈利水平变化风险，包括人力风险、欺诈风险、业务连贯性风险、系统/工具风险、实物资产风险等。

（90）利率风险：由于市场利率变动给企业利润或现金流带来的不确定性。

（91）外汇风险：由于外汇汇率波动，对企业收入、现金流、资产和负债的水平及其波动性带来的影响。

（92）交易风险：公司的债权、债务因汇率变动后，在进行外汇交割清算时出现变动所引起的风险。

（93）折算风险：又称为会计风险，指公司财务报表中的外汇项目，因汇率变动而引起的转化为本币时价值跌落的风险。

（94）经济风险：由于未能预料的汇率波动，引起公司未来预期收益发生变化的潜在性风险。

（95）信用风险：又称违约风险，是指交易对手未能履行约定契约中的义务而造成经济损失的风险，即受信人不能履行还本付息的责任而使授信人的预期收益与实际收益发生偏离的可能性。

（96）信用风险管理：通过制定信息政策，指导和协调各机构业务活动，对从客户资信调查、付款方式的选择、信用限额的确定到款项回收等环节实行的全面监督和控制，以保障应收款项的安全及时回收。

（97）关键控制点：对企业运作效率、财务报告或法规遵从起到关键作用的流程环节。

（98）非关键控制点：对企业运作效率、财务报告或法规遵从起到保障或促进作用的流程环节。

（99）强制控制点：通过系统功能强制实现的流程控制点。